Eduard Breier

Die Rosenkreuzer in Wien - Sittengemälde aus der Zeit Josephs II.

II. Teil

Eduard Breier

Die Rosenkreuzer in Wien - Sittengemälde aus der Zeit Josephs II.
II. Teil

ISBN/EAN: 9783743430860

Hergestellt in Europa, USA, Kanada, Australien, Japan

Cover: Foto ©Thomas Meinert / pixelio.de

Weitere Bücher finden Sie auf **www.hansebooks.com**

Die
Rosenkreuzer in Wien.

Sittengemälde

aus der Zeit Kaiser Josef's II.

von

Eduard Breier.

II. Theil.

Wien.

Herm. Markgraf.

1863.

Erstes Kapitel.

Cagliostro, der Wundermann.

Wir sind in unserem Gemälde auf einem Ruhepunkt angelangt.

Wie in allen unseren Werken, werden wir auch hier diese Stelle zu einer Auseinandersetzung benützen, die wir, wenn wir weniger gewissenhaft, und um das Vertrauen unserer Leser weniger besorgt wären, ohne Störung des Ganzen hätten hinweglassen können; wir glauben jedoch schon oft genug bewiesen zu haben, daß wir gewohnt sind, auf fester Basis zu bauen, wir lieben es zwar, im Erzählen die Phantasie spielen zu lassen, allein wir lassen ihr die Zügel nicht so weit schießen, daß ihr die Phantasie des Lesers nicht folgen könnte, das heißt, wir muthen dem Leser nichts zu, was er als überspannt und unmöglich verdammen würde.

In einem Gemälde nun, wo der Name Cagliostro — wir sagen blos, der Name — die Hauptrolle spielt, ist dieß nicht immer leicht möglich — hier ist die geschichtliche Basis schon phantastisch und wunderähnlich, hier hat man geschichtliche Daten, die wir noch heute nicht fassen können, deren Wahrheit wir gerne bezweifeln möchten, wenn nicht Augen= und Ohrenzeugen sie uns meldeten, wenn nicht über= einstimmende Berichte sie bestätigten.

Wir halten es daher für zweckmäßig, um Allem, was wir in unserem Gemälde geschildert haben, den Stempel der Glaubwürdigkeit zu verleihen, einzelne Züge aus dem aben= teuerlichen Leben Cagliostro's vorzuführen. Wir beabsichti= gen keine Biographie zu liefern, deren Umfang Bände fül= len würde, sondern wir wollen blos einzelne historische Da= ten hervorheben, um aus dem Leben des großen Abenteurers zu beweisen, daß die Rolle, welche sein Spiegelbild in Wien durchführte, eine historische ist, wenn auch Manches darin vorkommt, was wir uns nicht erklären können.

Das Wunderbarste in Cagliostro's Leben ist unstreitig die welthistorische Erscheinung, daß im philosophischen und aufgeklärten Jahrhundert ein hergelaufener sizilianischer Abenteurer durch seine unglaublichen und doch wirklichen Wunder den halben Welttheil ihn anzustaunen, zu verehren und anzubeten zwang. Cagliostro war ein Betrüger, dieß ist gewiß, eben so gewiß ist es aber auch, daß wir manche seiner Handlungen noch jetzt einen Betrug schelten, ohne be= weisen zu können, wie dieser Betrug verübt wurde.

Die erste Kunde von Cagliostro verbreitete sich um die Mitte der siebziger Jahre von London aus, er war da mit seiner reizenden Gattin Seraphine Feliciani, ließ sich in den Freimaurerorden aufnehmen, nicht um zu lernen, son= dern um zu lehren. Niemand wußte, wer er war, noch viel weniger, was er vermochte. Später trifft man ihn in Holland, Venedig, Nürnberg und Leipzig. Hier prophe= zeihte er den Tod des Großmeisters der Leipziger Rosen= kreuzer, der sich auch wirklich kurz darauf erschoß.

Von da reiste er nach Berlin, Danzig, Königsberg, er besucht überall die Logen und tritt als Reformator der Freimaurer auf, seine Zuhörer trugen die Kopien seiner

Reden als Losung des Glaubens bei sich. Es gab jedoch schon damals allerorts Leute, die dem Wundermanne nicht trauten, so z. B. rief der Kanzler von Korff in Königsberg in einer Gesellschaft: „Kinder, der Kerl ist wahrhaftig ein verkleideter Bedienter, traut ihm nicht!" oder auch: „Er mag der Henker, ein Graf oder dergleichen sein, ein Jesuit oder ihr Emissär mag er sein!"

In Mitau, wohin er sich von hier begab, verweilte er längere Zeit. Die Dichterin Elise von der Recke in deren Vaterhaus er wohnte, gibt sich in ihrem Buche: „Nachrichten von des berüchtigten Cagliostro Aufenthalt in Mitau 1779" alle Mühe, die Wunder Cagliostro's zu profaniren, was ihr jedoch nicht immer gelingt. Die kurländischen Freimaurer, darunter der höchste Adel, gehörten zu den Anbetern des Wundermannes, der Reichsgraf von Medem — Elise v. d. Recke's Vater, der Landmarschall von Medem, sein Bruder, der Oberburggraf v. d. Howen, Major von Korff und Andere. Die Freigeister wagten ihren Spott nicht laut zu äußern. Nach Goldmachen, Lebenselixiren u. s. w., war man hier nicht begierig, desto mehr strebte man nach Verbindung mit der Geisterwelt. Mit dem sechsjährigen Knaben des Landmarschalls von Medem machte Cagliostro das erste magische (magnetische?) Experiment. Er träufelte ihm das Oel der Weisheit auf Hand und Kopf — (Elise meint, es sei etwas Nervenreizendes gewesen) und weihete ihn durch Beten eines Psalmes zum künftigen Seher. Der Knabe gerieth in Schweiß. Der anwesende Vater wurde gefragt, welche Erscheinung er wünsche? Seine Mutter und Schwester! Nach zehn Minuten rief der Knabe: „Ich sehe Mutter und Schwester!" — Was macht Ihre Schwester?. fragte Cagliostro. — „Sie greift nach dem Herzen, als wenn ihr etwas weh' thäte — jetzt — jetzt küßt sie meinen Bruder, der ist nach Haus gekommen!" Als die bei der Beschwörung Versammelten nach Hause kamen, erstaunten sie nicht wenig, den sieben Meilen entfernt

gewesenen Bruder des Knaben unerwartet zurückgekehrt zu
finden — was gerade während der Operation geschah —
und hörten, die Schwester des Kleinen habe kurz vorher so
starkes Herzklopfen gehabt, daß ihr ganz schlimm geworden
war. Wenn man auch annimmt, daß man nach Cagliostro's Abreise im Medem'schen Hause ermittelte, daß der
kleine Medem mit Cagliostro einverstanden war, so bleibt
trotzdem noch Manches räthselhaft, und man kann dieses,
so wie noch viele andere Experimente noch immer nicht in
die Klasse der gewöhnlichen Taschenspielerstücke rangiren.
Doch, wenn auch, was liegt am Ende an der Gattung des
Experimentes, die Hauptsache ist die Wirkung, und die war
außerordentlich. Man muß seine Prophezeihung von dem
Schatze, der bei Wilzen vor 600 Jahren von einem Magier eingegraben wurde, und den man nicht finden könne,
lesen, und man wird sehen, wie oberflächlich oft das Gaukelspiel war, welches der Abenteurer mit seinen Anhängern
trieb, und wie sie dabei doch in der Bewunderung verharr-
ten, und seinen Ruhm nach allen Winden ausposaunten.
Viele Experimente mißglückten ihm, das brachte ihn aber nie
aus der Fassung, er fand jedesmal eine passende Ausrede,
einen Vorwand zum Bemänteln. Wenn gar nichts Anderes
paßte, so sagte er, er habe vorsätzlich so gehandelt, um das
Vertrauen und die Gläubigkeit der Anwesenden zu prüfen.
Elisen's Großmutter, die greise Starostin von Korff, empfing ihn als Charlatan. Darüber erbost, rief er in Gegenwart ihrer Verwandten: „Sie wird ihre Beleidigung
büßen. Heute über's Jahr, ehe sie ihre Mittagssuppe ißt,
wird sie des Todes sein!" Die gläubigen Verwandten beschworen ihn, die Prophezeihung zurückzunehmen, er bedauerte, es nicht thun zu können, seine Oberen dulden nicht,
daß ihr Abgesandter verhöhnt werde, sie haben ihm die
Prophezeihung befohlen. — Das Jahr verstrich, Cagliostro
war über alle Berge, und die Starostin überlebte nicht nur
den 13. Mai 1780, sondern auch noch mehrere folgende

Jahre. Ueber Cagliostro's Verbindung mit dem Herzog und der Herzogin von Kurland, beobachtete Elise v. d. Recke ein vorsichtiges Schweigen; wenn man Cagliostro's Worten glauben darf, so ist der kurländische Adel damit umgegangen, ihn auf den Herzogsthron zu erheben!!!

In Petersburg trat Cagliostro als Arzt auf, als Wunderdoktor, der keine Bezahlung annahm; das machte Aufsehen, die russischen Großen drängten sich zu ihm und zu seiner schönen Gemalin (?), die hier den Namen einer Prinzessin von Sancta Croce führte. Sie gab vor fünfzig Jahre alt zu sein, und sah aus wie ein zwanzigjähriges Mädchen, die alten Russinnen wogen ihr Verjüngungswasser mit Gold auf, die Damen wurden zwar nicht jung, aber ihre Verehrer versicherten es, und Cagliostro war ein Gott. Die Geschichte von dem russischen Fürsten, der sich in die reizende Seraphine verliebte, eines Fürsten, „welcher der wahrhafte Gott Rußlands war", läßt an Potemkin denken. Man glaubt einen Roman zu lesen, vielleicht ist's auch ein Roman; Faktum bleibt jedoch, daß der Abenteurer Petersburg auf Befehl der Kaiserin verlassen mußte, nachdem es ihm geglückt war, durch seine Aufdeckung verborgener Dinge und durch seine Prophezeihungen Aufsehen zu erregen, und schweres Gold zu verdienen. Die Ursache dieser Ausweisung wird verschieden angegeben; nach Einigen soll ein von ihm gestohlenes Kind, nach Anderen der Brotneid des kaiserlichen Leibarztes, und wieder nach Anderen der preußische oder spanische Gesandte daran Schuld sein.

Von da begab sich der Sizilianer nach Warschau, so wie überall, formirte er auch hier eine egyptische Loge, er citirte unter Anderem vor seinen Anhängern den Geist eines egyptischen Großkophta, dessen dicke Figur Verdacht erregte, man stürzte auf ihn los, die Lichter erloschen, Pudermantel, Bart, Maske und Turban verschwanden unter dem Tische, und als gleichzeitig die Kerzen wieder entbrannten, saß Cagliostro an der Stelle des verschwundenen Geistes, und versicherte, der Geist sei in derselben Sekunde, wo er auf seinen Ruf erschienen, von höheren Mächten wieder nach Eghpten abberufen worden. In Wola bei Warschau — ein Ort, der in dem polnischen Befreiungskampfe eine andere Berühmtheit erlangt hat — war sein Laboratorium, wo er im Beisein vertrauter Logenglieder Gold erzeugte. Graf Moczinski, selbst ein tüchtiger Chemiker, bemerkte, wie er unter seiner Maurerschürze Schmelztiegel verwechselte, Cagliostro wurde wüthend und sagte: Der Einfluß des Teufels störe ihn hier u. s. w. Die langen Operationen — sie währten wochenlang — gefielen den reichen Polen nicht, welche dabei immer Psalmen singen mußten; eines Morgens war der Sizilianer sammt seiner Gattin rein verschwunden, sein Aufenthalt kostete seinen Anhängern in Warschau bei 8000 Dukaten!

Nun begann sein Auftreten in Straßburg, Lyon und Paris.

Er machte Blinde sehend, Lahme gehend, zitirte Geister und fabrizirte Gold. Marschälle, Barone, Marquis waren im Elsaß seine intimsten Freunde; als ein höherer Polizeibeamter dem Magier gegenüber als Jupiter tonans auftrat, mußte die reizende Seraphine die Rolle der Semele übernehmen. Cagliostro kam in die Mode, als er einen Adjutanten des dortigen Befehlshabers vom Brande heilte, fand man in seinen Assembleen sogar einen Theil des Offizierkorps. Ein Dragonerhauptmann dankt ihm in einer Zeitung für die Wunderkur, die er an ihm vollbracht. Das Landhaus, wo er seine eghptischen Logen hielt, wurde noch später das Calostrianum genannt, die Einrichtung spendete ein hoher Gönner, sie kostete 20,900 Franken. Hier lernte er den Prinzen Rohan kennen, den Großalmosenier von Frankreich; der Prinz besuchte ihn zuerst.

„Ich verbreche ihm den Kopf," sagte Cagliostro zu seiner Frau, „Du thue das Uebrige".

Auch der berühmte Lavater lernte ihn hier kennen. Der

Physiognomiker war für ihn eingenommen, Cagliostro war kalt und sagte zu ihm: „Sind Sie von uns Beiden besser unterrichtet, wie ich, so brauchen Sie mich nicht — bin ich es, so brauch' ich Sie nicht!" Am anderen Tage sandte Lavater folgende Fragen an Cagliostro: „Woher stammen Ihre Kenntnisse? Wie haben Sie dieselben erlangt? Worin bestehen sie?" Darauf erfolgte die lakonische Antwort: „In verbis, In herbis, In lapidibus!".

Der Minister Graf von Vergennes, der Marquis von Seyer, der Großsiegelbewahrer von Miromenil, gehören bereits zu seinen Protektoren.

In Lyon angekommen, heißt es, der Wundermann sei gestorben, aber er lebt wieder auf, er muß hier eine egyptische Mutterloge stiften und verübt Wunder über Wunder.

Im Jahre 1785 kommt er nach Paris. Er kommt mit Extrapost, hat Diener, Laufer, Kouriere. Die 72 Pariser Freimaurerlogen geriethen in Bewegung, er zitirt heute den Geist d'Alemberts, morgen die Kleopatra, Prinz Rohan ward von ihm so umstrickt, daß er in der bekannten Halsbandgeschichte eine eben nicht schmeichelhafte, ja sogar fatale Rolle spielte: so sagte er einst zur Gräfin Lamotte: „Er (Cagliostro) sei der größte und weiseste Mensch, ja, ein wirklicher Gott. Was ist's, was er nicht vermöchte?" Es wird von glaubwürdigen Zeugen versichert, man habe den Prinzen vor dem Grafen auf den Knieen liegen sehen, wo er ihn anbetete, ihm die Hand küßte u. s. w.

Das Aufsehen, welches der Wundermann in Paris erregte, war ungeheuer, man kann daher die Wirkung ermessen, die seine Verhaftung erregte. Sein Name hat die Halsbandgeschichte erst recht berühmt gemacht. Im Kreise von 40 vertrauten Schülern, die er eben in geheimer Weisheit unterrichtete, erhielt er den Wink, zu entfliehen, er bestellte schleunigst Postpferde, aber ein Sergeant und acht Polizeidiener nahmen ihn fest, und er und seine Gattin mußten zu Fuß in die Bastille wandern.

2 *

Dieß geschah am 22. August 1785.

Die Zeitungen in ganz Europa gaben nun täglich Kunde von ihm, man erfuhr, was er aß, trank, was er sprach, wie er sich benahm u. s. w.

Die Halsbandgeschichte ist gewiß Jedem wenn auch nur aus Dumas vielgelesenem Romane bekannt.

Cagliostro wurde, wie bekannt, freigesprochen, selbst Mirabeau meint, daß der Betrüger möglicherweise in dieser Einen Angelegenheit nicht als Schelm gehandelt habe!

Aus dem Gefängnisse entlassen, war der Jubel seiner zahlreichen Anhänger außerordentlich; ihm zu Ehren veranstaltete man Bankette und Illuminationen, die Freude währte jedoch sehr kurz, der Sizilianer erhielt schon am folgenden Tage die Weisung, binnen 24 Stunden Paris zu verlassen. Cagliostro behauptet, man hätte zu seinen Gunsten eine Revolution machen wollen, er beschwichtigte seine Anhänger und zog nach Passy, vor den Thoren der Hauptstadt, wohin seine Anhänger, Herren und Damen — sogar Personen vom Hofe — ihm folgten, und da sie für sein Leben fürchteten, zu Zwei und Zwei vor seinem Zimmer Wache hielten. Bei seiner Abreise gab ihm sein Pariser Bankier Wechselbriefe nach London mit, im Betrage von 150,000 Franken.

In London angekommen, verklagte er den Gouverneur der Bastille, Marquis de Launoy und den Intendanten Chesnon, sie hätten ihn beraubt, und bei seiner Arrestation Sachen mit Beschlag belegt, die sie ihm nicht zurück erstatteten, darunter 6 Bouteillen kostbaren Balsams von Rosen, Zimmt und Essenzen, 15 Rollen, jede mit 50 Doppel-louisd'ors, einen Beutel mit 1233 römischen Zechinen, 24 spanische Quadrupel, 2 Portefeuilles mit Papieren, 47 Billets der Caisse d'Eskompte, jedes von 1000 Livres, 4000 Livres aus der Hauskasse seiner Frau, außerdem viel Silberzeug und Juwelen.

Dieser Prozeß, als Fortsetzung der Halsbandgeschichte,

erregte nicht minderes Aufsehen, Cagliostro kehrte seine Ge=
schosse gegen die Regierung selbst, er war gegen seinen
Willen zur politischen Person geworden, und war klug
genug, den Vortheil auszubeuten.

Er wandte sich in einem Aufrufe an die französische
Nation gegen die königliche Macht!

„Cagliostro's Sendschreiben an die französische Nation"
in allen Sprachen übersetzt, erregte das ungeheuerste
Aufsehen.

In dieser Schrift, geschrieben am 20. Juni 1776, pro=
phezeihte er:

1. Daß die Bastille werde niedergerissen und zu einem
öffentlichen Spaziergange werden.

2. Daß in Frankreich ein Fürst regieren werde, wel=
cher die Lettres de cachet abschaffen, die Generalstaaten
zusammenberufen und die wahre Religion wieder einsetzen
werde.

Wir machen Halt und wollen dem Wundermanne
nicht weiter folgen — den Zweck unseren Lesern zu zeigen,
daß ein Abenteurer den halben Welttheil dupirt, wobei er
Experimente produzirte, die sehr oft Gaukelei und nur
manchmal räthselhaft sind, haben wir erreicht.

Man schlage den Einfluß, den der sizilianische Aben=
teurer damals in gewissen Kreisen übte, nicht zu gering an.
Er muß groß gewesen sein, die Kaiserin von Rußland, um
den Eindruck, den er in Petersburg hervorbrachte zu para=
lisiren, fand es der Mühe werth, eigenhändig drei Lust=
spiele auf ihn zu verfassen.

In dem ersten: „Der Betrüger" wird Cagliostro un=
ter dem Namen Kalifakscherton nach dem Leben geschildert,
die hohe Verfasserin läßt ihn mit Salomon dem Weisen und
Alexander dem Großen konversiren, Edelsteine schmelzen,
Gold machen u. s. w.

Das zweite führt den Titel: „Der Verblendete" und das dritte: „Der sibirische Schamane".*)

Die ersten beiden Stücke wurden in Petersburg unter ungeheurem Beifalle aufgeführt. Um die Wirkung dieser Stücke zu vergrößern, erachtete man es für nothwendig, das Publikum nachträglich über die Tendenz derselben zu informiren, dieß geschah in einer öffentlichen Bekanntmachung, welche ebenfalls von der hohen Verfasserin der Stücke herrühren soll.

Mit diesem interessanten Aktenstücke von Rußlands Thron herab gegen Schwärmerei, Aberglauben geschleudert, schließen wir diese Skizze, um dann unsere Erzählung fortzusetzen. Es lautet:

„Obwohl unser Jahrhundert von allen Seiten das Kompliment erhält, das philosophische Jahrhundert zu heißen und obwohl wir demselben das große Wort Aufklärung schon zum Voraus zur Grabschrift bestellen, so werden dennoch überall eine Menge Köpfe von einem so anhaltenden Schwindel ergriffen, daß die Göttin der Weisheit sich genöthigt sieht, die komische Muse um Arzenei für diese Kranken zu erbitten. Man möchte seinen eigenen Augen nicht trauen, so oft man liest, was für wunderbare Dinge um und neben uns vorgehen. Man citirt Geister, man sieht durch dicke Wände, hält Klubs mit Verstorbenen, destillirt Universaltinkturen, und präservirt sich auf ewig gegen den Tod — man schneidet Diamanten, kocht Gold, trägt den Stein der Weisen schon in der Tasche, zaubert ohne weitere Umstände den Mond herab, und reißt die Welt aus ihrer Achse. Thierischer Magnetismus und Kabbala, Desorganisation und Mystik sind aus Worten zu Ideen geworden, die dem Scharfsinn zum Wetzstein dienen. Und die Depositare

---

*) Nikolai ließ sie ins Deutsche übertragen, und gab sie 1788 unter dem Titel: „Lustspiele wider Schwärmerei und Aberglauben von J. Maj. d. K. v. R." heraus.

dieser Wundergaben versammeln nicht etwa die leichtgläubige
Menge um eine Jahrmarktsbude, nein, Mesmer, Cagliostro
und Kompagnie sehen sich in geschmückten, vollgedrängten
Assembleen; die Pariser Welt hascht ihnen ein Geheimniß
nach dem andern weg und verschickt die Pariser Puppe so
eilig als möglich nach allen Residenzen zum angestaunten
Modemodell u. s. w. Da schüttelt nun freilich wohl die
wahre Philosophie den Kopf und legt nicht immer den Fin=
ger auf den Mund; aber ihre leise Stimme wird nicht
überall vernommen; man hört eben auf zu magnetisiren,
und fängt mit dem Herrn Marquis von Puysegur an zu
desorganisiren. Erst mußten die Akademisten zu Paris in
Athem gesetzt werden, ehe Mesmer's Heiligenschein ver=
schwand; Fürst Rohan mußte erst den Verhaftsbefehl lesen,
ehe er und halb Paris mit ihm sich überzeugen konnte, daß
ihn Cagliostro nicht wirklich mit Heinrich dem Vierten zu
Abend hatte speisen lassen; Baiern mußte erst Männer in
ansehnlichsten Posten auf die Wanderung senden, ehe es in
den Köpfen Tag ward; Berlin mußte seinen Philosophen
volle Arbeit, und nachbarlichen Philosophen Behutsamkeit
anempfehlen. Der glückliche Norden bedurfte dieser mächti=
gen Anstalten nicht. Ein lachendes Lustspiel reichte hin, die
schwindelnden Köpfe zu heilen, und die gesunden auf immer
zu präserviren. Das bezauberte Schloß, gegen welches ande=
rer Orten Justiz und Philosophie mit Katapulten und Balli=
sten anziehen, wird hier mit Knallpulver des Witzes gesprengt."

Zweites Kapitel.

Des Magiers Spruch beginnt in Erfüllung zu gehen.

Das Fräulein von Zahlheim lag krank darnieder.

Der Eindruck, welchen die gespenstische Erscheinung des unglücklichen Bruders auf ihren zarten Organismus hervorbrachte, war so mächtig, daß Regina ihm erlag. Sie war zu angegriffen, um am anderen Morgen das Lager zu verlassen, dem Drucke auf den Geist erlag auch der schwächliche körperliche Bau.

Frau Beate gerieth in Besorgniß, ihre Gedanken begannen sich von dem unglücklichen Sohne ab- und der Tochter zuzuwenden.

Regina, sagte sie ernstlich zu der Jungfrau, Du bist krank, ich werde den Arzt holen.

Lassen Sie mich, liebe Mutter, ich mag keinen Arzt, ich bin schwach aber nicht krank.

Du bist eigensinnig, Du wirst das Uebel einwurzeln lassen und dann wird es um so schlimmer sein.

Das Fräulein blieb standhaft bei der Weigerung; einige Tage vergingen und die Schwäche hatte zugenommen.

Jetzt drang die Mutter ernstlich in die Tochter.

Ich kann Deinen Eigensinn nicht länger gewähren

lassen, sagte sie, ich werde einen Arzt holen und wäre es
auch gegen Deinen Willen.

Das Fräulein faßte die Hand der Mutter, umarmte
sie unter Thränen und lispelte: Ich beschwöre Sie, theuere
Mutter, thun Sie es nicht, ersparen Sie sich Mühe und
Auslagen und mir die Qual, mich einem Manne vertrauen
zu müssen, der mein Uebel nicht heilen kann.

Sei nicht thöricht, Kind, es gibt in Wien geschickte
Aerzte.

Keiner von Allen würde mein Leiden begreifen —
doch ich will nicht lügen, es gibt einen Arzt, der mich zu
heilen verstünde, doch nur Einen —

Nenne ihn, ich werde nach ihm senden.

Regina zog die Mutter an sich und lispelte: Es ist
Cagliostro, der Wundermann.

Kind, erwiederte Frau Beate ernst, wie kommst Du
auf den Gedanken —

Oh, fragen Sie nicht, Mutter, der Gedanke an ihn ist
nicht von mir ersonnen, er ist ein Rath, ein Befehl von
Jenseits. Mein unglücklicher Bruder gab mir ihn.

Maria, Josef, Du sahst ihn?

Er erschien mir in der Stefanskirche — ich sprach
mit ihm —

Du sprachst mit ihm?

Ja, Mutter, ich hörte seine bekannte Stimme, die
mich an den Magier wies, entweder Cagliostro, oder kein
Anderer.

Die Matrone seufzte, sie kannte die unwiderstehliche
Macht, die auch sie antrieb, den geheimnißvollen Drang,
der auch sie zu dem Fremden hinnöthigte.

Regina, sagte sie, wenn Du von dem Wundermanne
Hülfe hoffst, so will ich Sorge tragen, daß er Dich
besuche, ich will selbst zu ihm und ihn anflehen, daß er Dir
beistehe.

Dieß geschah denn auch.

Die greise Mutter fuhr nach Währing, trug dem Wunderdoktor ihr Anliegen vor, und dieser erschien am anderen Morgen am Krankenlager Regina's.

Der Spruch des Magiers, welchen er damals that, als Regina sich weigerte, ihm unbegrenzten Gehorsam zu geloben, schien in Erfüllung gehen zu wollen.

„Sie sträubt sich," hatte er zu sich gesagt, „aber sie wird dennoch unterliegen!"

Der Wundermann erschien nicht mit triumphirender Miene bei dem Fräulein, sein Antlitz beurkundete im Gegentheile tiefe Trauer, in seinen Mienen las man die Worte: „Armes Geschöpf, Dein Leiden schmerzt mich, warum peinigtest Du Dich aber selbst?"

Er näherte sich der Kranken und sagte theilnehmend: Sie leiden, Fräulein, ich wußte es und harrte des Augenblickes, wo Sie meine Hülfe ansprechen würden, um zu Ihnen zu kommen. Danken Sie dem Himmel, daß er diesen Moment so bald erscheinen ließ, damit die Zeit Ihres Leidens abgekürzt werde.

Und zu Frau Beate sich wendend, sagte er: Madame, ich ersuche Sie, mich, so oft ich als Arzt erscheine, mit der Kranken allein zu lassen. Ich heile nicht allein durch Arzeneien, sondern auch durch Worte, und so wie meine Arzeneien, so müssen auch meine Worte ein Geheimniß bleiben.

Die Matrone begab sich in das äußere Gemach.

Mutter und Tochter waren durch das Unglück, welches sie getroffen, und durch die Wunder, die sie bereits erlebt, so mystisch präparirt, daß sie keinen Augenblick an Cagliostro's Macht zweifelten und seinen Worten unbedingtes Vertrauen schenkten.

Der Wunderdoktor saß der Kranken gegenüber, und sein glühender Blick ruhte auf ihrem lieblichen aber bleichen Antlitze.

Regina, begann er wehmüthig, ich bedauere Sie —

Sie haben, seit wir uns zum letzten Male hier sahen, unsäglich gelitten, durch eigene Schuld gelitten. Sie sind ein Spielball böser Geister geworden, weil Sie dem reinen Geiste zu widerstreben versuchten. Ich habe Ihren Kampf aus der Ferne mit angeschaut, ich mußte jedoch auf Befehl meiner Oberen unthätig bleiben, weil sie es nicht wollen, daß man sich Jemandem aufbringe, oder gar ihn zu gehorchen zwinge. Freiwillig mußten Sie nach mir verlangen, ohne mein Hinzuthun mich rufen lassen. Es geschah, Sie benützten den Moment hiezu, wo die bösen Geister eben auf kurze Zeit zur Ruhe gegangen waren, und ich bin da, um Ihnen zu helfen. In Ihrem Innern haust bereits der Drang nach der geistigen Welt, Sie werden im Verkehre mit Menschen kein Glück mehr finden, nur die Gesellschaft von guten Geistern kann Ihnen noch einiges Vergnügen schaffen; dieses Vergnügens hätten Sie sich aber beraubt, wenn Sie bei Ihrer früheren Weigererung hartnäckig verblieben wären.

Ach, Herr Graf, Ihre Worte enthüllen mein Inneres, als ob Sie in demselben gelesen hätten.

Ich habe es Ihnen schon vertraut, daß es vor mir keine Geheimnisse der Seele und des Körpers gibt.

Oh, mein Herr, dann helfen Sie mir. —

Nennen Sie mich Allessandro, wenn Sie nicht wollen, daß der reine Geist zurückgescheucht, sich wieder von Ihnen wende. —

Oh, Allessandro, ich flehe Sie an, helfen Sie mir, führen Sie mich ein in jene Gesellschaft, nach der mein Herz sich sehnt.

Es soll geschehen, Regina, doch jetzt sind Sie zu schwach, das Leiden hat Sie der Kräfte beraubt, die nothwendig sind, um mit Wesen des Jenseits zu verkehren. Ich habe starke Männer gesehen, die dem gewaltigen Eindrucke, welche die erste magische Empfindung bei ihnen hervorbrachte, erlagen, wie erst Sie, ein schwaches Mädchen!

Sie würden die Erschütterung nicht ertragen, Sie würden zusammenbrechen, wie ein schwaches Rohr unter der Gewalt des Sturmes. Bevor ich daher Ihrem Wunsche willfahre, muß ich Sie von den körperlichen Leiden befreien, ich muß Ihnen neue Kräfte verleihen, das Blut in Ihren Adern frischer, lebendiger rollen machen, und Ihre Nerven stärken; wenn Sie wieder gesund und kräftig geworden, dann soll Ihr Wunsch in Erfüllung gehen, Sie sollen des Umganges mit Wesen von Jenseits gewürdiget werden.

Allessandro, Sie strecken wieder die Frist des Glückes weiter hinaus! —

Wer sagt Ihnen, daß Sie nicht bald geheilt sein werden? Vertrauen Sie so wenig meiner Macht?

Oh, Allessandro, ich vertraue Ihnen ganz, aber wenn es auch nur Tage sind, so sind es doch Tage des Leidens; die Sehnsucht hört nicht auf mich zu quälen, ich kann die Stunden der Gewährung nicht erwarten; oh, ich bin stark genug, glauben Sie mir, so lange ich Sie sehe, ertrage ich Alles, ich flehe Sie an, nur eine, eine einzige Erscheinung lassen Sie mich sehen, heute — jetzt — nur eine Einzige — dann will ich harren, wochenlang, monatelang.

Es war rührend zu hören, wie die Jungfrau den Magier beschwor, in ihrem Ausdrucke lag so viel Innigkeit, Ergebenheit und Vertrauen, als ob sie zu ihrem Gott gesprochen und ihn um die ewige Glückseligkeit angefleht hätte.

Cagliostro hörte sie mit Wohlgefallen an.

Regina, bat er, fordern Sie nicht, was ich Ihnen um Ihrer selbst willen nicht gewähren kann, nicht gewähren darf. Sie sind in diesem Zustande unfähig, mit Verstorbenen zu verkehren, Sie würden nicht jenes Vergnügen finden, welches Sie hoffen; doch will ich Ihnen einen Trost gewähren, Sie sollen, wenn auch nicht im Wachen, so doch im Traume in Gesellschaft von Geistern sein. Ich verheiße

Ihnen einen Traum, in welchem Ihnen Ihr Bruder erscheinen wird, und Sie sich mit ihm über die heilige Mystik unterhalten können.

Das Herz der Jungfrau schlug vor Freude hoch auf.

Sie ergriff die Hand des Magiers und preßte heiße Küsse darauf.

Cagliostro strich ihr das braune Haar von der Stirne und fuhr öfters leise über das zarte Weiß derselben. Regina erzitterte unter seiner Berührung, schloß wie ermüdet die Augen und lag lächelnd aber regungslos da.

Der Doktor zog eine Phiole hervor und flößte ihr einige Tropfen des Inhaltes ein.

Die Kranke sog sie gierig ein und verblieb in ihrer früheren Lage.

Der Magier hielt seinen verzehrenden Blick auf sie gerichtet und beobachtete unausgesetzt die Wirkung des Trankes.

Regina, gleichsam der Gewalt seines Blickes gehorchend, schlug jetzt das Auge auf und lispelte: Allessandro, ich fühle Wärme meine Brust durchfluthen, ein angenehmes Gefühl durchschleicht mein Inneres, oh wollen Sie mich vielleicht überraschen? Jetzt schon — oder träume ich bereits?

Sie wachen, Regina, der verheißene Traum wird erst in der Nacht kommen.

Er faßte jetzt ihre Hand, drückte sie mit Wärme und lispelte: Sie vertrauen mir also?

Wie meinem Schutzgeist.

Sie werden mir gehorchen?

Ich muß — ich könnte Sie nimmer erzürnen.

Schwören Sie mir.

Ich schwöre.

Der Magier hielt der Kranken seine beiden Hände flach entgegen und fuhr einige Male gegen ihr Antlitz, als wolle er die Luft an dasselbe drücken.

Regina schloß die Wimpern.

Sie ist nicht sehr schwach, murmelte der Doktor, und wird in einigen Tagen fähig sein, das Haus zu verlassen.

Die Jungfrau lag wie verzückt da, die bleichen Lippen waren leise geöffnet, der Odem säuselte kaum hörbar zwischen denselben hindurch. Der Mund war zum schwachen Lächeln verzogen; doch währte dieß nur einige Momente, dann öffnete sie wieder die Augen, blickte erstaunt umher, sie suchte vergebens den Wundermann.

Die Mutter saß wieder an ihrer Seite.

Er war fort!

Drittes Kapitel.

Der verheißene Traum.

Man kann keinem geliebten Gegenstand mit größerer Ungeduld entgegen sehen, wie Regina der Nacht entgegen harrte, in welcher ihr der Bruder im Traume erscheinen sollte. —

Die Sehnsucht an diese Nacht ließ die Schwäche ihres Körpers, ihr Leiden vergessen. Vielleicht hatte auch Cagliostro's Wunderarzenei gewirkt und sie gestärkt, sie fühlte sich etwas besser und dachte nur an die Nacht, an den verheißenen Traum.

Die Unruhe, welche ihr die Ungeduld verursachte, war unverkennbar. Die Jungfrau bat die Mutter, ihr aus einem

Buche vorzulesen, aber Lektüre zerstreut nur, wenn die Ge=
danken des Lesers mit jenen des Verfassers, das heißt mit
dem Inhalte des Buches Hand in Hand gehen, wo dieß
nicht der Fall ist, wo die Gedanken des ersteren anderwärts
weilen, während die gelesenen Worte blos an das Ohr
pochen, ohne den Geist zu afficiren, dort ist die Lektüre
fruchtlos, man hört blos unbestimmte Töne, Worte, die
keinen Sinn haben, weil unser Sinn eben mit einem an=
deren Gegenstande beschäftiget ist.

So war es auch bei Regina. Die Mutter las, sie
hörte mechanisch zu und war geistig bei dem Magier, bei
ihrem Bruder Franz, bei dem verheißenen Traume.

Sie nahm selbst ein Buch zur Hand, dasselbe Ergeb=
niß; die Ungeduld gestattete ihr keine Zerstreuung, sie blickte
fortwährend auf die Uhr, deren Zeiger sich heute so lang=
sam bewegten, deren Stunden wie bleibeschwert nicht von
der Stelle kamen.

Endlich senkte sich der Abend, die Nacht herab.

Oh, wie wohl that ihr die Dunkelheit. — Nimmer
lange und der Schlaf wird kommen und der Traum wird
folgen.

Um den Gott des Schlummers schneller heran zu locken,
bat sie die Mutter, die Nachtlampe im äußeren Zimmer
aufzustellen und die Thüre zu schließen.

Ich werde bald schlafen, sagte sie, ich fühle mich heute
wohler, ich hoffe, eine angenehme, ruhige Nacht zu haben.

Frau Beate willfahrte dem Wunsche der Kranken.

Regina blieb im finsteren Gemache.

Sie schloß die Augen — es war noch früh, der
Schlummer mied ihr Lager.

Ich will an Franz denken, sagte sie bei sich, ich will
den Traum, wie er vielleicht kommen wird, in meinem
Geiste ausmalen. Was werde ich zu ihm sagen? Welche
Fragen werde ich an ihn richten? Ich werde nach dem Jen=
seits forschen, nach dem Aufenthalte der Geister, nach dem

Jenseits, in dem man dort fortlebt, nach den Empfindun=
gen der Seele, wenn sie den Körper verlaffen hat. — Ich
werde ihn fragen, welche Strafe den Sünder, welcher Lohn
den Gerechten erwarte. — Ich werde — ach, mein Gott, was
nützt mein Vornehmen jetzt, da ich wache, kann ich den
Traum beherrschen? Kann ich mich zwingen, dieß oder
jenes zu träumen, oder im Traume dieß oder jenes sprechen
zu wollen? Nein! Es liegt nicht in meiner Gewalt, den
Traum wird Er mir senden, der Mächtige, der Seher,
der Wundermann, sonst nichts, was ich erfahren soll und
werde, liegt nicht in meinem Willen, liegt nicht in meiner
Gewalt. Ich werde Franz wieder sehen, wieder mit ihm
sprechen, das genüge mir. Aber — was fällt mir ein?
Werde ich mich auch, wenn ich erwache, deffen entsinnen,
was ich träumen, was ich im Traume sprechen und hören
werde? Ich weiß mich zu erinnern, daß mir von den
Träumen einer ganzen Nacht am frühen Morgen oft nicht
eine Idee blieb, während ich manchmal von dem Traume
einer einzigen Stunde ein szenen= und lebenreiches Bild
hätte entwerfen können. Ach, wenn ich träumte, von Franz
träumte, wenn er mir die Geheimniffe des Jenseits ent=
hüllte, und ich am Morgen von dem Traume nur eine
matte Dämmerung hätte, ohne mich deffen, wornach meine
Seele lechzt, entsinnen zu können? Ich habe oft gehört,
daß, wenn der erste Blick beim Erwachen auf ein Fen=
ster fällt, man augenblicklich die gehabten Träume vergißt,
ach, bei mir ist's möglich; das Fenster ist wohl geblendet,
allein wer weiß, ob der Vorhang vor dem Vergeffen
schützt. Ich will die Lage wechseln, das Haupt gegen das
Fenster gekehrt, habe ich die Hinterwand vor mir, so —
ach Gott, wie wohl mir's ist — so — jetzt ist die Gefahr
beseitigt — jetzt kann ich ruhig den Traum erwarten —
jetzt will ich schlafen — gute Nacht, Mütterchen — gute
Nacht, Alleffandro!

Die Jungfrau schloß die Augen.

Sie hatte ihre Wange auf dem Arme ruhen, sie fühlte das Glühen ihres Antlitzes.

Wie mir heiß ist, dachte sie, die Wärme kommt vom Herzen, ich empfinde ihren Lauf nach dem Kopfe und den Strom von da in die Wangen. Ach, ruhte mein Antlitz auf Alleffandro's Arm, es würde vielleicht weniger glühen, denn ich würde ruhiger sein. Seine Macht würde Schlaf und Traum hervorzaubern; ein Wort von ihm und ich würde schlummern. Oh, was er will, vermag er, und was er will, will auch ich. Doch, ich möchte jetzt schlafen, ernstlich schlafen.

Die Jungfrau lag wieder eine Weile, sie hörte außen die zehnte Stunde schlagen.

Schon zehn, murmelte sie, jetzt ist's Zeit!

Sie schloß wiederholt die dunklen Augen, aber der Schlaf kam noch nicht.

Ob Alleffandro jetzt wohl an mich denkt? fuhr sie in ihren Betrachtungen fort, er liest in meiner Seele, wie in einem bekannten aufgeschlagenen Buche, er weiß, was ich fühle, was ich denke, gewiß, er wird sich im Geiste mit mir beschäftigen, so wie ich mit ihm, seine Gedanken weilen bei mir, er sieht mich, hört mich und ist doch ferne von mir. Es ist gut, daß er nicht da ist, ich könnte die Gluth seines Auges nicht ertragen, wenn er mich ansieht, fühle ich die Spitze seines Blickes in meinem Herzen wühlen und mir fehlt die Kraft, ihm nicht zu gehorchen. Ob er wohl dieser Welt angehört? Hat nicht irgend ein geistig Wesen diese Hülle geborgt, um sich sterblichen Augen sichtbar zu machen und für das Wohl der Menschheit zu wirken? Und welche Hülle! Oh, sie ist schön, herrlich, mächtig wie der Geist, den sie einschließt. — Alleffandro, gute Nacht — schlaf wohl — wohl!

Und wieder schloß sie die Augen, aber die Aufregung ihres Geistes verscheuchte den Schlummer von ihrem Lager, die Erwartung des Traumes peinigte sie, die Gedanken an den Magier beschäftigten sie, Stunde um Stunde verging, und Regina lag noch immer schlaflos da.

Mitternacht war längst vorüber, die Jungfrau klagte in ihrem Herzen, wälzte sich von einer Seite auf die andere, schloß die Augen, wollte sich zum Schlafe zwingen, aber die geistige Aufregung triumphirte über die körperliche Schwäche. Der Schlaf mit ihm der verheißene Traum blieben aus.

Regina befand sich in einem bemitleidenswerthen Zustande — der Körper matt, die Seele abgequält, der Kopf wirr, die Augen hohl und eingesunken, die Lippen dürr, so fand sie der anbrechende Tag.

Die Mutter erkannte sogleich die schlimme Aenderung, und äußerte ihre Besorgniß, Regina behauptete jedoch, sie befinde sich wohl, und sah im Stillen dem Besuche des Arztes entgegen.

Cagliostro kam.

Die Kranke klagte ihm die Leiden der verflossenen Nacht, die verzehrende Sehnsucht, welche ihr Schlaf und Traum geraubt.

Ich habe Ihr Ringen mit angesehen, entgegnete er, und ich bedauerte Sie, weil Sie es nicht verstanden, Ihrer Seele Ruhe zu gebieten. Die größte Kraft des Menschen besteht darin, seinem Geiste zu befehlen, und ihn seinem Willen unterthan zu machen. Sie hatten sich wieder schwarzen Geistern überlassen, und diese verscheuchten den Schlummer, damit die Verheißung des reinen Geistes nicht in Erfüllung gehe. Wenn Sie erst eine wirkliche Schülerin der Magie geworden, dann werden Sie erst die Macht gewinnen, die feindlichen Geister zu unterjochen, denn dann werden Sie die höchste Vollkommenheit erreichen durch physische und sittliche Wiedergeburt. Physisch wiedergeboren wird der Mensch durch den Stein der Weisen, oder die Acacina, die Kräfte der frischesten Jugend kehren zurück, und die Unsterblichkeit steht in Aussicht. Die sittliche Wiedergeburt erlangt

man durch ein Fünfeck, sie verschafft Jedem jene Unschuld
wieder, welche durch die Erbsünde verloren gegangen, diese
Unschuld ist die wahre Unschuld! Kein Mensch, der hienie-
den wandelt, und wäre er noch so fromm, noch so tugend-
haft, noch so rein, ist wirklich unschuldig, er bringt die
Makel der ersten Sünde mit sich, und von dieser muß er
gereinigt werden, will er das Heiligthum der Magie betreten. Auch bei Ihnen, liebe Regina, ist dieß der Fall, und
auch Sie sollen erst durch mich die wahre Unschuld erhalten, dann werden die schwarzen Geister keine Macht mehr
über Sie haben, und alle Qual wird zu Ende sein.

Die Jungfrau horchte diesen Trostesworten mit ge-
spannter Aufmerksamkeit, und flehte den Magier an, ihre
Pein zu lindern, und seine Verheißung zu erfüllen.

Cagliostro sah sie ernst an, und erwiederte: Dringen
Sie nicht in mich, was ich thun kann, geschieht ohnedem,
denn Sie haben Gnade vor meinen Augen gefunden, und
kein weiblich Wesen auf dieser Erde kann sich schmeicheln,
daß ich für dasselbe ein Gleiches gethan hätte. Regina,
Sie habe ich auserwählt, die vollkommenste Frau zu werden, so wie ich der vollkommenste Mann bin. Ueber mir
gibt es nur meine Oberen, sonst Niemanden; Sie sollen
unter mir sein, und unter Ihnen die ganze Welt. Hier
nehmen Sie diese Phiole, genießen Sie deren Inhalt im
Laufe des heutigen Tages, wenn Sie die Kraft haben, die
schwarzen Geister zu besiegen, so werden Sie heute Nacht
träumen, wo nicht, so wird der Schlaf sie abermals
fliehen.

Alessandro, ich flehe Sie an, lehren Sie mich, die
Feinde zu unterjochen; die heutige Nacht war schrecklich, ich
möchte um Alles in der Welt nicht eine zweite verleben. —

Ich kann, was Sie wünschen, Sie nicht lehren. Sie
selbst müssen in sich die Kraft finden, und sie anzuwenden
wissen; doch, damit Sie sehen, wie theuer Ihre Seele der
meinen ist, so will ich Ihnen einen Rath ertheilen. Denken

3 *

Sie diese Nacht nicht an Ihren Bruder, nicht an die Wesen des Jenseits, sondern einzig und allein an mich. Beschäftigen Sie sich im Geiste mit mir, sprechen Sie mit
mir, unterhalten Sie sich mit mir. Ich werde, wenn auch
unsichtbar, Ihnen nahe sein, und Ihren Geist und Ihr
Herz erforschen. Doch vergessen Sie nicht, daß Ihre Feinde
nicht unthätig bleiben, sondern Alles anwenden werden, um
Ihren Geist von dem meinen zu trennen; diese böse Absicht müssen Sie vereiteln, indem Sie sich in Gedanken um
so fester an mich schmiegen. So, theuere Regina, ich
wünschte Ihnen, bevor ich scheide, noch manches Nützliche zu
sagen, allein ich darf nicht, erst wenn Sie erprobt, und
als würdig befunden sind, wird die Schranke zwischen uns
schwinden, und Sie werden sich mir nähern können. Leben
Sie wohl.

Der Magier näherte sein Antlitz jenem der Kranken
— die Blässe der Jungfrau ward von einer matten Röthe
verscheucht, denn sie fühlte einen glühenden Kuß auf ihren
Lippen, einen Kuß, der siedend Blei in ihre Adern hauchte.

Mit schwacher Hand den Grafen von sich drängend,
lispelte sie: Leben Sie wohl, Allessandro.

Ich gehe, nicht um von Ihnen zu scheiden, sondern um
unbeachtet in Ihrer Gesellschaft zu sein.

Er schied.

Regina war wieder allein.

———

Viertes Kapitel.

Die folgende Nacht.

„Regina soll in meine Gewalt kommen, Mutter und Tochter glauben an meine Wunderkraft,' und wer einmal daran glaubt, der ist mir auch verfallen!" So hatte Cagliostro zu sich gesprochen und seine Worte begannen sich der Erfüllung zu nähern.

Der Magier erkannte nur zu leicht den Seelenzustand der Jungfrau und als Kenner des menschlichen Herzens wählte er den richtigen Weg, seine Wünsche in kürzester Frist gekrönt zu sehen.

Die Schwächen des Menschen erforschen, sie benützen, das war von jeher die Maxime Aller, welche durch Gaukeleien oder Betrügereien eine hervorragende Rolle spielten. Bei einem Mädchen, wie Regina, war die Aufgabe eine leichte. Die gewaltige Gemüthserregung bei dem Unglücke des Bruders ebnete die ohnedem mystische Richtung des Geistes, und der Magier fand sie zu seinen Planen vollkommen disponirt.

Sein Manöver liegt offen vor uns, man durchschaut es auf den ersten Blick. Er benützt die Hinrichtung des Bruders, um den Geist der Schwester in mystische Bahnen zu lenken, er nähert sich zuerst der Mutter, weil er die Tochter erobern will, er foltert die Seele des Mädchens,

um den Körper zu schwächen und der Fantasie einen um so
größeren Spielraum zu verschaffen, er erhitzt die Einbil-
dungskraft der Jungfrau, damit er unbemerkt das Gift der
Sünde in das reine Herz träufle und seine verbrecherischen
Plane keinen Widerstand fänden.

Die arme Kranke ahnte in ihrer Verblendung die
Gefahr nicht, welche wie ein Raubvogel ober ihrem Haupte
schwebte, sie überließ sich willenlos der Leitung Desjenigen,
den sie für allwissend und allmächtig hielt, den sie mit
allen nur erdenklichen Vorzügen um so lieber ausstattete,
da ihr Herz nicht nur dem Magier, sondern, ohne daß sie
es recht wußte, auch dem Manne entgegen schlug.

Die junge Liebe stattet ihr Idol mit allen Vorzügen
der Seele und des Körpers aus, wo in jungfräulicher
Brust die Liebe für einen Mann erwacht, da ist es diesem
leicht für einen Zauberer, Magier oder Geisterbeschwörer
zu gelten — der Anblick des Geliebten übt Wunder,
sein Wort ist Sphärenklang, sein Kuß belebt eine todte
Welt. —

Cagliostro war bei Regina Schritt für Schritt vor=
gegangen, seine Berechnung, mit kaltem Herzen angestellt,
täuschte ihn nicht, die Vernunft wird immer siegen, wenn
sie den Gefühlen Schweigen gebietet, nur diese sind es, die
Schwäche erzeugen, der wirklich Starke muß herzlos sein.

Das Streben des Lieblosen ging dahin, eine unbe-
grenzte, dämonische Gewalt über die Jungfrau zu erringen
und sie ganz zu der Sklavin seines Willens zu machen.
Wir sehen, wie er sich mit sicherem Schritte seinem Ziele
nähert.

Und die Mutter?

So denken wohl unsere liebenswürdigen Leserinnen, die
für die arme Regina zittern.

Frau Beate schmachtete in den nämlichen Fesseln wie
ihr Kind. Sie ward zuerst in dem Zaubernetz gefangen,
sie glaubte so wie Regina, sie sah in Cagliostro den

Magier, und dachte nicht daran, daß er auch ein Mann war. Selbst der Befehl, der sie ferne hielt, wenn der Arzt bei der Tochter war, öffnete ihr nicht die Augen; sie vergaß, daß ein geflüstert Wort meist die Blüthe ist, welche sich dann im Dunkel der Einsamkeit entfaltet und zur Belladonna wird, jener glockenförmigen Blume von schmutzig-rother Farbe, deren Frucht Gift, deren Wirkung Verderben ist!

Frau Beate war eine unthätige Zeugin des magischen Verhältnisses; sie hoffte mit aller Zuversicht die Genesung ihres Kindes durch den Wundermann, sie ließ ihn daher gewähren.

Die folgende Nacht erschien.

Die Kranke hatte sich den Tag hindurch Allessandro's Worte unzählige Mal wiederholt, sein Rath — sich in Gedanken nur mit ihm zu beschäftigen — wurde befolgt; durch ihn bewirkte er, daß die Fantasie der Kranken sein Bild gefesselt hielt und immer tiefer in die Seele grub.

Regina dachte in der That immer an Allessandro; sie sprach in Gedanken mit ihm, lächelte ihm zu, glaubte seine Antwort zu hören, und rief oft, wenn sie dann aus diesem Trugspiele gleichsam zu sich selbst kam: „Oh, es ist gewiß, er hält Wort, er ist mir nahe, er spricht mit mir, ich sehe ihn zwar nicht, aber ich höre ihn!"

Die schwarzen Geister wurden heute leicht besiegt, der Gegenstand, mit dem man sich gerne beschäftiget, läßt sich schwer verdrängen, und Regina jubelte in ihrer Brust, daß sie heute über ihre Feinde triumphirte, und schrieb dieß der geistigen Nähe des Magiers zu.

Der erste Theil der Nacht verstrich schlaflos, aber angenehm. Der verheißene Traum blieb ferne, aber sie fühlte sich wohl beglückt; der Gedanke: „Er weilt bei mir, wenn ich ihn auch nicht sehe!" goß Ruhe und Zufriedenheit in ihre Seele.

Sie strengte sich nicht wie gestern an, um zum

Traume zu kommen, Bangen und Herzpochen blieben daher
ferne; sie verspürte keine krampfhaften Bewegungen, keine
Beängstigung, sie lag vielmehr ruhig da, nicht an Schlaf
und Traum, sondern an Alleffandro denkend.

Nach Mitternacht machte sich die Natur geltend; die
Schwere der sich einstellenden Entkräftung senkte sich auf
ihre Augenlider, sie schloß sie, und versank in einen Zustand
von Unthätigkeit, welchen man weder Wachen noch Schlaf
nennen kann. Die Seele ist da in Bande der Gleichgül-
tigkeit und Unempfindlichkeit geschlagen, sie vermag es nicht,
sich zu entfalten und im Traume fortzuwirken, sondern sie
ist an die irdische Hülle geschmiedet, ohne jede Selbststän-
digkeit und doch auch wieder ohne sichtbaren Zusammenhang.
So denken wir uns die Puppe in dem Cocon, die Perle in
der Muschel.

Als Regina aus diesem Zustande der Gefühllosigkeit
zu sich kam, war es bereits Morgen. In ihrem Kopfe war
es öde und dumpf, kein kräftigender Schlaf hatte sie erquickt,
aber sie wähnte doch, geschlafen zu haben und forschte im
Geiste nach dem Traum. Vergebens! Sie hatte nicht geträumt, kein Geist war ihr erschienen, um sie über das
Jenseits zu belehren.

Die Jungfrau wurde traurig, sie ängstigte sich, daß
ihr vielleicht die Fähigkeiten zum magischen Leben fehlten
und erwartete mit Bangen das Erscheinen des Arztes.

Cagliostro hörte ihr Geständniß ruhig an und erwiederte: ·Ich habe heute Nacht meine wichtigsten Geister
aufgeboten, um Ihre Feinde zu beschäftigen, die Verheißung
des Traumes nahm ich jedoch zurück, weil ich wahrnahm,
daß Sie selbst für den magischen Traum zu schwach seien,
ich hätte für Ihr geliebtes Leben zittern müssen, und das
möchte ich nicht. Denken Sie jetzt gar nicht mehr an einen
solchen Traum, die Liebe zu Ihrem Bruder ist übertrieben,
wer heilige Mysterien durchforschen will, darf sich von keinem irdischen Gefühle beherrschen lassen. Sie werden von

jetzt an den gewöhnlichen Weg gehen, um ein Glied der mystischen Gesellschaft zu werden, mit dem Traume ist's nichts mehr, entschlagen Sie sich dessen vollkommen. Von nun an wird mein bester Diener, Hannachiel, Ihr Schutzgeist sein, er wird Sie hüten und beobachten, verbannen Sie jedoch den Schmerz um Ihren Bruder, denn die reine Sehnsucht nach dem Weltglück muß Sie in die Arme der Mystik führen, nicht aber die Sehnsucht nach dem Todten.

Die Jungfrau versprach dem Wundermanne zu gehorchen.

Ich sehe, lispelte sie, ich bin stark genug, Alles zu thun, was Sie fordern. Sie befahlen mir an Sie zu denken und es ward mir leicht. Ihre Kraft stärkt mich, wenn es sich um den Vollzug Ihres Befehles handelt, ich werde von nun an nur an Sie und an das Weltglück denken.

Alessandro nickte ihr zufrieden zu und reichte ihr wieder eine Phiole als Arzenei.

Sein Besuch währte länger, er tröstete heute auch die Mutter und versprach ihr die baldige Genesung der Tochter.

Bevor er das Fräulein verließ, sagte er zu ihr: Bezwingen Sie Ihren Schmerz, damit Sie gesunden und ich Sie einführe in die Zauberhallen der heiligen Wissenschaft.

Das Auge der Kranken folgte beglückt dem scheidenden Magier.

Fünftes Kapitel.

Ein überraschender Besuch.

Die Kammerjungfer der Gräfin Santa Croce befindet sich in ihrem Privatlogis.

Die reizendste aller Brünetten ruht auf einem Divan, hat den Kopf auf die kleine Hand gestützt, das dunkle Auge gegen die bemalte Zimmerdecke gekehrt, wobei ihre Miene als Barometer der Stimmung Unmuth und Traurigkeit verkündet.

Woran denkt Mamsell Racine?

Gab es Zwistigkeiten im Herrschaftshause? Hat die Modistin einen Stoff verpfuscht? Ist die Pariser Modepuppe, die allmonatlich in zahlreichen Exemplaren nach Wien kam, um die französische Mode zu versinnlichen und zu verbreiten, ist sie dieses Mal ausgeblieben?

Nichts von dem Allen..

Justine schmollt, grollt, zürnt, sehnt sich, denkt im Geheimen an — Wendelin.

Seit der fürchterlichen Katastrophe bei der Abendunterhaltung waren mehrere Tage vergangen und der junge Stutzer ließ sich nicht sehen.

Die Kammerjungfer hatte ein Billet von ihm erwartet, in welchem er sich gebührender Maßen entschuldigen und sie wegen des angerichteten Unheils um Vergebung flehen würde, das Billet blieb aus, der Sünder ließ nichts von sich. hören.

Jungfer Wurzel wurde traurig, unmuthig, unzufrieden mit sich und ihrer Umgebung.

Ei was, sagte sie wohl hundertmal zu sich, was liegt daran, ob der Narr wieder kommt oder nicht?

Die Zunge wird selten etwas ausrichten, wenn der Verstand oder das Herz ihr nicht zu Hülfe kommt; bei Justine zeigte sich dieß am deutlichsten. Der Verstand sagte ihr: „Der Narr besitzt 30,000 Gulden!" und das Herz bemerkte dazu: „Der Narr ist ein lieber Junge!" Bei einer solchen Opposition war es natürlich, daß die Laute der Zuge wirkungslos verhallten.

Die Kammerjungfer hatte den kernigen Spruch: „Lerne Dich früher selbst kennen u. s. w." von jeher sehr beherzigt, so kannte sie sich sehr gut, und in Folge dieser Selbstkenntniß sagte sie, natürlich nur zu sich: „Ach, mein Gott, ich glaube gar, der Narr interessirt mich?" und siehe da, die Antwort fiel bejahend aus.

Die Kammerjungfer erhob sich vom Divan, machte einige leidenschaftliche Gänge durch das Gemach, seufzte mehrere Male und rief dann: Der garstige Hund — es ist abscheulich, wegen einer Bestie so viel Herzleid erdulden zu müssen — wär' er mir untreu geworden, dann würde ich nicht an ihn denken — aber wegen des Hundes — der arme Junge genirt sich, er fürchtet sich, er ist bescheiden, ach, wenn er wüßte, wie oft ich an ihn denke.

So weit war die Dame in ihren Betrachtungen vorgeschritten, als die Treppe herauf ein Geräusch von schweren Männertritten erscholl.

Was ist das? dachte Justine, man sollte glauben, es stiefelte ein halbes Dutzend Fuhrleute herein.

Es waren aber keine Fuhrleute, sondern nur zwei Träger, welche die Thüre angelweit aufrissen und mit einer

geschlossenen Sänfte keuchend bis mitten in das parkettirte
Gemach kamen.

Racine sah die Leute erstaunt an.

Sie begriff im ersten Momente nicht, wer sich bei ihr
mitsammt der Sänfte bis in's Zimmer transportiren lassen
konnte.

Die beiden Träger stellten, ohne ein Wort zu verlieren, ihren Kasten nieder und verließen das Gemach.

Was ist das? rief jetzt die Kammerjungfer den Abgehenden nach, was soll der Tragsessel in meinem Zimmer?

Die Antwort auf diese Frage erfolgte aus dem Innern
des Kastens.

Die Vorhänge gingen nämlich auf, ein Fenster wurde
herabgelassen und eine wie von Krankheit ermattete Männerstimme lispelte heraus: Angebetete Racine — Sie sehen
einen erbarmungswürdigen Leichnam vor sich — kusch, Sultan, — ich bin es, der arme Wendelin!

Auf diese, dem Tone nach höchst jämmerliche Anspra-
che, erschrak die Kammerjungfer, denn der unglückliche Herr
eines sehr ungezogenen Hundes saß wirklich in einem schnee-
weißen Lazarethkittel da, auf dem Kopfe eine weiße baum-
wollene Schlafhaube, die Hände gefaltet, den Kopf auf die
Schulter gesenkt, als ob er, ihn aufrecht zu tragen, nicht
hinlänglich Kraft besäße; die Kammerjungfer war dabei
bleich geworden; ihr erster Gedanke war: Der Arme, er
ließ sich das Unglück zu sehr an's Herz gehen, er ist die
Beute einer Gemüthskrankheit geworden!

Sie sind krank, Herr Taub? stotterte sie als Antwort
auf seine Anrede.

Wie Sie sehen —

Und Sie fanden es nicht der Mühe werth, mich davon
in Kenntniß zu setzen?

Hätten Sie meiner Angabe geglaubt? Oh, was habe
ich während dieser Tage gelitten! Ich ertrug Alles —
kusch, Sul — — bis ich mich so weit erholt hatte, daß

ich mich hieher tragen laſſen konnte. Wenn ſie Dich ſieht,
dachte ich, mit ihren holden Augen Dich ſieht, wird ſie Dir
gewiß glauben. —

Mein Herr, ich glaube Ihnen recht gerne, daß Sie
nach einer ſolchen Szene unwohl wurden, damit will ich
aber mein Recht, Ihnen zu zürnen, noch nicht aufgegeben
haben.

Oh, Racine, zürnen Sie mir, mißhandeln Sie mich
mit Worten und mit Händen, Sie haben ein Recht dazu,
nicht nur Recht, ſondern ſogar noch mehr, es iſt ſogar Ihre
Pflicht es zu thun, ob ich aber dadurch eher geſund werde,
wage ich doch zu bezweifeln. — Kuſch, Sultan! —

Wendelin ſprach immer mit krankheitsmatter Stimme
und einer Jammermiene, als ob er eben drei Monate im
allgemeinen Krankenhauſe bei einer Drittel-Portion krank
gelegen wäre.

Es ſei ferne von mir, Ihnen, mein Herr, auf irgend
eine Weiſe nahe zu treten, im Gegentheile, ich bedauere
Sie — der Skandal iſt verſchmerzt — es thäte mir jedoch
leid, wenn Sie in Folge deſſen zu leiden hätten. —

Oh — und was mußte ich leiden!

Ich bin unſchuldig daran. Ich habe vom erſten
Momente an gegen Ihren Hund einen Widerwillen ge-
hegt —

Die Beſtie! Wegen eines ſolchen Vieh's in eine
lebensgefährliche Krankheit zu verfallen — kuſch, Sultan!
— aber wenn ich erſt geſund bin, dann — dann ſoll er's
büßen.

Wie, Sie haben den Köter noch nicht vertilgt?

Nein — noch nicht! — Ein einfacher Tod wäre für
ein ſolches Verbrechen viel zu milde. Er muß eines mar-
tervollen Todes ſterben, oh, Sultan, Du ſollſt mich kennen
lernen — kuſch, Beſtie! — keine Barmherzigkeit — keine
Gnade — kuſch! — ich werde Dich lehren, gehorchen —

Aber Herr Wendelin!

Vergebung, Mamsell Racine, wenn ich an das Unge=
heuer denke, überkommt mich jederzeit die Wuth, und ich
vergesse, wo ich bin, und in welchem miserablen Zustande
ich mich befinde.

Wollen Sie nicht die Sänfte verlassen?

Ich möchte wohl, aber —

Nun? Sind Sie vielleicht zu schwach?

Gottlob, ich besäße noch die Kraft dazu —

Warum thun Sie es also nicht? —

Ein Gelöbniß verbietet es mir.

Wie? Ein Gelöbniß?

Ja, Mamsell Racine, während meiner Krankheit, als
ich so schwer darniederlag, da gelobte ich es mir hoch und
theuer, Ihr Gemach nicht wieder zu betreten, bevor ich von
Ihnen nicht die vollkommenste Verzeihung erhalten haben
würde —

Ei, mein Herr, Sie haben es aber doch betreten!

O nein, theuerste Mamsell, ich befinde mich in meiner
Sänfte und habe Ihr Gemach nicht betreten, werde es
auch nicht thun, bis Sie — kusch, Sultan! —

Justine unterbrach ihn: Nennen Sie schon wieder das
abscheuliche Thier?

Oh, Vergebung, Verzeihung —

Kommen Sie also heraus aus dem Kasten —

Kann ich es thun, ohne mein Gelöbniß zu brechen?

Kommen Sie nur.

Wendelin kroch aus der Sänfte und die Kammerjung=
fer konnte sich jetzt bei dem Anblicke seiner Vollfigur eines
Lachens nicht enthalten.

Sie sehen ja aus wie der Geist im Kasperl!

Oh, ich bin sehr angegriffen —

Ich werde Ihnen einige Erfrischungen serviren lassen,
Obst, Thee —

Oh, nur kein Obst, angebetete Huldin, lieber Fleisch
— statt des Thee's Wein, ich bedarf der Stärkung. Kusch,

Sul — ah so, ich bitte tausend Mal um Vergebung
— das Unglück will mir nicht aus dem Kopfe, aber Rache,
Rache. —

Während er diese Rufe hervorstöhnte, ließ er sich auf
dem Divan nieder; die Dame des Hauses befahl ihrer vertrauten Dienerin, die von dem Kranken gewünschten Erfrischungen zu bringen und ließ sich dann in der Nähe ihres
Gastes nieder.

Wendelin faßte ihre Hand und lispelte: Holder Engel,
wie glücklich bin ich, mich wieder in Ihrer Gesellschaft zu
befinden. —

Justine lächelte freundlich und sagte mit Gefühl: Ist
dieß auch wahr?

Oh, Racine, Engel, Sie können noch fragen? Hätte
mich der Unfall in Ihrem Hause so angegriffen, wenn Sie
mir gleichgültig wären? —

Sie sehen aber nicht besonders bleich aus —

Von außen nicht, aber inwendig, oh, Gott, die
Liebe —

Ihre Liebe wird doch kein Gespenst sein? —

Sie scherzen noch?

Ich traue Ihnen nicht recht. —

Oh, Sie sind unbarmherzig! —

Genug davon. Sei dem, wie ihm wolle. Sie kamen heute erwünscht, ich werde Sie mit einem Auftrage
belästigen.

Oh, welche süße Last! Rusch — ah so — ich bitt' um
Vergebung.

Herr Kornelius Lohberg ist Ihr Freund.

Ja, holde Rose.

Sie wissen, wo er zu treffen ist.

Ich weiß es.

Herr Lohberg würde, wenn Sie ihn um eine Gefälligkeit ersuchten, Ihnen Ihre Bitte nicht abschlagen?

Gewiß nicht. Aber warum diese Fragen? Kusch — ah so — ich bitt' um Vergebung.

Wendelin sprach so matt und wehmüthig, daß Justine aufmerksam sein mußte, um ihn zu verstehen.

Sie werden also die Gefälligkeit haben, Herrn Lohberg aufzusuchen —

Ja, Engel!

Sie werden ihn bitten, Morgen Abends hieher in mein Logis zu kommen.

Bei diesen Worten fuhr der Kranke auf und rief mit einer Stimme, die Todte hätte wecken können: Justine, was soll ich? Nein, nimmermehr! Kusch, Sultan, verdammtes Vieh, steigt mir immer im Kopfe herum!

Die Kammerjungfer brach bei diesem von Gesundheit strotzendem Geschrei in ein lautes Lachen aus, Wendelin, wahrnehmend, daß er im Affekte aus der Rolle gefallen war, beeilte sich, seinen Fehler schleunigst wieder gut zu machen, sank wie entkräftet auf seinen Sitz zurück und winselte: Oh, ich werde recidiv.

In diesem Momente kam die Dienerin mit Braten und Wein.

Die Kammerjungfer lächelte.

Eine Ente — vor einigen Minuten noch am Spieße steckend — durchduftete das Gemach. In der Flasche perlte köstlicher Ungarwein.

Der Patient schnüffelte verstohlen nach dem Geflügel und blinzelte nach der Flasche.

Es thut mir leid, begann die Dame des Hauses mit erheucheltem Kummer, daß meine Bitte Sie so erschüttert hat, Sie werden wohl als Recidiver auf die Erfrischung verzichten müssen. —

Wendelin, sehr schwach: Oh, Justine — diese Ente — Lohberg — ich selbst sollte ihn hieher führen zu Ihnen?

Sie scheinen mich unrichtig verstanden zu haben. Nicht

zu mir soll Herr Kornelius kommen, sondern blos in meine Wohnung.

Ist dieß nicht einerlei? Ob ich den Geier zur Taube oder in den Taubenschlag ·führe, die Folgen sind dieselben! Oh, Sultan — kusch, wollt' ich sagen — nein — nichts wollt' ich sagen — ach Gott, ich bin nicht mehr bei mir selbst, mein Kopf ist so schwach, so angegriffen.

Ich sehe schon, ich muß mich Ihnen deutlicher erklären, sonst kommen Sie aus Ihren Narrheiten nicht mehr heraus. Herr Kornelius wird hier von einer anderen Dame empfangen werden. —

Wendelin riß die Augen auf.

Diese andere Dame ist die Gräfin Santa Croce, meine Gebieterin —

Der Patient begann zu begreifen.

Herr Lohberg darf nicht wissen, um was es sich handelt, er muß gewissermaßen hieher gelockt werden, ohne zu ahnen, wen er hier treffen wird.

Ich verstehe — aber warum dieß Alles?

Herr Lohberg ist mit der Gräfin entzweit, will sie nicht mehr besuchen und soll sie hier unverhofft treffen.

Racine's Aufklärung befriedigte den Kranken derart, daß er ganz ruhig zu speisen begann, ohne an sein Recidive zu denken.

Sie haben mich also verstanden?

Vollkommen, göttliches Wesen. Morgen Abend komme ich selbst mit Lohberg hieher.

Sie selbst? Und Ihre Krankheit?

Ah so, richtig — kusch — das heißt — ich hoffe bis Morgen —

Jetzt genug der Verstellung, ich glaube es ist Zeit, daß Sie der Komödie einmal ein Ende machen.

Meinen Sie? fragte Wendelin ganz treuherzig.

Ich wünsche, ich befehle es.

Der junge Mann zog seinen Spitalskittel aus, nahm

Die Rosenkreuzer in Wien. II.   4

feine Schlafhaube ab, und sagte mit sehr gesunder Stimme:
Ja, Sie haben recht, das Trauerspiel ist aus und das Lustspiel soll beginnen.

Warum Lustspiel?

Weil diese immer mit einer Heirat enden.

Herr Wendelin!

Oh, reizende Justine, warum schlagen Sie die schwarzen Augen zu Boden, wer so liebe Augen hat, darf kühn
der ganzen Welt in's Antlitz schauen.

Was Sie sagen, ist Ihr Ernst nicht.

Meinen Sie die Augen, oder das Heiraten? Beides
ist mein Ernst, ich schwöre es, bei meiner Treue!

Ich glaube an Ihren jetzigen Schwur eben so wenig,
wie an Ihre frühere Krankheit.

Oh, reizen Sie mich nicht, Justine, Sie wissen noch
nicht, wessen ich fähig bin, wenn es gilt, meine Ehre zu
retten. An einem schönen Morgen, Sie werden sich vielleicht noch im tiefsten Negligee befinden, werde ich als
Sultan — verdammt, nein, mit meinen Beiständen wollte
ich sagen — in's Zimmer treten und werde sprechen:
Justine, Engel, Geliebte! Der Altar ist geschmückt, die Kerzen flammen, der Priester harrt, die Gäste sind beisammen,
oh, schmück' Dein reizend Haupt mit dieser Myrthe schön,
aus einer Jungfer Wurzel, soll eine Madame Taube steh'n.

Die Kammerjungfer lächelte und rief: Sie wären ein
Narr, Sie sind ein Narr und bleiben ein Narr!

Ich bleibe ein Narr? Auch wenn ich Sie heirate?

Das wäre vielleicht noch Ihr klügster Streich, versetzte
Justine.

Wendelin riß die Mamsell an sich, küßte sie trotz des
scheinbaren Widerstandes und rief: Sie liebt mich — oh,
ich Glücklicher! Racine liebt mich, sie ist mein!

Machen Sie um's Himmelswillen keinen solchen Lärm,
Sie schreien ja wie ein Weinausrufer.

Ah so, richtig, ganz in der Stille, ich bin ja krank,

das heißt, vor den Leuten, oh, wie glücklich werde ich von nun an sein, Ihre Liebe — kusch — nicht kusch — jetzt wird er vertilgt — aber ohne Rache — ganz einfach — einen Stein um den Hals und dann in die Donau, wenn Sie in mein Haus ziehen, können wir, das heißt, ich und er, ohnedem nicht mehr beisammen bleiben. Jetzt — noch einen Kuß — reizende Braut — und dann lebe wohl!

Vergessen Sie nicht den Auftrag in Bezug auf Herrn Lohberg.

Ah so, richtig, er soll erfüllt werden. Morgen Abends sind wir Beide hier, ganz sicher. Leben Sie wohl.

Leben Sie wohl und werden Sie klug.

Der Gebieter Sultans zog wieder seine Krankengarderobe an, kroch in seine Sänfte, affektirte die gut einstudirte Jammerei und ließ sich forttransportiren vom Schauplatze der gestifteten Versöhnung.

 Sechstes Kapitel.

Wendelin erfüllt seinen Auftrag.

Wendelin befand sich im Zustande vollkommener Seligkeit.

Die Aussöhnung der Kammerjungfer war nicht nur gelungen, sondern er hatte in ihrer Gunst noch viele Schritte weiter gethan, er war jetzt ihr Vertrauter, sie beinahe seine Braut. Außerdem hatte er noch die beruhigende Versiche-

4 *

rung gewonnen, daß Racine von seiner rosenkreuzerischen
Mission und deren so sehr verhängnißvollen Folgen keine
Ahnung habe, was blieb ihm also noch zu wünschen übrig?
Nichts — gar nichts!

Ja, rief er aus, als er allein war, sie ist ein Engel,
diese Wurzel, Racine wollte ich sagen, ich wäre beinahe
im Stande, sie wirklich zu heiraten, wenn nur Sultan nicht
wäre. Ich habe es ihr zwar versprochen, aber ich kann
das Thier nicht vernichten, ich habe es zu lieb, wir sind
miteinander aufgewachsen, Sultan hat mir in der Hetze
viele Preise gewonnen, er war immer mein Begleiter, mein
treuer Anhänger, ich bin an ihn gewöhnt, kurz, ich kann
nicht. Er hat mir zwar auch schon Ungelegenheiten gemacht, das ist wahr, aber dafür kann er nicht, das — ge-
reicht ihm sogar zur Ehre, denn was er that, war nur
ein Beweis seiner Anhänglichkeit, seiner Liebe zu mir. Die
Zigeunerfarbige wird nachgeben; wenn es mit dem Heiraten Ernst wird, wird sie mir zu Liebe auch Sultan nicht
verachten, ich werde ihr vorstellen, daß der Hund das
Sinnbild der Treue sei, und wer einem Hunde Feind ist,
der besitze auch kein treues Herz. Kusch, Sultan, da
draußen! Der Kerl gibt keine Ruhe, er will expreß bei
mir im Zimmer sein, just nicht, Bestie, bleib', wo Du bist.

Er fuhr in seinem Monologe fort: Von Sabine hat
die Zigeunerfarbige keine Ahnung, und das ist sehr gut.
Die Gözin ist eine angenehme Bekanntschaft, sie ist zwar
eine Preußin, aber Abwechslung schadet nicht. Was
braucht die Ungeschminkte in der Alservorstadt zu wissen,
daß ich auf der Wieden die Bekanntschaft einer wummeligen Laborantin gemacht habe? Ich mußte diese Bekanntschaft machen, es geschah nicht im Uebermuth oder aus
Treulosigkeit, die Ordenspflicht gebot es mir, mein Eid
erforderte es, und ich gehorsamte. Dagegen kann die
Wurzel nichts einwenden, aber ich fürchte, wenn sie es
erführe, gäbe es doch ein Wetter. Bah! wie sollte sie

es erfahren? Zwischen der Wien und dem Alserbach liegen
unterschiedliche Vorstädte, und ich — ich bin kein Thor,
um mich zu verrathen. Doch, jetzt an meinen Auftrag,
ich muß zu Lohberg, dann einen Besuch bei der Preußin,
morgen wieder einen bei der Wurzel — oh Gott, das
ist ein Leben — eine Zwickmühle der Liebe' — Wendelin,
Du bist ein Glückskind, wie es kein zweites in Wien
gibt! —

Der Stutzer trillerte ein Liedchen, befahl dem Bullen=
beißer mehrmals zu kuschen, da dieß nicht befolgt wurde,
murmelte er: „Ei was, ich gehe ja nur zu Kornelius, da
kann ich ihn schon mitlaufen lassen!"

Sultan rannte wie besessen voraus, er war entzückt,
seinen Herrn begleiten zu dürfen.

Wendelin fand den Freund nicht zu Hause, um jedoch
den Weg nicht umsonst gemacht zu haben, hinterließ er ihm
einige Zeilen, in welchen er Kornelius dringend ersuchte,
ihn am nächsten Nachmittage zu besuchen.

Lohberg kam erst spät nach Hause, wo er Wendelin's
Billet erhielt.

‚ Was mag er wollen? dachte er, gewiß wieder eine
Thorheit, denn Ernstes gibt es bei ihm selten zu erwarten.
Indessen, was liegt daran, ich werde ihn besuchen.

Am nächsten Nachmittage kam Kornelius zu Wen=
delin.

Willkommen, Korneli — kusch, Sultan — freut mich,
daß Du kommst. —

Deine Einladung lautete sehr dringend. —

Sie ist es auch. —

Du treibst wohl Scherze?

Korneli, nur nicht eigensinnig — wart' — ich muß
die Bestie in die Küche sperren — sie gibt keine Ruh' —
marsch hinaus — marsch — da hast Eins — so — jetzt
zu Dir — Du wirst mich heute begleiten!

Ich? Vielleicht statt des Sultans?

Ohne Scherz — wir haben eine kleine Unterhaltung, und Du gehst mit mir.

Ich bin jetzt zu Unterhaltungen nicht gestimmt. —

Um so besser, Du wirst Dich zerstreuen. —

Wohin willst Du mich führen?

Nur nicht neugierig geworden, frage nicht, denn ich will Dich überraschen. Kusch, da draußen!

Geht Sultan auch mit?

Bewahre, er bleibt zu Hause.

Ich möchte aber doch wissen, wohin?

Zum Henker, was liegt Dir daran, Du kennst ja die Leute nicht.

Lohberg war nicht geneigt einzuwilligen. Taub drang in ihn, wendete seine Ueberredungskunst an, und erpreßte ihm endlich die Zusage.

Um dem Freunde keine Zeit zu einer etwaigen Sinnesänderung zu lassen, so sagte Wendelin: Der Nachmittag ist vorgeschritten, machen wir eine Spazierfahrt in den Prater, dann von dort in die Gesellschaft.

Kornelius willigte ein.

Die jungen Leute machten sich auf den Weg.

Wendelin sperrte eben die Küche zu, in welcher Sultan als Gefangener zurückbleiben mußte, als Nachbarin Lucretia, die achtundvierzigjährige dürre Jungfrau, aus ihrer Thüre trat und verdrießlich zu Wendelin sagte: Herr Taub, Sie gehen schon wieder fort?

Ja, Fräulein Nachbarin, ich bin so frei!

Haben Sie etwas dagegen einzuwenden?

Es ist mir nicht gleichgültig.

Wirklich? Wie so?

Mir ist es viel angenehmer, wenn Sie zu Hause sind.

Oh, Ihr Bekenntniß ist unendlich schmeichelhaft für mich. —

Es ist nicht Ihrethalben, sondern wegen des Hundes. —

Wegen des Hundes? verſetzte Wendelin kleinlaut.

Das Thier heult und winſelt, ſobald Sie ſich entfernen.

Davon wußte ich kein Wort.

Natürlich, Sie hören es nicht. Für mich iſt aber der
Lärm unangenehm.

Ich bedauere, verehrtes Fräulein, — kuſch, miſerable
Beſtie — das Vieh bringt mich noch zur Verzweiflung —
ich weiß wahrhaftig nicht mehr, was ich mit ihm beginnen
ſoll? Ich gehe in Geſellſchaft, und da kann ich doch den
Hund nicht mitnehmen. Was würden Sie, reizende Lucretia,
dazu ſagen, wenn ein junger Herr zu Ihnen käme, und
einen Bullenbeißer mitbrächte?

Die Lange, Dürre ſenkte die Augen und wiſperte ſchä-
mig: Oh, Herr Wendelin, Sie wiſſen am beſten, daß zu
mir keine jungen Herren kommen, es wär' auch gar nicht
möglich, denn wie nur ein Fremder die Treppe heraufgeht,
ſo fängt Ihr verdammter Hund ſo fürchterlich zu bellen an,
daß die ganze Nachbarſchaft aufmerkſam wird, und die
Köpfe zu den Thüren herausſteckt.

Wendelin kratzte ſich hinterm linken Ohr, und dachte:
Alle Wetter, das unpolitiſche Thier macht ſich alle Welt
zu Feinde!

Jetzt trat auch der Nachbar, Urban Keil, aus der
Thüre.

Fräulein Lucretia hat Recht, brummte der ehemalige
Kurator, Ihr Hund ſtört die Ruhe im ganzen Stock, man
öffnet kaum die Thüre und er bellt ſchon. Es wäre wirklich Zeit, wenn Sie den Köter einmal vernichteten. Sonſt
thun wir es.

Oho, fuhr Juſtinen's Geliebter auf, das werden Sie
bleiben laſſen, Herr Nachbar, Sultan iſt mein Eigenthum,
und wer ſich daran vergreift, den weiß ich zu treffen.
Kuſch, Beſtie — der Kerl iſt klug, er weiß, daß man von
ihm ſpricht — er kennt ſeine Feinde. Wenn Ihnen mein

Hund unangenehm ist, so kündige ich die Wohnung, oder besser, ich kaufe das Haus und kündige Ihnen, verstanden? Jetzt komm, Sultan, das heißt, Korneli, komm, Bruder, komm!

Die jungen Leute verließen das Haus.

Da hast Du's wieder mit Deinem Hunde, es gehört wirklich eine Ausdauer dazu, so viel Unannehmlichkeiten wegen eines Viehes zu ertragen.

Ei was, die alte Lucretia ist eine boshafte Hexe und der Nachbar ist ein tückischer, geiziger, hinterlistiger Schuft —

Das sieht dem Manne ähnlich, er hat ein wirkliches Galgengesicht.

Oh, der verdiente schon längst zwischen Himmel und Erde zu baumeln, schon um der armen Waisen willen, die der Schurke betrogen hat.

Wie? Um der Waisen willen?

Ja, der Lump war ehedem Kurator.

Kurator? Wie heißt der Mann?

Urban Keil!

Lohberg fuhr erschüttert zusammen.

Was sagst Du, rief er in höchster Aufregung, wie heißt der Mann?

Urban Keil! wiederholte Wendelin.

Kornelius Augen glühten.

Wendelin, rief er, Freund, welch' ein Begegniß!

Oh komm, laß Dich umarmen, herzen und küssen, denn Dir verdanke ich, daß ich ihn gefunden habe.

Justinen's Geliebter begriff die Extase des Freundes nicht.

Frage nicht, fuhr Lohberg fort, heute nicht, denn ich könnte Dir nicht antworten, aber die Zeit, wo Du Alles erfahren sollst, wird kommen; oh, wie froh bin ich, Dich besucht zu haben — jetzt, da ich ihn gefunden, soll er mir nicht mehr entkommen. Komm, Freund, komm, dort ist ein

Fiaker, laß uns einsteigen, heute begleite ich Dich, wohin Du willst, ich bitte Dich nur um Eines, und dieß ist, daß Du in Deinem Hause nie meinen Namen nennst, damit der Schurke mein Hiersein nicht erfahre, der Donner der Vergeltung muß plötzlich über ihn hereinbrechen.

Die Freunde bestiegen den Fiaker und fuhren in den Prater.

Siebentes Kapitel.

Die Frucht des erfüllten Auftrages.

Die Spazierfahrt bot den beiden Freunden keine Unterhaltung.

Lohberg sprach nicht und Wendelin dachte: Sein Tiefsinn kommt mir erwünscht, er weiß, daß Justine in der Währingergasse wohnt und die Kammerjungfer der Gräfin Santa Croce ist; wenn er merkte, daß ich ihn zu Justine bringe, so würde er leicht den Grund ahnen und sich weigern, mir zu folgen; aber so wird er nichts wahrnehmen und habe ich ihn einmal in der Wohnung, dann habe ich ihn auch schon gefangen und er kann, ohne den Anstand mit Füßen zu treten, sich nicht mehr aus der Schlinge ziehen.

In Folge dieser ganz richtigen Bemerkung hütete sich Wendelin Worte zu verlieren, und schwieg mit dem Freunde um die Wette.

Es fing schon an zu dunkeln, als man die Rückfahrt begann. Kornelius kümmerte sich nicht um die Richtung, welche der Wagen nahm, und so langte man vor dem Privatlogis an.

Die beiden Freunde stiegen aus — Wendelin machte den Wegweiser und führte den Freund in das Gemach, wo Mamsell Racine gewöhnlich Gesellschaften empfing. Es war leer.

Man scheint auf unseren Empfang nicht vorbereitet.

Du irrst, mein Freund, ich führte Dich nur hieher, um Dich früher mit der Herrin des Hauses bekannt zu machen.

Wer ist die Dame?

Mamsell Racine, Kammerjungfer bei der Gräfin Santa Croce.

Wendelin, rief Lohberg betroffen, warum sagtest Du mir nicht früher, wohin Du mich führst?

Oh, Mamsell Justine, rief Wendelin der eintretenden Dame des Hauses entgegen, hier habe ich die Ehre, Ihnen meinen Freund, Kornelius Lohberg, vorzustellen.

Herr Lohberg, nahm die Dame galant das Wort, ich schätze mich glücklich, Sie hier zu empfangen.

Man verneigte sich, Kornelius verlegen, Justine ehrerbietig.

Mein Freund, begann Ersterer übellaunig, lud mich zu einem Besuche ein, ohne mir zu sagen —

Ah, ich verstehe, Herr Taub hat wieder, wie gewöhnlich, einen Schelmenstreich produzirt, er fürchtete von Ihrer Seite eine abschlägige Antwort, und bediente sich einer List, um Sie hieherzubringen. Ich werde ihn dafür zur Verantwortung ziehen, doch an Sie, Herr Lohberg, erlaube ich mir eine Frage. Sie wissen jetzt, wo Sie sind; aus dem Tone Ihrer wenigen Worte entnehme ich auch, daß Ihnen die Absicht, warum man Sie hieher wünschte, ebenfalls nicht fremd ist, ich erlaube mir offen und freimüthig die

Frage an Sie, ob es Ihnen denn widerstrebe, hier zu bleiben? Ist dieß der Fall, dann — so lautet der mir gegebene
Befehl — können Sie sich ungehindert fortbegeben.

Kornelius schwankte. Es ward ihm jetzt ganz klar,
daß Seraphine ihn hier zu sprechen wünsche, er hatte aber
beschlossen, sie nie wieder zu sehen, was sollte er thun?

Sollte er sich neuerdings der Gefahr ihrer Nähe aus-
setzen? Sollte er die Dame anhören, oder durch seine Entfernung den von seiner Seite herbeigeführten plötzlichen
Bruch fortbestehen lassen?

Seine Vernunft rieth ihm das Letztere, seine Eitelkeit
das Erstere; den Triumph, die schöne Dame schuldbeladen
vor sich zu sehen, ihr Flehen zu hören, ohne sich von demselben erweichen zu lassen, zeigte sich ihm so lockend, daß er
nach kurzem Bedenken zu bleiben beschloß, und den Einwür-
fen der Vernunft Schweigen gebot.

Er wendete sich daher ernst, doch höflich, an die Kammerjungfer, und entgegnete ihr: Ich mache von der Er-
laubniß, mich zu entfernen, keinen Gebrauch. Es könnte
den Anschein gewinnen, als fürchtete ich gewisse Begegnun-
gen; dieses ist jedoch nicht der Fall. Verfügen Sie nach
Belieben über mich.

Sie bleiben also, Herr Lohberg?

Ich bleibe!

Dann wollen Sie sich gefälligst in jenes Gemach begeben.

Racine wies auf eine Thüre.

Während Kornelius sich derselben näherte, nahm die
Kammerjungfer Wendelin am Arme, und zog ihn mit sich
in ein anderes Gemach fort.

Nun, herrliche Racine, habe ich meine Sache gut
gemacht?

Sie ist gut ausgefallen, das ist Ihr Glück, sonst wäre
ich abermals bemüßigt gewesen, mit Ihnen zu schmollen.

Doch zu etwas Anderem. Sie sind, wie ich sehe, seit gestern vollkommen genesen?

Oh, erinnern Sie mich nicht an die trübsten Tage meines Lebens! Es genüge Ihnen, wenn ich Sie versichere, daß ich jetzt glücklich bin.

Ganz? fragte Justine schelmisch.

Das heißt — kusch, ah so — denken wir nicht daran. Ach, Racine, Ihre Liebe macht mich selig.

Meine Liebe? Wer hat Ihnen denn gesagt, daß ich Sie liebe?

Mein Herz sagt mir's. —

Ich bin nicht gewohnt, meine Gefühle durch anderer Leute Herzen verdollmetschen zu lassen. Ihr Herz lügt.

Mein Herz hat noch nie gelogen.

Es hat Ihnen also schon oft verkündet, wenn sie geliebt wurden?

Wendelin sah · sich umgarnt, und rief: Nun ja — 's ist wahr — kusch, Sult — ah so — Sie sind zwar nicht meine erste Liebe, aber meine letzte werden Sie sein, hören Sie, meine allerletzte! Indessen will ich hoffen, daß wir uns wechselseitig nichts vorzuwerfen haben, denn wenn ich mich recht entsinne, so lautete die erste Erkundigung, welche ich über Sie einzog, es war an jenem glücklichen Vormittage auf dem Kohlmarkte: „Sie ist in diesem Augenblicke auch vakant!" eine deutliche Erklärung, daß es Augenblicke gab, wo Sie nicht vakant waren.

Herr Taub!

Beruhigen Sie sich, Geliebte meines Herzens, ich mache Ihnen deßhalb keine Vorwürfe; wir sind unschuldig daran, daß wir uns gegenseitig so spät kennen lernten, übrigens danken wir den Göttern, daß es noch so zeitlich geschah, hätte ich Sie zum Exempel erst als Witwe mit sechs Kindern kennen gelernt, dann, so glaube ich, hätte ich mich kaum in Sie verliebt. Kusch — ah so — die Bestie ist nicht da.

Während die Kammerjungfer und Wendelin sich von der Gegenwart und Zukunft ihrer Liebe unterhielten, war Kornelius Lohberg in das bezeichnete Gemach getreten.

Eine ganz schwarz gekleidete Dame saß auf dem Sofa — Es war die Gräfin Santa Croce.

Das Antlitz blaß, das Auge zu Boden geschlagen, die Hände im Schoß gefaltet, so glich sie dem verkörperten Kummer, wenn man ihn nicht unverschuldet zu tragen gezwungen ist.

Kornelius blieb ruhig stehen.

Wie war sie schön, die reizende Circe! Das Schwarz der Gewänder hob das Blond der Locken zum Gold empor, die Bläffe der Wangen zum Alabaster. Wenn der Kummer so verschönt, so verführerisch umgestaltet, dann, ihr Frauen, beschwört ihn herab, und feiert neue Triumphe.

Der junge Mann regte sich nicht, er schien einen einladenden Blick der Dame zu erwarten.

Dieser erfolgte, und mit ihm die erste Anrede von derselben Seite.

Herr Lohberg, sagte Seraphine schüchtern, was werden Sie von mir denken, daß ich Sie hier, in der Wohnung meiner Dienerin empfange?

Wozu diese Frage, gnädige Frau? Ich glaube, daß es Ihnen ganz gleichgültig ist, was ich von Ihnen denke.

Sie beabsichtigen mich zu kränken.

Das ist ferne von mir, ich bin zu meiner Behauptung berechtigt.

Berechtigt? Wodurch?

Durch Ihr Benehmen.

Erklären Sie sich mein Herr.

Erlassen Sie mir dieß, Frau Gräfin. Es gibt Erklärungen, die man Damen gegenüber nicht wagen kann, ohne selbst zu erröthen, ohne daß die Scham das Wort auf den Lippen zerschmilzt.

Die Dame senkte den Blick und lispelte: Sprechen

Sie weiter, mein Herr, ich will wissen, wessen Sie mich beschuldigen? Ohne Anklage ist auch eine Vertheidigung unmöglich.

Der junge Mann besann sich eine Weile, und sagte dann: Wenn am Tage außen heiß die Sonne brennt, dann geschieht's wohl oft, daß ein Strahl sich durch's Fenster stiehlt, um mit dem Schatten im Gemache zu kosen; wenn aber außen der Mond die kühle Nacht versilbert, dann fällt es auf, den Schatten aus dem Fenster schleichen zu sehen; es sei denn, er käme von einer Sonne drinnen. Ja, ja, es ist die Wahrheit, es gibt kein Licht ohne Schatten.

Seraphine erglühte. Jetzt wußte sie, warum Lohberg zürnte.

Kornelius, antwortete sie mit flehender Geberde, und Sie verdammen mich, ohne mich gehört zu haben?

Am Tage bedarf man keiner Leuchte, die Wahrheit ist unerschütterlich. Wer sich die Mühe nimmt, sie verschleiern zu wollen, wird am Ende doch das Eitle seines Thuns erkennen. Was soll ich hören, was wollen, was können Sie mir sagen?

Und dennoch wag' ich meine Vertheidigung.

Wozu, Frau Gräfin?

Weil ich den Gedanken, daß Sie mir zürnen, nicht ertragen kann.

Der Himmel ist mein Zeuge, ich zürne Ihnen nicht. Warum auch? Ich näherte mich Ihnen mit einem kindlich ergebenen Herzen, Sie suchten meinen Schutz, mein Vertrauen, ich bot Ihnen mein Herz; Sie stellten sich, als nehmen Sie es an und täuschten mich, das ist Alles. Darin sehe ich keinen Grund, Ihnen zu zürnen.

Sie mißachten mich.

Verargen Sie es mir, Frau Gräfin? Kann ich nach dem, was ich sah, anders?

Kornelius, wenn Sie meine bedauernswerthe Lage kennten?

Oh, keine Lage der Welt konnte Sie zwingen, mich zu täuschen.

Habe ich Sie getäuscht? Versprach ich Ihnen nicht Er= klärungen außer Hause, weil ich in dem Landhause vor Belauschern niemals geschützt bin?

Ich erachte jede Erklärung für überflüssig.

Sie haben mich also im Vorhinein abgeurtheilt, oh, nur zu, dem starken Manne steht es wohl an, die schwache Frau zu verdammen, die von dem unerschütterlichen Willen eines Menschen abhängt, den die Welt für ihren Gatten hält, dessen List, Schlauheit, Verschmitztheit und Grausam= keit Alles überbietet, was man sich in dieser Art nur den= ken kann. Von Jugend auf an diesen Mann gekettet, von ihm beherrscht durch geistige und körperliche Uebermacht, von ihm geleitet und erzogen, so stehe ich da, eine Fremde in einem fremden Lande, angewiesen an ihn, abhängig von ihm, mit einem scheinbaren Glanze durch ihn. Sein Wunsch muß mein Wille, sein Wille mir Befehl sein; ohne ihn würde man mich als Landstreicherin über die Grenze schicken, bei ihm bin ich die Gräfin Santa Croce. Ich sah Sie, Herr Lohberg, ich lernte Sie kennen, und mein Herz kehrte sich Ihnen zu. Alessandro gestattete mir das Vergnügen Ihrer Gesellschaft, allein er gebot mir später den jungen Grafen Nowaczky mit Aufmerksamkeit zu behandeln; zu Ihnen zieht mich mein Herz, zu dem Grafen trieb mich der erhaltene Befehl. Wollte ich den Grimm Alessandro's nicht herausfordern, mußte ich mich seinem Gebote fügen; ich that es, in der Hoffnung, daß Sie meine unglückliche Lage berücksichtigen und mir vergeben würden. Ich habe mich getäuscht, denn Sie mieden mich; statt mich aus der Gewalt jenes Mannes zu befreien, der mich zu seiner Sklavin erniedriget, lassen Sie mich trostlos und verdammen mich. —

Kornelius hörte die Klagen der jungen Frau mit be= wegtem Gemüthe an.

Frau Gräfin, begann er, als sie inne hielt, Ihr aufrichtiges Geständniß hat Ihnen mein Bedauern gewonnen, doch vergeben Sie auch mir meine Offenheit, ich suche vergebens nach Gründen der Entschuldigung, ich finde keine! Ihre Lage ist bedauernswerth, doch nicht ohne eigene Schuld.

Kornelius, welche Kälte! —

Ich habe sie eingesogen an jenem Abende, der mich auf immer von Ihnen schied.

Auf immer sagen Sie? Nein, nein, das kann nicht Ihr Ernst sein. Sie können mich nicht von sich stoßen, Sie dürfen nicht. Kornelius, ich hebe meine Hände gefaltet zu Ihnen empor, retten Sie mich, schützen Sie mich, Sie haben mir Ihr Wort gegeben und werden es erfüllen. Ach, wenn Sie den Schmerz in meiner Brust sehen könnten, Sie würden sich meiner erbarmen, Sie würden finden, daß er eben so groß ist, wie meine Liebe. Warum es noch verhehlen, ich bin zu weit gegangen, um Ihnen nicht Alles zu gestehen, ja, Kornelius, ich liebe Sie unendlich, mein Herz pocht heftiger, wenn ich an Sie denke, ich sehne mich nach Ihnen, meine Seele kann Sie nicht mehr missen. Sie haben mein Herz gewonnen, können Sie so grausam sein, die Beute mit Füßen zu treten. Sie hielten mich für die Gattin eines Anderen und näherten sich mir doch, Sie durften also von mir nicht mehr hoffen, als Liebe, und diese spende ich Ihnen aus vollem Herzen. Kornelius, befreien Sie mich aus den Banden, in welche mich jener Mann geschmiedet hat, der mein Glück mit Füßen tritt, mich meiner Seele Heil beraubt. Ich flehe Sie an, retten Sie mich, beschützen Sie mich, verbergen Sie mich.

Und Graf Cagliostro?

Oh, sind auch Sie von dem Irrthume befangen? Glauben auch Sie an seine Allmacht, an seine Allwissenheit?

Soll ich es nicht, wenn die halbe Welt es thut?

Kommen Sie her, Kornelius, Mann meines Herzens, hieher, oh, wie wohl mir's in Ihrer Nähe ist, wie kräftig fühle ich mich unter Ihrem Schirme.

Seraphine faßte leidenschaftlich seine Hand und zog ihn zu sich nieder.

Hier, fuhr sie heftig fort, sind wir ungestört, hier kann ich Dir vertrauen, was bisher als tiefes Geheimniß in meiner Brust ruhte. Aber sieh' mich nicht so düster an, ich kann den finsteren Blick Deines Auges nicht ertragen, oh, lächle doch, erwärme Dein Herz, mich verzehrt namenlose Gluth und Du bist kalt wie Marmor. Kornelius, ich beschwöre Dich, sei barmherzig, stoße mich nicht von Dir.

Die Wangen der jungen Frau glühten, ihr blaues Auge strahlte, ihr Busen hob sich hoch.

Kornelius, angeregt von dieser Gluth, fühlte sein Blut sich erwärmen. Er ließ seine Hand in jener der Gräfin und antwortete milde: Sprechen Sie, Seraphine, ich höre Sie ja so gerne sprechen.

Ja, ich will es, ich bin ja schon glücklich, wenn Du mich nur hörst. Ich denke mir in diesem Augenblicke, Du seiest mein, Du liebst mich, Deine Seele sei ein Theil der meinigen geworden und ich sei verpflichtet, Dir Alles zu gestehen, was ich weiß, was meine Brust belastet. Glaube nicht, mein Geliebter, daß jener Mann der Graf Cagliostro sei — ein Gaukler, ein Betrüger ist er. Klug und verschmitzt, weiß er Alles zu benützen, was er durch reiches Wissen sich erworben, tausende von Helfershelfern stehen in seinem Solde und sind zerstreut in allen Schichten der Gesellschaft. So wie ich ihm zum Werkzeuge dienen muß, so besitzt er deren unzählige, er hört mit tausend Ohren und sieht mit tausend Augen. Oh, Kornelius, wenn Du einen Blick in diesen Menschen werfen könntest, Du würdest über das Räderwerk erstaunen, wie es hier in einander greift, um Dinge, Wundern ähnlich an das Tageslicht zu fördern.

Aber wozu dieß Alles?

Wozu? Ja, mein Geliebter, das ist die große Frage, der Zweck ist das wichtige Geheimniß, und ich, ich kenne es. Der Thor, er glaubte, das Weib vermöge nur an Flitter und an Tand zu denken, er glaubte, mich durch Liebe und Wohlleben blind und taub zu machen, aber er hat sich geirrt. Wie er mich, so hab' auch ich ihn in stiller Nacht belauscht; hab' seine Papiere durchlesen, seine Geheimnisse erspäht, ich weiß Alles — Alles. Seine Magie ist eine Decke, hinter welcher er ganz andere Zwecke verfolgt, seine Gaukelei ist doppelter Trug, um geheime Plane in's Werk zu setzen. Er nennt sich Cagliostro, ohne es zu sein, er blendet die Augen der Menschen mit Schein, damit sie die Wirklichkeit nicht sehen und seine geheimen Ränke nicht erlauschen. Dir, mein Geliebter, will ich es vertrauen, Du sollst von mir Alles erfahren. Jener Elende, der so viele Menschen blendet, Tausende zu Anhängern zählt, die ganze Stadt von sich reden macht, mich mißhandelt, unterjocht, jener Elende ist —

Graf Allessandro Cagliostro! rief plötzlich eine Männerstimme.

Seraphine und Kornelius fuhren empor.

Der Magier stand vor ihnen.

Achtes Kapitel.

Ein neuer Sieg.

Bei dem Anblicke Cagliostro's war die Gräfin verstummt.

Lohberg war gespannt auf die Entwicklung der Szene. Wenn ja noch ein Funke von Liebe in ihm geglüht hätte, das Benehmen der leidenschaftlichen Frau würde ihn verlöscht haben; eben so war durch die Mittheilung der ganze Nimbus verschwunden, in welchem ihm der Magier bisher erschienen war. Er sah in ihm nur noch den Gaukler und Betrüger.

Cagliostro hatte die Arme in einander geschränkt, und stand regungslos da.

Endlich begann er: Ich habe gestört, Madame, ich bitte, fahren Sie fort.

Tiefe Stille.

Nun, fahren Sie fort. Wer ist jener Elende, der so viele Menschen blendet, Tausende zu Anhängern zählt, die ganze Welt von sich reden macht, Sie mißhandelt, Sie unterjocht, wer ist jener Elende?

Abermalige Stille.

Wer ist er? Antworten Sie mir! Ich befehle es Ihnen.

Seraphine erhob ihr Haupt, durchbohrte mit ihrem

5 *

Blicke den Magier, und sagte: Es sei, mein Herr, Sie for=
dern mich heraus, ich hebe den Handschuh auf. Ich habe
von Ihnen Alles ertragen, so lange es auf dieser Erde kein
Wesen gab, welches meinem Herzen nahe ging, jetzt — da
ich liebe — fühle ich den Muth, dieser Liebe jedes Opfer
zu bringen. Die Schwäche ist fort, Sie finden in mir kein
willenloses Opfer mehr, sondern eine Löwin, die für ihr
Liebstes Alles wagt.

Eine Rasende, rief der Graf, die ich zum Schweigen
bringen, und zum Gehorsam zurückführen werde.

Weh' mir, schrie Seraphine plötzlich auf, und sank,
von einem unsichtbaren Schlage getroffen, auf das Sofa
zurück.

Der Magier blickte sie hohnlächelnd an.

Die junge Frau, statt kraftlos zu erliegen — erhob
sich aber, und floh wie der Blitz in eine andere Ecke des
Gemaches.

Elender, rief sie, die Zeit, wo Dein Gaukelwerk meine
Kraft erlahmen machte, ist vorbei. Dein künstlicher Blitz
beraubt mich nicht mehr meiner Sinne, ich verachte ihn, so
wie ich Dich verachte.

Der Magier war überrascht. Der Widerstand und
die Fassung der Frau ließ ihn erkennen, daß das Verhält=
niß zwischen ihm und ihr an einem Wendepunkte stehe, und
daß die frühere Behandlung ihm nicht mehr jene Herr=
schaft über sie verschaffe, deren er bedurfte, um vor Verrath
sicher zu sein.

Madame, begann er nach kurzem Besinnen, Sie sind
aufgeregt, erholen Sie sich, unten harrt Ihr Wagen, zu
Hause sprechen wir uns wieder.

Nie, niemals kehre ich in jenes Haus zurück, in jenes
schmachvolle Verhältniß, dem ich mich um jeden Preis ent=
winden muß.

Um jeden Preis?

Ja, mein Herr, um jeden.

Das schwarze Auge des Magiers sprühte zornige Blitze.

Madame, Sie vergessen, daß meine Langmuth eine Grenze hat!

Meine Schwäche hat sie auch.

. Sie wagen also Widerstand?

Sie sind eben Zeuge davon.

Der Magier hatte unbemerkt seine rechte Hand in die Brusttasche gesenkt, und dort eine Phiole erfaßt. Er zog sie hervor, indem er sich der Dame näherte.

Seraphine wich ihm aus, und suchte in Lohberg's Nähe zu kommen.

Jetzt bemerkte sie die Phiole, und rief: Kornelius — rette mich — er hat betäubendes Gift. —

Cagliostro stürzte auf die Gräfin zu. —

Lohberg, bisher sprach- und regungslos, warf sich zwischen ihn und sie.

Der Magier blickte ihn betroffen an.

Es scheint, als seien Sie gesonnen, den Ritter dieser Dame zu spielen.

Ich spiele nie, versetzte der junge Mann ernst, so wie ich jedoch bemerke, spielen Sie, mein Herr, und zwar ein sehr gewagtes Spiel.

Wer berechtigt Sie, sich in fremde Angelegenheiten zu mengen?

Kein Mann von Ehre wird es ruhig mit ansehen, wenn eine schwache Frau mißhandelt wird.

Seraphine ist meine Gattin.

Ihre Angabe lautet anders; doch wenn auch — der Mann, der seiner Gattin befiehlt, einen Anderen zu lieben, der hat kein Recht sie zu strafen, wenn sie fehlt.

Sie nehmen also Madame in Ihren Schutz?

Ja, mein Herr.

Haben Sie auch erwogen, ob ich nicht die Macht besitze, den Kampf mit Ihnen und mit ihr aufzunehmen?

Ich pflege dergleichen nicht im Voraus zu berechnen. Ich baue auf meinen Muth und auf meine Kraft.

Herr Lohberg fürchten Sie meinen Zorn.

Mein Herr, fürchten Sie unsere Gesetze.

Der Magier fuhr empor.

Sie wagen es, mir zu drohen, mir, dem Hunderte von Mitteln zu Gebote stehen, Sie augenblicklich zum elendesten Menschen zu machen, oder gar zu tödten? —

Mord! rief Kornelius, nur zu, Mörder, Giftmischer!

Elender! schrie Cagliostro, fort aus diesem Gemache, oder ein Tropfen aus diesem Fläschchen tödtet Dich augenblicklich.

Weh' uns, rief die Gräfin, sie erkannte ein fürchterliches Gift. Kornelius, Du bist verloren, zu Hülfe, Hülfe!

Die Thüre flog auf.

Was gibt's da? Bruder Korneli! Alle Wetter, welch' ein Lärm, wo ist der Mörder? Pack an, Sultan, ah so, kusch —

Der jähe Eintritt Wendelin's frappirte den Grafen. Er sah die Gegner an Zahl zunehmen, und hatte nun die Ueberzeugung, daß nöthigenfalls auch noch die Kammerjungfer mit ihrer Dienerschaft erscheinen werde. Er unterließ daher den gewaltsamen Angriff, und blieb nachdenkend stehen.

Wendelin maß den Magier von oben bis unten, und sagte: Was wollen Sie thun, Herr Graf, Kornelius ist mein Freund, ich habe ihn hieher geladen, und mein wäre die Schuld, wenn ihm hier eine Unbill widerführe. Ich halte zu ihm, und wenn es der Teufel selbst wäre, der ihn bedrohte, gleichviel. Kusch, Sultan!

Was suchen Sie hier?

Zum Henker, wie kommt es, daß Sie, der Alles weiß, mich darum fragen? Uebrigens ist das Fragen nicht an

Ihnen, sondern an mir, darum: Was suchen Sie hier, Herr Graf? frage ich. Ich bin der Herr dieser Wohnung, das heißt, ich bin es zwar noch nicht, tusch, ah so, aber ich werde es in kürzester Zeit werden. Meine Geliebte, Mamsell Wurzel, das heißt Racine, ist die Kammerjungfer dieser Dame, und so lange diese Dame hier ist, steht sie in unserem Schutze. Wir leben, Gott sei Dank, in einer aufgeklärten Zeit, tusch, Sultan, und wenn wir auch Rosenkreuzer sind, lassen wir uns doch nicht so leicht eine magische Nase drehen. Nicht wahr, Korneli, für uns gibt es nur einen Zauber, und das ist der Zauber der Liebe, alles Uebrige ist Larifari, Hokuspokus, — tusch, — ah so, wahr ist's.

Diese höchst nüchterne, laienhafte Anrede brachte den Magier noch mehr außer Fassung, er erkannte das Gefährliche seiner Situation.

In dem Kreise dieser Menschen war er von jedem Nimbus entblößt, und stand der Mensch dreien anderen Menschen gegenüber.

Hier galt es, ohne Zauberei, ohne Spuk, mit ganz gewöhnlichen Mitteln zu wirken. Hier, wo keine Präparate, kein Einverständniß, keine Vorbereitung half, hier mußte die Waffe gewöhnlicher Menschen — der Verstand, der Geist, zu Hülfe genommen werden.

Er blickte die beiden Herren ernst an, und sagte: Wir haben uns ein wenig ereifert, und sind von dem Ziele abgeirrt. Verständigen wir uns.

Ja, versetzte Wendelin trocken, verständigen wir uns, aber ohne Gewalt, ohne Mord und ohne Gift.

Kornelius leitete die Gräfin zum Sofa, und ließ sich in ihrer Nähe nieder. Der Graf und Wendelin folgten seinem Beispiele.

Madame, wendete sich der Magier zu Seraphine, ich habe Sie ersucht, mich zu begleiten.

Und ich habe erklärt, daß ich Ihnen keine Folge leiste.
Ich verspreche Ihnen, den Vorfall zu vergessen.

Ich bleibe dennoch meinem Entschlusse treu.

Sie bauen also auf den Schutz des Herrn Lohberg?

Ja, mein Herr, ich baue und vertraue auf ihn.

Man merkte es dem Grafen ab, daß er nach einem Auswege suchte.

Und Sie, Herr Lohberg? wendete er sich an diesen.

Ich schütze die Gräfin.

Ohne sie zu lieben?

Ich würde jeder anderen Frau in ihrer Lage denselben Dienst leisten.

Und Sie, mein Herr?

Diese Frage galt dem Geliebten der Kammerjungfer.

Ich stehe meinem Freunde Lohberg zur Seite, antwortete Wendelin.

Jetzt blitzte das Auge des Magiers auf — er hatte gefunden, wornach er suchte.

Herr Lohberg, wendete er sich zu diesem, gewähren Sie mir eine Unterredung unter vier Augen.

Um Gotteswillen, Kornelius, rief die Gräfin ängstlich, verlassen Sie dieses Zimmer nicht, er tödtet Sie.

Cagliostro warf der Dame einen verächtlichen Blick zu, und fuhr zu Lohberg fort: Wir werden dieses Zimmer nicht verlassen, sondern wollen blos an jenes Fenster treten, und dort miteinander sprechen.

Der junge Mann erhob sich, und ging an die bezeichnete Stelle. Der Magier trat an seine Seite.

Seraphine und Wendelin blickten unverwandt auf die beiden Herren.

Mein Herr, flüsterte Cagliostro dem Anderen zu, ich werde nur einige Worte zu Ihnen sprechen. Ich erwarte von Ihnen, daß Sie nicht nur Ihre feindliche Stellung aufgeben, die Sie mir gegenüber einnehmen, sondern, daß Sie Ihren ganzen Einfluß anwenden, um Seraphine zu besänftigen, und zur Rückkehr in das Landhaus zu bewegen. Ich erwarte es von Ihnen mit ganzer Zuversicht, ich erwarte es. Sie erinnern sich wohl noch jenes höckerigen Mannes mit der schwarzen Binde um das rechte Auge, der Ihnen am Tage nach der Hinrichtung Zahlheim's auf dem Graben das Porträt Ihrer Mutter gezeigt, jener Mann war ich, jenes Portefeuille sehen Sie hier, ich sagte Ihnen damals, ich hätte Ihre Mutter nicht gekannt, jetzt sage ich Ihnen, ich habe damals Unwahrheit gesprochen — ich weiß, was Sie bei Urban Keil suchen, ein Wort von mir, und Sie erreichen Ihren Zweck nicht; nun, mein Herr, gehen Sie hin, verrathen Sie mich, mich, Ihren — Freund!

Kornelius war mächtig erschüttert. Todtenblässe bedeckte sein Antlitz. Die Worte des Magiers fuhren ihm bis in das Innerste der Seele.

Herr Graf, stotterte er, Ihre Worte zeigen mir, daß Sie Alles wissen. Zerstören Sie nicht, was ich anstrebe —

Ich fordere von Ihnen dasselbe, murmelte der Magier, ihn unterbrechend, Aug' für Aug', Dienst für Dienst.

Ich — ver—spreche es.

Cagliostro verneigte sich höflich und begab sich mit triumphirender Miene auf seinen Platz.

Seraphine war todtenbleich.

Sultan's Gebieter schüttelte verwundert den Kopf.

Kornelius näherte sich der Gräfin, blickte sie mitleidig an, und sagte: Gnädige Frau, es gibt Pflichten, denen sich kein Mensch entziehen darf, wenn er nicht schwere Schuld auf sich laden will, diese Pflichten zwingen mich, Sie zu verlassen. Ich nahm Sie in Schutz, weil die Menschlichkeit es gebot, ich gebe den Schutz auf, weil an diese Bedingung der Zweck meines ganzen Lebens geknüpft ist. Frau Gräfin, ich bitte Sie, kehren Sie in das Landhaus zurück —

Kornelius, hör' ich recht?

Wenn Sie mich achten, wenn Ihnen mein Glück nicht ganz gleichgültig ist, dann gewähren Sie meine Bitte, der Graf wird, seinem Versprechen gemäß, die heutige Szene vergessen, kehren Sie zurück!

Seraphine bedeckte ihre beiden Augen, um die herabstürzenden Thränen zu verbergen.

Wendelin schüttelte den Kopf.

Kommen Sie, Madame, sagte jetzt der Magier in einem sehr gütigen Tone, der Wagen harrt, Sie werden es nie bereuen, sich mit mir versöhnt zu haben.

Er faßte ihre Hand und Seraphine erhob sich.

Ohne Kornelius mehr anzublicken, sagte sie: Ich folge Ihnen, mein Herr, denn jetzt habe ich hier nichts mehr zu suchen.

Auf Cagliostro gestützt, verließ sie das Gemach.

Der Teufel soll den Zauberer holen, rief Wendelin, Bruder Korneli, hast Du Dich nicht übertölpeln lassen?

Nein, mein Freund, was ich that, war nothwendig.

Mir ist's recht, aber der Satan hat mir wieder die ganze Unterhaltung verdorben; ich habe in diesem Hause viel Unglück, einmal kommt mir der Hund in die Quere, das andere Mal ein Zauberer, tu — ah so, komm', Korneli, komm'!

Die Freunde verließen nun auch das Landhaus.

Neuntes Kapitel.

Die Angst des Laboranten.

Götz und seine Gattin waren im Besitze von 15,000 Gulden, wofür sie das Geheimniß ihres Brotherrn verrathen hatten.

Die Eheleute waren nun in der Lage, ihre Wünsche, die sie früher wegen Geldmangel unterdrücken mußten, zu erfüllen. Einige Tage machte dieß ihnen auch viel Vergnügen, allein die Freuden des Besitzes verloren bald ihren ersten Reiz, und die Nachwehen stellten sich ein.

Gewissensbisse peinigten unser Ehepaar nicht, aber sie bekamen Angst, Angst vor dem Baron Liebenstein.

Der alte Soldat war ein Mann, der mit sich keine Schelmerei treiben ließ; wenn er zurückkam, und den Verrath erfuhr — und er konnte ihm nicht verborgen bleiben — so hatten die Gatten Alles zu besorgen.

Der tückische Götz roch die Gefahr zuerst, und wendete sich deßhalb an seine Gattin.

Sabine, sagte er, uns droht Gefahr. —

Gefahr? Woher?

Der heutige Brief des Barons meldet mir, daß er bald aus Ungarn zurückkehren werde.

Was liegt daran?

Er wird erfahren, was wir gethan, wird — Du kennst ihn, Sabine, er ist Alles im Stande. —

Die runde Frau bekam nun auch Angst, denn das Bedenken ihres Gatten war sehr gerecht.

Du hast Recht, antwortete sie, der alte Hitzteufel ist im Stande uns umzubringen, wir müssen trachten, uns zu salviren.

Du hast Recht, wir müssen uns salviren, aber wie?

Das ist die Frage. Wir könnten Wien verlassen.

Sabine dachte an Wendelin, und rief: Ich mag Wien nicht verlassen, es gefällt mir hier so wohl, besonders jetzt, wo wir so angenehm leben. Wie wär' es, Götz, wenn wir uns hier verborgen hielten?

Das geht nicht an, er wird uns finden, und dann um so toller sein.

Auch wahr, was sollen wir aber thun?

Ich hab' meinen Einfall. Gehen wir Beide zu dem Herrn Reichshofraths-Agenten, und theilen wir ihm unsere Verlegenheit mit. Er war der Veranstalter des ganzen Handels, bei ihm empfing ich das Geld, er muß Rath schaffen, um uns vor der Wuth des Barons zu schützen.

Sabine war damit einverstanden und das Ehepaar begab sich zu Herrn Matolay.

Der Meister der Loge zu den sieben Planeten dachte an den Laboranten nicht mehr, sondern war beflissen, die Szekely'sche Errungenschaft auf's Vortheilhafteste zu benützen, indem er die Erfindung seinem Orden vindicirte und alle Mittel anwendete, um die Kunde vom philosophischen Goldsalz recht unter die Leute zu bringen; daß der Besitzer des Arkanums mit dieser Manipulation sehr zufrieden war, darf wohl kaum erwähnt werden.

Matolay war daher durch das Erscheinen des Ehepaares überrascht.

Was wollen die? dachte er, sollte sie vielleicht gar der Handel reuen? Oder wünschen sie noch nachträglich einige Gulden zu erpressen?

Der Laborant setzte dem Meister der Loge die Ursache seines Kommens auseinander.

Herr Matolay fand die Angst der beiden Gatten gerechtfertigt, und er erwiederte: Ihr habt ganz recht, wenn der Baron, wie Ihr sagt, jähzornig und schonungslos ist, dann ergeht es Euch bei seiner Rückkunft schlimm, was gedenkt Ihr also zu thun?

Deßhalb, verehrter Herr, sagte Sabine, sind wir eben hier, wir wünschen, daß Sie uns rathen.

Der verehrte Herr dachte nach.

Das Interesse der beiden Gatten ging wieder mit dem des Rosenkreuzers Hand in Hand. Die Hitze des Barons drohte beiden Theilen, es mußte daher beiden daran gelegen sein, die Gefahr abzuwenden.

Wir, sagte Sabine, dachten daran, uns auf irgend eine Weise zu salviren.

Der Meister schüttelte den Kopf; denn mit diesem Auskunftsmittel war seinem Interesse nicht gedient; die Sicherheit der Eheleute war noch kein Schutz für die Bloßstellung des Ordens.

Ihr habt Recht, versetzte er, Ihr müßt vor ihm gesichert werden, aber wie — halt — da kommt mir ein Gedanke — ich hab's — es ist ein fürchterliches Mittel — wie wär's, wenn wir den Baron verhinderten, nach Wien zurückzukehren? Wär' Euch damit geholfen?

Oh ja, rief Sabine, wenn wir ihn nur los werden, so sind wir schon beruhigt.

Und ich auch! dachte Matolay.

Ihr Gedanke, Herr Reichshofraths-Agent ist fürtrefflich, wie aber ihn ausführen?

Auch dafür will ich Rath schaffen.

Auf g'radem Weg geht's nicht.

Dieser Meinung bin ich auch. Es heißt eine List ersinnen.

Ja, eine List; aber welche?

Ich bin schon auf dem Wege zum Ziele. Sagt mir, Göz, kennt Ihr den Baron schon lange?

Ei freilich, ich habe ja mit ihm gedient, ich war in seiner Kompagnie. —

Was wißt Ihr aus seinem Leben?

Was soll ich wissen?

Ihr müßt erwägen, daß es hier um die Auffindung einer schwachen Seite zu thun ist, bei welcher man den Baron fassen kann.

Ah, ich begreife.

Verfolgt er vielleicht hier in Oesterreich irgend welche politische Zwecke?

Davon weiß ich nichts.

Ist er Maurer?

Nein.

Hat er in Berlin vor seiner Abreise hieher mit hochgestellten Personen konferirt?

Nie. Er stak immer in Büchern.

Ihr meint also, daß man ihm von dieser Seite gar nichts anhaben könnte?

Meiner Treu, ich wüßte nicht, was?

Sagt mir, hat er sich je über Oesterreich ausgesprochen?

Ich erinnere mich nicht.

Als Preuße wird er wohl übel auf unsern Kaiser zu sprechen sein?

Im Gegentheil, der Baron war Soldat mit Leib und Seele und verehrt die soldatische Einfachheit und G'radheit des Kaisers.

Da ist's also auch nichts. Der Baron ist Protestant?

Seine Eltern waren protestantisch!

Und er?

Göz schmunzelte: Er — er ist eigentlich gar nichts!

Was sagt Ihr da? Er hat gar keinen Glauben?

Meiner Treu, es ist nicht anders.

Hat er dieß je gegen Jemanden bekannt?

O ja, und zwar unserm König selbst.

Nicht möglich! — Erzählt, das muß ich näher erfahren.

Der Baron kam gleich als Offizier zum Regiment. Man bringt ihm die Regimentsliste, in welche er sein Nationale, Alter, Name, Religion u. s. w. einschreiben muß. Er thut dieß pünktlich. Der Regimentskommandant bekommt die Liste zur Hand und findet bei der Rubrik Religion die Angabe: „Noch nicht resolvirt". Der Baron wird persönlich vernommen, er bleibt bei seiner Angabe. Die Sache gelangt bis zum König, dieser läßt den Liebenstein holen. Der Alte empfängt den Junker barsch und schnarrt ihn an: Was ist das? Warum noch nicht resolvirt? darauf versetzte der Offizier: Euer Majestät! Seit einem Jahrtausend schon streiten sich die Theologen herum und sind noch nicht einig, welche Religion die wahre, beste und Gott gefälligste sei. Ich beschloß daher mit meiner Resolution zu warten, bis der Streit entschieden sein wird, worauf ich mich zur vollkommensten Religion erklären werde. — Der König war mit dieser Antwort zufrieden und da der Streit der Theologen noch nicht entschieden ist, so ist auch der Baron Liebenstein noch immer nicht resolvirt.

Auf den Reichshofraths-Agenten machte diese Mittheilung einen sehr günstigen Eindruck.

Jetzt haben wir's, rief er, die Achillesferse ist gefunden, der Atheist wird nicht mehr nach Wien zurückkehren!

Götz und Sabine waren über diese tröstende Nachricht sehr erfreut.

Der Reichshofraths-Agent, dessen geschäftiger Geist den ganzen Plan bereits ausgeheckt hatte, zog den Laboranten bei Seite und instruirte ihn über den einzuschlagenden Weg, damit dem Baron die Wiederkehr nach Wien verunmöglicht werde.

Zehntes Kapitel.

Im Arbeitskabinet.

Wir betreten die kaiserliche Burg.

Es ist Vormittags um die neunte Stunde.

Im Kontrolorgange, jenem historisch gewordenen Korridor, der sich im Mezzanin im Trakte zwischen dem Schwei-
zer- und dem Amalienhof befindet, sah man bereits Bitt-
steller, welche des Kaisers harrten, der täglich mehrmals
aus seinen Kanzleien herauskam, hier Gesuche entgegennahm
und die Anliegen persönlich anhörte.

In den Kontrolorgang mündeten die Bureau's des
Staats- und Konferenzrathes. In einem derselben sehen
wir an einem Schreibpulte einen Mann.

Die Emsigkeit, mit welcher er arbeitet, ließe vermuthen,
er sei irgend einer der fleißigsten Beamten, der eine Aufgabe seines vorgesetzten Chefs zu Ende zu bringen trachtet;
dem ist aber nicht so, der Mann ist militärisch gekleidet,
eine enge weiße Hose, eine grüne Uniform mit rothen Auf-
schlägen, ein schwarzes Halstuch, hohe Stiefel mit Sporen,
eine Perrücke mit hohem Toupet und seitwärts gelockt,
bilden seine Garderobe. Sein Körper ist voll, kernig, von
mittelmäßiger Größe. Wir sehen ein freundliches Antlitz,
dessen volle Wangen durch eine kühn gebogene Adlernase
und eine sanft gewölbte Stirn verschönt und durch zwei

Augen von sternenheller Bläue-verherrlicht werden. Ja,
verherrlichet! Man mußte diese Augen mit den etwas
buschigen Brauen, ihren innigen, klaren Blick sehen, um
den mächtigen Zauber, den sie ausübten, zu begreifen. Diese
Augen, verbunden mit dem milden Zuge um den Mund,
und dessen Lippen, die sich durch einen äußerst angenehmen
Schnitt auszeichneten, verliehen dem ganzen Antlitze einen
Ausdruck unbeschreiblicher Liebenswürdigkeit. Die ganze
Persönlichkeit hatte etwas Edles, Offenes, und brachte bei
dem Beschauer einen eben so mächtigen als wohlthuenden
Eindruck hervor.

Dieser Mann ist — Kaiser Josef II.

Der Monarch ist in seiner Arbeit so vertieft, daß er
das Aufgehen der Thüre nicht wahrnimmt.

Ein Kavalier tritt herein.

Sein Schatten fällt auf das Papier, auf dem der Kaiser schreibt und erregt dessen Aufmerksamkeit.

Er blickt auf.

Ah, Graf Rosenberg, ich bin gleich zu Ende, mein Lie=
ber. Ich war so frei, während Ihrer Abwesenheit Ihren
Tisch zu okkupiren.

Der Obersthofmeister verneigte sich.

Der Monarch arbeitet fort.

In einigen Minuten ist er zu Ende. Er erhebt sich.

Der taghabende Kabinetssekretär soll meinen Entwurf
kopiren, befahl der Kaiser, das Aktenstück ist etwas korpu-
lent, die Reinschrift muß trotzdem bis Abends fertig sein.

Während der Graf den kaiserlichen Auftrag besorgte,
machte der Monarch einige rasche Gänge durch das Gemach.

Rosenberg kehrte zurück.

Die Burguhr verkündete die neunte Stunde.

Jetzt wird der Statthalter kommen, begann der Kaiser,
ich habe ihn um diese Zeit zur Audienz bestimmt. Haben
Sie die Vorkehrungen zu meiner Reise berücksichtigt?

Wie Euere Majestät zu befehlen geruhten.

Ich beabsichtige Kroatien zu besuchen. Bleibt vor der Hand ein Geheimniß.

Lassen Sie bei Gelegenheit, ohne daß es auffällt, sämmtliche Klagen und Gesuche, welche privatim aus jener Provinz einliefen, exhibiren; wenn ich dahinreise, so will ich auch, daß den Klagen, so viel als in meiner Macht liegt und mit dem Systeme verträglich ist, abgeholfen werde.

Der Kavalier verneigte sich.

Wann gedenken Euere Majestät die Reise anzutreten?

Zwischen Ostern und Weihnachten.

Der Monarch wollte den Zeitpunkt nicht bekannt geben, daher die unbestimmte Antwort.

Haben Sie über den bewußten Kurator nähere Erkundigungen eingezogen?

Ich forschte inkognito bei den Nachbarn und erfuhr, daß dieser Urban Keil von Allen als Betrüger und Wucherer verachtet wird. Man nannte mir Waisen und Pupillen, die er auf die schändlichste Art betrogen habe, er war mit dem Referenten Cetto, der eben in Untersuchung ist, einverstanden.

Merken Sie den Namen Keil vor, damit, wenn eine Klage gegen ihn einläuft, man sich gleich orientiren kann. Wie steht es mit der Mozart'schen Oper?

Sie wird noch vor Ende dieses Monates zur Aufführung kommen.

Haben Sie im Texte des Abbé nichts Unsittliches gefunden?

Ich las ihn aufmerksam durch, er ist rein lyrischer Natur —

Wo bleibt denn der Statthalter?

Der Erwartete wurde gemeldet und trat ein.

Ich habe Sie schon e r w a r t e t, Herr Graf, sagte der Monarch nicht ohne Ironie, es sind bereits zehn Minuten über neun, wahrscheinlich sind die Uhren zu Wien vor jenen in Lemberg voraus. Ich habe ihren schriftlichen Bericht

gelesen und erfuhr daraus, daß Sie eine noch größere
Theuerung in Ihrer Provinz besorgen. Meine dahin ge-
gangene Instruktion, sagen Sie, wird pünktlich befolgt und
fruchtet — jedoch nur für den Moment —

Euere Majestät, ich wage die unterthänigste Bitte,
meine Ueberzeugung —

Ohne Umschweife, Sie glauben, es wäre nothwendig,
auf Mittel zu sinnen, wie der zunehmenden Theuerung auch
für die Zukunft abgeholfen werden könnte.

Das, Euere Majestät, ist meine unterthänigste Meinung. —

Da Sie gerade hier sind, so wollen wir über die
Sache sprechen.

Wenn Euere Majestät gnädigst erlauben —

Sprechen Sie — guter Rath, sagt ein Sprüchlein, ist
theuer, meiner Meinung nach hätte der Staat schon das
Recht, von Ihnen einen guten Rath zu erwarten.

Meine unfürgreifliche Ansicht geht dahin, daß Euere
Majestät mir huldreichst gestatten mögen, die Frage: „Wie
der immer mehr zunehmenden Theuerung der Viktualien
abgeholfen werden könne?" öffentlich aufzuwerfen, und für
die beste einlaufende schriftliche Antwort einen Preis von
hundert Dukaten zu bestimmen.

Der Monarch erstaunte — sann nach, und sagte dann:
Wie viele Räthe haben Sie unter sich?

Einen Stellvertreter und zwölf Räthe.

Ganz gut, versetzte der Monarch, Ich will die Preis=
frage genehmigen, doch bin Ich mit Ihrem Preise nicht
einverstanden, wir wollen es so anstellen. Derjenige, der
die Frage mit dem besten Erfolge beantwortet, wird Statt=
halter, der diesem in der Antwort am nächsten kommt,
dessen Stellvertreter, und so sollen noch Zwölf, nach Maß=
gabe ihrer besseren Einsicht, Räthe werden.

Der Statthalter wurde betroffen.

6 *

Der Kaiser nickte mit dem Kopfe — die Audienz war zu Ende.

Der Monarch wendete sich, als sie wieder allein waren, lächelnd zu Rosenberg, und sagte: Der projektirt gewiß keine Preisbewerbung mehr. Ich wette, ehe vierzehn Tage vergehen, wird die Theuerung auch ohne Preisschrift gehoben sein.

Graf Rosenberg blickte auf die Uhr, und machte Miene, als ob er sich entfernen wollte.

Bleiben Sie nur, sagte der Kaiser, die Konferenz mit dem Grafen Keller wird keine wichtige sein. Er hat Mir blos ein Schreiben einzuhändigen.

Der preußische Gesandte wurde gemeldet.

Sie sehen, er ist pünktlich.

Der Obersthofmeister trat bei Seite.

Graf Keller trat ein, und entledigte sich seines Auftrages.

Der Kaiser öffnete den Brief, der mehr das Aussehen eines Privatschreibens hatte, und durchlas ihn.

Nachdem er damit zu Ende war, sagte der Monarch: Ich wäre dem Antrage nicht abgeneigt, nur wünschte Ich zu wissen, wer denn eigentlich die Kosten bezahlen wird?

Der Gesandte antwortete rasch: Unser König!

Wer sollte wohl dieser König sein? fragte der Kaiser spitzig.

Der Andere, wegen dieser Frage befremdet, versetzte kleinlaut: Seine Majestät König Friedrich der Zweite.

Ah so, dieser mag wohl Ihr König sein, nicht aber Unser König.

Graf Keller erschrak, und bat um allergnädigste Nachsicht wegen dieses Fehlers.

Nein, mein Herr Gesandter, versetzte der Kaiser. Ich rechne Ihnen diese Redensart für keinen Fehler an, sondern Ich war diese kleine Erinnerung Ihrem Könige schon seit jener Zeit schuldig, da er sich gegen Meinen Gesandten bei deſſen Abreiſe geäußert hatte, er zweifle nicht, daß dieſer an ſeinem Hofe Verſchiedenes gelernt habe. Sie ſehen, es gibt in Wien auch noch Manches zu lernen.

Nach einer Pauſe: Es iſt Mir in dieſem Briefe eine wichtige Propoſition gemacht. Wer bürgt mir für die darin ausgeſprochenen Verheißungen?

Der Geſandte ſtutzte über dieſe unerwartete Frage, faßte ſich jedoch bald, und antwortete: Euere Majeſtät, mein König!

Der Monarch bedachte ſich ſehr ernſtlich, und fragte wieder: Und wer iſt Mir Bürge für Ihren König?

Der Graf wurde betroffen.

Der Kaiſer fuhr fort: Ich bin zu dieſer Frage vollkommen berechtiget, denn Ich weiß Mich noch genau an die Antwort zu erinnern, welche Ihr König Meinem Geſandten gab, als Ich ihn bei einer gewiſſen Negoziation an ſein freundſchaftliches Verſprechen erinnern ließ. Seine Majeſtät geruhten die damalige Erinnerung mit einem Hohnlächeln anzuhören, und verſetzten: „Es zieme einem Könige, der mehrere Millionen Unterthanen zu beherrſchen hätte, keineswegs, daß er noch ein Sklave ſeines Wortes ſein ſollte.“

Die Verlegenheit des Geſandten war auf's Aeußerſte geſtiegen, der Kaiſer beruhigte ihn durch ein anmuthiges Lächeln, und ſagte: Ich werde die Antwort durch Meinen Geſandten in Berlin beſorgen laſſen. Adieu.

Als der Kaiſer mit Roſenberg abermals allein war, ſagte er muthig: Dieſe Audienz gibt den Philoſophen an der Spree wieder Stoff zu einem Dutzend Radomontaden, in welchen wacker über Mich losgezogen werden wird. Was liegt daran? Fürchte Gott, thue recht, und ſcheue Preußen nicht, das muß für immer eines jeden Oeſterreicher's Wahlſpruch ſein. Ein Kourier brachte Uns die Nachricht, daß der Markgraf von Baden der preußiſchen Aſſoziation beitritt, die Agitation an den deutſchen Höfen wird fortbetrieben, die Berliner ſprengen ſogar aus, daß auch der Herzog von Württemberg entschlossen sei, sich dem Fürstenbunde anzuschließen, was Ich aber nicht glauben kann. Die kleine Lektion war jedenfalls zur Zeit gegeben. Ich werde heute der Rathssitzung in der böhmischen Hofkanzlei beiwohnen, Ich weiß nicht, wann sie zu Ende sein wird, lassen Sie daher zur Spazierfahrt erst gegen zwei Uhr anspannen.

Nach dieser Anordnung begab sich der Monarch hinaus auf den Kontrolorgang.

Eilftes Kapitel.

Im Kontrolorgang *).

Kaiser Josef war kaum aus der Thüre des Kabinets getreten, als er einen Herrn bemerkte, auf den er zuschritt.

Warum warten Sie hier, sagte er zu dem Harrenden, hat Ihnen Graf Rosenberg nicht gesagt, daß Sie zu Mir, das heißt in Mein Kabinet kommen sollen? Ich beabsichtige, als Aufmunterung für heimische Kunst, im Vorsaale des

---

*) Wir vermieden es bisher sorgfältig, in unserem Gemälde Anekdoten einzuweben. Da uns jedoch der Lauf der Erzählung in den Kontrolorgang führt, so können wir dem Anekdotischen nicht mehr ausweichen. Der geneigte Leser möge die hier eingewebten Kleinigkeiten als Vervollständigung des ganzen Gemäldes gefälligst hinnehmen.

Hoftheaters die Bildnisse einiger Künstler und Künstlerinnen aufstellen zu lassen. Von den Verstorbenen wählen Sie die Jaquets, den Prehauser und Weißkern, von den jetzt Lebenden wählen Sie die Weidner, Adamberger und Sako, dann von den Herren: Weidmann, Lang und Brockmann. Beeilen Sie sich mit den Porträts, Sie haben zahlreiche Schüler, die können Ihnen behülflich sein. Ich wünsche, daß die Aufstellung noch im Oktober dieses Jahres geschehen könne. Daß die Porträts gelungen sein werden, dafür bürgt mir der Name Hikel.

Der Hofmaler verbeugte sich ehrerbietig und verließ den Korridor.

Was wollen Sie? fragte der Kaiser eine Frau, deren Gatte kaiserlicher Diener war und die in höchster Aufregung sehr furienartig dastand.

Euere Majestät, um Gotteswillen, Euere Majestät, ich flehe alleruntertänigst um Schutz. Mein Mann, dieser gottlose Knicker und Knauser, hat mich so eben geprügelt.

Mein Kind, was Ihr Eheleute miteinander habt, das geht Mich nichts an.

So? Euere Majestät müssen aber wissen, daß der schlechte Mensch auch selbst über Euere Majestät auf die schändlichste Art —

Der Monarch fiel ihr in die Rede.

Mein Kind, sagte er, was Ich und Mein Diener miteinander haben, das geht Sie nichts an.

Er kehrte ihr den Rücken.

Der nächste der Supplikanten war ein wohlgenährter Herr.

Was wollen Sie?

Euere Majestät, ich bitte alleruntertänigst um eine Gehaltserhöhung oder um eine Zulage.

Ihr Gehalt ist aber ohnedem nicht zu gering.

Euere Majestät, es ist in Wien sehr theuer zu leben.

Warum nicht gar! Speisen Sie zu Mariahilf beim

Engel, da bekommen Sie Suppe, Rindfleisch mit Zugehör, Gemüse mit Fleisch und eine Portion Brot um sechs Kreuzer. Gott befohlen!

Ah, Florian, sprach jetzt der Monarch einen Hoflakai an, der mit einem jungen, schlanken Mädchen dastand, was willst Du da?

Euere Majestät, ich bitte unterthänigst, daß mein Mädl hier in die neu errichtete Stiftung aufgenommen werde, welche unter der Aufsicht der Madame Lüzac steht.

Der Kaiser betrachtete freundlich die schlanke Gestalt, plötzlich fuhr er das Mädchen barsch an: Tragt Sie eine Schnürbrust?

Um Gotteswillen, nein! stotterte das erschrockene Mädchen.

Dann ist Sie aufgenommen, versetzte der Monarch gelassen und ging weiter.

Euere Majestät, begann der Nächste, darf ich es wagen, um eine gnädige Audienz ohne Zeugen zu bitten.

Treten wir bei Seite.

Euere Majestät, lispelte der Mann mit geheimnißvoller Miene, ich war gestern in einer ansehnlichen Gesellschaft, wo ein hoher Kriegsbeamter sich verlauten ließ, daß, wenn er 80,000 solche Husaren hätte, wie jene, von denen man gerade sprach, so würde er sich getrauen, die Monarchie zu erobern.

Der Kaiser antwortete lächelnd: Der Mann sprach ganz richtig, denn wenn er 80,000 solche Husaren hätte, müßte er verhältnißmäßig dreimal so viel Kriegsvolk haben als ich, und dann wäre er ein Monarch, der es mit mir ohne Anstand aufnehmen könnte.

Wie heißt der Mann?

Der Zuträger nannte ihn und sagte dann, um seine Angabe einigermaßen zu beschönigen: Ein Mann von so hoher Kriegscharge sollte doch in seinen Reden und Ausdrücken vorsichtig sein.

Da haben Sie recht, ich werde ihm das ausdrücklich zu verweisen wissen, damit er sich ein anderes Mal besser umsehen möge, in wessen Gegenwart er spreche.

Thut mir leid, sagte der Kaiser zu der nächststehenden Dame, wie Sie wissen, ist der Kammerbeutel schon lange aufgehoben.

Euere Majestät, 500 Gulden Pension, ich und meine erwachsene Tochter sollen mit 500 Gulden auslangen, während wir früher 1500 hatten — was soll aus meinem Kinde werden!

Warum haben Sie früher nicht besser Haus gehalten, Sie hätten immer vorwärts blicken, und Ihrem einzigen Kinde etwas zurücklegen können, wenn Sie's nicht gethan haben, so ist es Ihre Schuld.

Soll ich Euere Majestät ganz ohne Trost verlassen.

Ich weiß Ihnen nur Einen Rath, wenn Sie meinen, 500 Gulden wären unzulänglich für Sie Beide, lassen Sie Ihre Tochter dienen.

Die Dame rief erschrocken: Meine Tochter soll dienen?

Und warum nicht? Ich diene als Kaiser Ihnen und so Vielen in rastloser Thätigkeit! Doch halten Sie's, wie Sie wollen, Ich kann nicht helfen, was Ich gesagt habe, bleibt gesagt. Adieu.

Was wollt Ihr?

Euerer Majestät unterthänigst aufzuwarten, wir zwei sind von der hiesigen Fleischhauerzunft und bitten unterthänigst im Namen Aller um Erhöhung der Taxe.

Die Taxe bleibt; wem die Taxe zu gering ist, der legt sein Geschäft nieder, wer für diese Taxe schlechtes Fleisch verkauft, der erhält für jedes Pfund Fleisch fünfzig Prügel auf sein angebornes Fleisch.

Der Kaiser kehrte sich zu einem jungen reizenden Mädchen.

Wer sind Sie?

Nanette, Baroneß Klein.

Was begehren Sie?

Penſion, Euere Majeſtät, freilich ohne jedes Recht dazu. —

Und doch Penſion?

Weil ich mir ſonſt nicht zu helfen weiß.

Haben Sie keinen Liebhaber? Welches Mädchen hat den nicht —

Euere Majeſtät, der meinige iſt aber nur Lieutenant bei Preiß-Infanterie. —

Ah ſo, warten Sie, ich komme gleich zurück.

Der Kaiſer begab ſich in ein Kabinet, kehrte nach einigen Minuten zurück und überreichte der reizenden Schönen ein Papier.

Leſen Sie.

Das Fräulein las:

„Der Lieutenant — quittirt die Militärdienſte und wird hiemit bis zur beſſeren Verſorgung als Polizeidirektor mit 600 Gulden angeſtellt, unter der Bedingung die Klein'ſche Nanette zu heiraten.“

Die Reizende ſank vor Freude in die Knie und brach in Thränen aus.

Stehen Sie auf, ſagte der Monarch gerührt, gehen Sie nach Hauſe und leben Sie glücklich.

Ein alter, penſionirter Huſaren-Rittmeiſter ſteht vor dem Kaiſer.

Was begehren Sie, mein Lieber?

Ich bitte unterthänigſt um eine Gnadenzulage.

Der Kammerbeutel hat ein Loch.

Das macht nichts, Euere Majeſtät, mein Kopf hat mehrere Löcher, die ich von den Feinden Ihres Hauſes bekommen habe.

Dann wollen wir die Löcher heilen, bekommt von heute an 300 Gulden Gnadenzulage.

Hat Sie eine Bittſchrift? ſagte der Kaiſer zu einem Soldatenweibe.

Majestät, antwortete die Frau, indem sie auf sechs sie umgebende Kinder wies, das ist meine Bittschrift.

Wie lange diente Ihr Mann?

Zweiundzwanzig Jahre, er hinterließ mir nichts als einen Haufen Kinder ohne Vater.

So will Ich ihr Vater sein. Lauter Buben! Wollt Ihr Soldaten werden?

Ja, ja, ja.

Gut, die vier Größeren kommen gleich in's Erziehungshaus, die Kleineren bringe Sie auf's Jahr.

Gott lohn's Euerer Majestät — (zu den Kindern:) Spitzbuben, Hand küssen, Vivat rufen.

Alle Kinder zugleich: Vivat, unser Kaiser! — Vivat!

Der Korridor erdröhnte von dem Höllenlärme.

Was will Er, Landsmann?

Euere Majestät vergeben, ich bin ein Preuße. —

Ein Preuße? Schön! Wie heußt er?

Götz, Euere Majestät.

Was will Er?

Mich treibt mein Gewissen zu Euerer Majestät. Ich diene einem Herrn, dem Baron Liebenstein, mit dem ich hieherkam, bei dem ich aber nicht mehr verbleiben kann, weshalb ich Euere Majestät unterthänigst um Schutz anflehe. —

Was hat Er gegen seinen Herrn?

Euere Majestät, ich habe gerechte Ursache zu zweifeln, daß mein Herr ein Christ sei.

So?

Er ist ein Heide, der an gar keinen Gott glaubt, er behauptet, sich zu keiner Religion resolvirt zu haben, er lästert den Heiland, die Bibel, die Propheten und verspottet Alles, was zur Religion gehört.

Der Monarch betrachtete den Kläger mit einem durchdringenden Blicke und sagte dann: Wo thut er dieß Alles?

Zu Hause.

Im Beisein fremder Leute?

Das nicht, er schimpfirt nur, wenn wir unter uns sind; es versteht sich, daß er mir damit ein großes Aergerniß gibt.

Wenn Sein Herr das thut, was Er da sagt, so ist er freilich kein Christ; ich kann ihn aber nicht strafen, so lange er keine Proselyten macht. Was Ihn anbelangt, so steht es Ihm frei, damit Er kein Aergerniß mehr habe, Seinem Herrn den Dienst zu kündigen, und sich bei einem anderen Herrn zu verdingen.

Der Laborant stand bei dieser ganz unerwarteten Entscheidung ganz verdutzt da und kam erst zu sich, als der Kaiser ihm schon längst den Rücken gekehrt hatte.

Der Kontrolorgang war geleert, der Kaiser begab sich in das Kabinet.

Ein Blick auf die Uhr überzeugte ihn, daß die Zeit, um welche die Rathssitzung in der böhmischen Hofkanzlei begann, bereits um eine volle Stunde überschritten war.

Man wird auf mich warten, sagte er, ich muß eilen.

Wenige Minuten später treffen wir schon den Monarchen auf der Treppe zu dem Sitzungssaale.

Ein Rath geht ebenfalls dahin.

Lieber Herr Hofrath, sagte der Monarch lächelnd, heute kommen wir Beide wohl am spätesten. Ich fürchte, wir bekommen vom Präsidenten einen Wischer.

Die Sitzung währte bis drei Uhr Nachmittags.

———

Zwölftes Kapitel.

Ein neuer Plan des Meisters.

Der treulose Diener des Baron Liebenstein verließ den Kontrolorgang in großer Bestürzung.

Herr Matolay hatte ihm begreiflich gemacht, und hoffte auch selbst darauf, daß der Monarch, der gegen Abamiten, Deisten so strenge verfuhr, einen Gottesläugner und Lästerer gewiß nicht schonen würde, und nun stand er da, ohne für seine Anklage ein geneigtes Ohr gefunden zu haben.

Er kam trostlos nach Hause, und theilte seiner Gattin die Erfolglosigkeit der gehabten Audienz mit.

Sabine gerieth in neue Angst, und redete ihrem Manne zu, allsogleich zum Reichshofraths-Agenten zu gehen, und ihn davon in Kenntniß zu setzen, damit er auf ein anderes Mittel sinne, wie die Gefahr der Rückkehr des gefürchteten Barons zu beseitigen wäre.

Götz begab sich auch unverzüglich zu Matolay.

Das Ergebniß der Audienz kam auch dem Meister unerwartet.

Ihr habt einfältig geredet, rief er dem Laboranten zu, sonst ist es unbegreiflich, wie der Kaiser Euch einen solchen Bescheid hätte geben können. Er, der eigene Unterthanen wegen Sektirerei so strenge bestraft, er würde Eueren Baron

ganz gewiß schleunigst des Landes verwiesen haben, wenn
ihm die Sache wichtig gemacht worden wäre.

Was ist jetzt zu thun? Soll ich vielleicht noch einmal
hingehen?

Warum nicht gar! Der Kaiser mißtrauet Euch jetzt
schon und wenn Ihr noch einmal kämet, so gäbe es eine
Untersuchung, und wir wären Alle verrathen. Wir müssen
jetzt auf ein anderes Mittel denken, der Baron darf um
keinen Preis nach Wien zurückkehren.

Was geschehen soll, muß schnell geschehen. Der letzte
Brief des Barons war aus Ofen datirt, er zeigt mir darin
an, daß er in zehn Tagen hier in Wien eintreffen würde.
Dem Datum nach wäre dieß schon in drei Tagen der Fall.

Der Meister gerieth in große Besorgniß.

Die Gefahr ist drohend, antwortete er, wir dürfen
keine Zeit verlieren. Da wir den Baron mit keiner Wahrheit fassen können, so muß etwas ersonnen werden.

Ach, bester Herr Matolah, ersinnen Sie, was nur
möglich ist, ich werde keine Mühe scheuen, es auszuführen.

Der Meister überließ sich eine Weile seinen Ideen und
rief plötzlich: Ich hab's, die List ist trefflich, ich wette im
Voraus, der Kunstgriff wird wirken. Hört mich an, Götz.
Der Baron hat Euch von Ofen aus geschrieben, daß er
hieher zurückkehren werde. Euerer Berechnung nach träfe
der Baron schon in drei Tagen hier ein. Mein Rath ist
folgender: Ihr nehmt heute noch eine Kutsche, und ver-
lasset schleunigst die Residenz. Ihr reist dem Baron entgegen, und werdet ihn wahrscheinlich in Wieselburg oder
Raab treffen. Seid aufmerksam, damit Ihr ihn nicht ver-
fehlt. Mit ihm zusammengetroffen, stellt Ihr Euch höch-
lichst bestürzt, und warnet ihn feierlichst vor der Rückkehr
nach Wien. Ihr, als sein treuer Diener und einziger
Freund, haltet Euch verpflichtet, ihn vor der Gefahr zu
warnen, die hier in Wien auf ihn wartet. Sagt, man sei
Seitens der Polizei bereits zweimal in Euerer Wohnung

gewesen, und habe nach dem Baron Liebenstein geforscht. Man suchte von Euch seinen gegenwärtigen Aufenthalt zu erfahren, Ihr hättet ihn jedoch sorgfältig verschwiegen, und auch Euere Gattin Sabine dazu vermocht. Sagt ihm weiter, Ihr hättet Euch unter der Hand erkundiget, was es mit den polizeilichen Nachforschungen für ein Bewandtniß habe, und bei dieser Gelegenheit erfahren, daß er — nämlich der Baron Liebenstein — im dringenden Verdachte stehe, ein heimlicher preußischer Werber zu sein. Der Baron kennt die Verhältnisse, und weiß, was ein solcher Verdacht bei uns sagen will. Ihr könnt ihm zum Ueberfluß von Festung und Spielberg was vormachen, und ich wette Tausende gegen Eines, der Liebenstein macht sich flugs auf die Beine, und kehrt nicht nur nicht nach Wien zurück, sondern verläßt sogar Oesterreich. Ihr könnt dann hier Eueren Gewinn in Ruhe verzehren, und wir sind vor jeder unwillkommenen Entschleierung gesichert.

Götz war von dem neuen Plane des Agenten entzückt, und versprach, ihn pünktlich auszuführen.

Er begab sich nach Hause und theilte seiner Gattin mit, daß er Wien auf einige Tage verlassen werde, da er noch heute eine Reise antreten müsse.

Sabine bestellte ihm schleunigst einen Wagen, und Götz befand sich, bevor noch der Abend heranbrach, außerhalb den Linien.

Die Berechnung war gut angestellt, der Laborant traf mit seinem Herrn in Wieselburg zusammen.

Der Baron erschrack, als er die erheuchelte Bestürzung seines Dieners wahrnahm. Dieser log ihm nun Alles vor, was der Rosenkreuzer ersonnen hatte und Liebenstein hatte nicht Ohren genug, um die Hiobsbotschaft anzuhören.

Verdammt, rief der alte Baron, ich habe in Ungarn treffliche Geschäfte gemacht, und war auf dem Wege, mir in Oesterreich großen Absatz zu verschaffen. Der Himmel weiß es, daß es mir nie einfiel, ein falscher Werber zu

sein, aber ich würde trotz meiner Unschuld viele Unannehm=
lichkeiten haben, man wird mich jedenfalls in das Gefäng=
niß werfen, bei Verhören herumzerren, und mir noch
tausend andere Plackereien anthun, da ist es am besten,
wenn ich der Gefahr ausweiche, und mich aus dem Staube
mache.

Ich kehre nicht mehr nach Wien zurück, ja, ich fürchte
sogar, sie haben schon ihre Späher nach mir ausgesen=
det, darum werde ich trachten, das Land auf Umwegen zu
verlassen.

Dem alten Soldaten bangte vor der ihm vorgespie=
gelten Gefahr dermaßen, daß er seinen Entschluß allsogleich
ausführte.

Er dankte dem Laboranten für seine treuen uneigen=
nützigen Dienstleistungen und sagte:

Götz, Er hat mir mit dieser Warnung einen unbezahl=
baren Dienst erwiesen. Meine in Wien zurückgelassenen
Kleidungsstücke, so wie die anderen Effekten, kann Er für
sich behalten. Kehre Er nach Wien zurück, Ihm wird man
hoffentlich nichts anhaben. In Regensburg treffen wir uns
wieder. Da nehm' Er das Geld zur Reise.

Der Laborant nahm das Geld, wünschte seinem Herrn
eine glückliche Reise und war froh, daß der neue Plan des
Reichshofraths=Agenten besser gelang, als der frühere.

Hierauf kehrte er nach Wien zurück.

Dreizehntes Kapitel.

Wie die Götzin die Abwesenheit ihres Götzen benützt.

Sabine hatte die Thüre hinter ihrem abgereisten Gat=
ten kaum verschlossen, als das Gefühl der Unabhängigkeit
sie überkam.

Mein Mann ist fort! Er wird zwar nur einige Tage
abwesend sein, dachte sie, aber diese einige Tage will ich
benützen. Der liebe Herr Taub, was wird er für eine
Freude haben, wenn er erfährt, daß Götz verreist ist, und
daß wir nun überall hingehen können, ohne auf den Alten
Rücksicht nehmen zu müssen. Ich habe jetzt Geld, ich kann
mir schon ein Gutes anthun, ich werd' es auch.

Die Laborantin war für Herrn Wendelin sehr einge=
nommen, und freute sich, an seiner Seite die Lustbarkeit der
Residenz zu genießen.

Sultan's Gebieter, nicht ahnend, welche Ueberraschung
ihm bevorstehe, kam Nachmittags ganz gemüthlich zum La=
boranten und fand zu seinem Erstaunen nur die Laborantin
zu Hause.

Wir sagen, zu seinem Erstaunen, denn Wendelin hatte
nicht gehofft, die Dame allein zu treffen. Der gute Junge
hatte heute eine Zeit gewählt, in welcher der Alte fast immer
zu Hause war, er that dieß absichtlich, weil er, um Götzen's

Verdacht nicht zu erregen, nicht immer während seiner Ab=
wesenheit in's Haus kommen wollte.

Die kleine runde Frau eilte ihm freudig entgegen.

Wissen Sie schon, Herr Wendelin, daß ich Witwe bin?

Davon, reizende Gößin, weiß ich kein Wort.

Mein Mann ist verreist.

Wohin?

Nach Ungarn. Er kehrt erst in einigen Tagen zurück.

Bei dieser Nachricht überlief es den Stutzer eisig kalt.
Er begann schon zu ahnen, welche Gefahr ihm bevorstehe.

Denken Sie nur, Herr Wendelin, fuhr die Preußin
freudig fort, wir haben jetzt wenigstens drei ganze Tage
für uns.

Wendelin machte eine Jammermiene und dachte: Hol'
der Teufel den Alten mit seiner Reise, ich fürchte die Witwe
wird mir viel zu schaffen machen —

Drei ganze Tage, fuhr Sabine lustig fort, was können
wir da nicht Alles hören und sehen!

Ja, dachte Wendelin, und wie oft können wir da nicht
gesehen werden, von der Andern jenseits der Alser, das
wäre eine saubere Bescheerung!

Aber mein Gott, plauderte die neue Witwe, was ma=
chen Sie denn für eine bittere Miene? Sie reden ja gar
nichts? Freut es Sie denn nicht, mit mir Unterhaltungen
zu besuchen!

Oh, im Gegentheil, ganz entsetzlich, die Freude ist es
ja, die mich völlig stumm gemacht hat, kusch — ah so —

Das gefällt mir gar nicht von Ihnen.

Meiner Treu, dachte der Stutzer, mir auch nicht.

Es scheint, als gefiele Ihnen meine Gesellschaft nur
zu Hause —

Oh, reizendste aller Gößinnen, welch' eine abscheuliche
Beschuldigung! Sie sind mir im Hause eben so theuer, wie
außer Haus. Wie kommen Sie nur — kusch, ah so — auf
den entwürdigenden Verdacht?

Gut, sagte die Laborantin, ich will mich überzeugen, ob
es mit Ihrer Betheuerung Ernst ist. Führen Sie mich
heute in die Komödie.

In die Komödie? stotterte Wendelin beklommen, in
welche Komödie?

In die Oper!

Daß ich ein Narr wäre, dachte der Stutzer, da könnte
ich von Justine am ehesten gesehen werden.

Wie kommen Sie nur auf den Gedanken, heute in die
Oper zu gehen, sagte Wendelin, verstehen Sie wälsch?

Kein Wort!

Da haben Sie's, dort wird nur wälsch gesungen, Sie
werden im ganzen Gesange kein deutsches Wort finden —

Gehen wir also in die deutsche Komödie.

Auch dahin gedachte der junge Mann nicht zu gehen,
denn auch dort drohte ihm dieselbe Gefahr. Justine konnte
ihn eben so gut im Nationaltheater, wie im Theater am
Kärntnerthore bemerken; er mußte ja nicht welches von beiden sie gerade besuchte.

Sie sind heute wirklich sehr sonderbar, theure Sabine,
ich weiß gar nicht, wie Sie auf diesen überspannten Gedanken kommen. Heute in's Burgtheater! Was wollen Sie
heute im Burgtheater machen? Wissen Sie, welches Stück
gegeben wird: „Emilie Galotti!" Ich bitte Sie, wer wird
denn ein so langweiliges Stück anhören?

Gut, sagte die Witwe, die mit sich feilschen ließ, gehen
wir zum Kasperl —

Kasperl? Was wollen Sie beim Kasperl machen? Ich
versichere Sie, Sie werden vom Kasperl kein Wort verstehen, er ist zu österreichisch, und das verträgt keine preußische Natur — kusch, Sultan — aber hören Sie, jetzt
werde ich Ihnen einen Vorschlag machen, Sie werden sich
vortrefflich unterhalten, es ist etwas, wovon Sie noch gar
keinen Begriff haben. Ich führe Sie in die **Kreuzerkomödie.**

7 *

Da sind wir gut aufgehoben, dachte der Stutzer bei diesem Vorschlage, ich führe die Preußin in irgend eine Bretterbude, wohin die Kammerjungfer gewiß nicht kommt. Dort kann sie sich amüsiren, so lange es ihr beliebt, ich will ihr das Opfer bringen und ihr Gesellschaft leisten, sie hat mir doch schon große Dienste erwiesen, das heißt als Rosenkreuzer.

Sabine, der diese Gattung von Schauspiel unbekannt war, sagte: Sie gehen aber mit mir!

Ei freilich gehe ich mit, ich bleibe bei Ihnen, und begleite Sie dann nach Hause.

Schön, ich bin's zufrieden.

Das freut mich, rief Wendelin, indem er der wummeligen Frau einen herzlichen Blick zuwarf.

Wann gehen wir?

Meinethalben gleich.

Das ist prächtig, ich will mich ankleiden.

Um's Himmelswillen, rief Wendelin, auf's Neue erschreckt, Sie werden sich doch nicht in Staat werfen?

Ich ziehe nur mein neues Seidenkleid an —

Was fällt Ihnen ein! Wer wird denn die Kreuzerkomödie in einem Seidenkleide besuchen?

Herrgott, in welche Gesellschaft führen Sie mich denn?

Solide Gesellschaft, prächtige Gesellschaft, herrliche Leute, aber nur kein Seidenkleid. keinen Putz, ganz einfach, kusch, verdammte Geschichte, ich hab' auf einmal so ein entsetzliches Ohrenklingen bekommen —

Es ist leicht möglich, dachte Wendelin, ach Gott, wenn nur diese drei Tage schon vorüber wären, ich bin wirklich ein armer Sünder, während dieser drei Tage bin ich ausgesetzt allen Fatalitäten und Widerwärtigkeiten. Wer weiß, was dieser Preußin nicht noch für satanische Gedanken kommen!

Sabine, als sie vom Ohrensausen hörte, beeilte sich — damit keine Reue ihren Anbeter umwandle — eine sehr einfache Toilette zu machen, und sagte dann: Ich bin fertig!

Wendelin seufzte, und erwiederte mit saurer Stimme: Gut, meine Holde, machen wir uns in Gottesnamen auf den Weg!

Sabine hing sich an Wendelin's Arm, und Beide verließen das Haus.

Dem Blondin pochte das Herz.

Es ist zum Teufelholen, murmelte er, Justine ist schon zur Hälfte meine Braut, ja, noch mehr als zur Hälfte, fast zwei Drittel, könnte man sagen, und ich bin mit ihr noch nicht außer Haus gewesen, und diese Preußin, die mich eigentlich gar nichts angeht, lusch, ah so, dieses Weib verführt mich zu einem Ausgang. Wer A sagt, muß auch B sagen; ich Esel hab' A gesagt, jetzt muß ich auch B sagen, und die Zigeunerfarbige, wenn sie, was mein Schutzengel verhüten wolle, etwas erfährt, wird C sagen. Der Teufel soll die Rosenkreuzerei holen, die ist an Allem Schuld, durch sie habe ich die Laborantin kennen lernen müssen, ihretwegen habe ich A gesagt, oh Gott, wenn nur die drei Tage schon glücklich überstanden wären. Es ist ein eigenes Gefühl, mit dem Weibe eines Anderen öffentlich über die Straße zu gehen; mir kommt es immer vor, als ob mir Jedermann zuriefe: „Spitzbube, wozu ist denn das zehnte Gebot da?"

Sie sind sehr tiefsinnig, theurer Freund! bemerkte Sabine.

Theurer Freund, sagt sie auch schon, klagte Wendelin im Stillen, sie kommt immer näher, ich begreife die Frau nicht, sie thut auf der Straße, als ob sie zu Hause wäre.

Ich denke nur nach, erwiederte er laut, welchen Weg wir einschlagen sollen —

Gehen wir über das Glacis, es fängt schon zu grünen an, die Bäume sind zwar sehr jung —

Nein, meine Theure, wir gehen nicht über's Glacis,

ich führe Sie zur Komödie auf das Neustift, nein, dort ist heute kein Kasperl, in die Josefstadt, und da ist es besser, wir gehen durch die Vorstädte hinüber.

Man war bei dem Hause angelangt, in welchem Wendelin wohnte.

Verweilen Sie nur einen Augenblick, theure Sabine.

Wohin wollen Sie, bester Freund?

Ich muß hinauf und mich überzeugen, ob die Küche und das Fenster gut geschlossen sind, damit mein Hund nicht auskommt, der Kerl fände meine Spur bis in die Komödie, und würde da einen Teufelslärm machen.

Die Laborantin harrte — der Blondin kehrte nach einer Weile zurück.

Das Pärchen spazierte nun, die Straßen durchschneidend, gegen die genannte Vorstadt.

Der Stutzer fühlte sich in den engen Nebenstraßen wohl, denn hier hatte er eine zufällige Begegnung von Bekannten weniger zu fürchten; wo man Hauptstraßen passiren mußte, beflügelte er seinen Gang, so daß die wummelige Preußin fast außer Athem kam.

Endlich langte man am Ziele an.

Außer den zwei Theatern in der Stadt, dem Kasperltheater in der Leopoldstadt und dem Theater im Freihause auf der Wieden, gab es damals noch eine ziemliche Anzahl ganz ordinärer Gesellschaften, die zum Theil in der Stadt, wie z. B. auf dem Mehlmarkte und dem Hofe, zum größten Theile aber in den Vorstädten ihre Vorstellungen gaben. Diese theatralischen Produktionen fanden in hölzernen Buden, Hintergebäuden, Scheuern, zur Sommerszeit in Gärten, oder auch in Höfen statt. Zur Zeit der Jahrmärkte vergrößerte sich die Zahl dieser Komödien, die man von dem bestimmten Eintrittspreise in die Gallerie — Ein Kreuzer — die Kreuzerkomödien nannte.

Eine derartige Kreuzerkomödie finden wir auf dem Neustift, wo eine Gesellschaft, die Wilhelmische, nicht nur

Possen, sondern auch, wie der Anschlagzettel sich ausdrückt, „serieuse Komödien" und „Tragödien" produzirte, ferner in der Josefstadt auf dem Bauernfeindischen Saale eine Gesellschaft, die Scherzerische geheißen, in Margarethen eine dritte Gesellschaft, u. s. w.

Auch unter dieser Gattung von Spektakel gab es Nuancen und Schattirungen; es gab Kreuzerkomödien, die in großem Verruf standen, andere wieder, die ein wenig honnet geführt wurden. Ihre Vorstellungen begannen schon — namentlich an Feiertagen — zeitlich am Nachmittage, das Stück wurde abgespielt, das verehrungswürdige Publikum, wenn es nicht ein zweites Mal zahlen wollte, mußte Parterre und Gallerie verlassen, und ein neues, Außen harrendes, zweites Publikum strömte herein, worauf dieselbe Vorstellung abermals begann. Solche Wiederholungen gab es oft an Einem Nachmittage zwei bis drei.

Herr Wendelin Taub und Madame Götz waren zeitlich genug angelangt, um in der Mitte des Parterres einen bequemen Platz zu bekommen. Die Bank war zwar hart und ohne Lehne, aber er tröstete seine Gefährtin, daß die Komödie ohnehin nicht lang dauere.

Das ist mir sehr lieb, lispelte Sabine ihm zu, denn der Dunst ist hier abscheulich.

Das kommt daher, reizende Frau, weil man bereits zweimal gespielt hat, und das Auslüften zu viel Zeit rauben würde, dafür genießen wir aber den Vorzug, daß die Komödianten — kusch, ah so — jetzt ihre Rollen viel besser können, weßwegen die späteren Vorstellungen auch immer lieber besucht werden, wie die ersteren.

Die Beleuchtung ist hier bedeutend matt. —

Dieses Opfer bringt der Direktor dem Gotte Amor; ist es Ihnen nicht lieb, wenn ich Sie, so wie jetzt, verstohlen an mich drücke, Ihnen einen Kuß gebe, ohne daß es der Nebenmann bemerkt? Das dürfte ich nicht wagen, wenn hier der Luxus der Wachskerzen eingeführt wäre.

Sie sehen also, mit der Anwesenheit dieser paar Oellämp-
chen werden sehr menschenfreundliche Zwecke verbunden.

Das Publikum ist hier sehr ungenirt und macht großen
Lärm —

Das ist nur ein stillschweigendes Uebereinkommen, damit Einer den Andern nicht verstehe, und Jeder sich ungestört unterhalten könne.

Kaiserfleisch, Bier!

Würstel, Wein!

Kipfel, Bier!

So hört man es oben und unten, rechts und links
rufen.

Ist Ihnen gefällig, etwas zu genießen?

Ich danke, mein Freund.

Sie brauchen sich nicht zu geniren, meine Liebe, hier
ißt Jeder, der Appetit hat.

Ich danke. Aber wie heißt denn das Stück, welches
man spielen wird?

Meiner Treu, das weiß ich nicht. Ich vergaß, den
Zettel an der Thüre zu lesen. Heh, Herr Nachbar, was
spielt man heute?

„Der Kasperl und der türkische Renegat.“

Bravo, da wird es über die Türken hergehen.

Heute bekommt der Türk gewiß seine Schläg'; ob er
sie auch in der Wirklichkeit bei Belgrad kriegen wird, das
wollen wir abwarten, bis es unten losgeht.

Ich bin neugierig, was der Kasperl heut treiben wird!

Gestern war der Teufel los mit ihm. Es war nicht
zum aushalten.

Was hat er Alles gemacht?

Wer kann denn das erzählen! Er war betrunken, dann
ist er als schwangeres Ständelweib gekommen, man hat
müssen die Hebamme holen —

Oh, das muß schön gewesen sein. —

Und er wurde richtig entbunden, aber von einer groß-
mächtigen Zwetschken.

Herr Taub! flüsterte Sabine.

Was wollen Sie, mein Engel?

Ich habe Durst, ich möchte eine Orange. —

Um's Himmels Willen, wer wird denn in der Kreuzerkomödie Orangen speisen, ich bitte Sie, machen Sie
kein Aufsehen, sonst bekommen wir Händel. — Gottlob,
der Vorhang geht auseinander — die Komödie geht an.

Das Murmeln, Schreien und Lärmen hörte auf, und
die Augen wendeten sich dem Schauspiele zu.

Vierzehntes Kapitel.

Die Kreuzerkomödie.

Die Bühne war ein etwas erhöhter Boden, den Bret-
ter bildeten, welche an Schragen befestigt waren.

Drei, in zerfetzten Turbans und Kaftans umherren-
nende Individuen, verkünden den Weinhassern, die man
aber nicht sieht, daß man zwei Christenhunde gefangen
habe, die gespießt werden sollen.

Wer sind diese Drei? fragte Sabine neugierig.

Das sind drei Herren aus dem Serail, wo der Sultan seine Frauen unter Schloß und Riegel hält; ich weiß
es nicht gewiß, wenn ich mich aber nicht täusche, so sind es
Verschnittene. Kusch —

Wer ist das Mädchen, mit der Serviette über dem Kopfe?

Ei, meine Liebe, das ist keine Serviette, sondern ein Schleier, das Mädchen ist die älteste Prinzessin = Tochter, und ist, wie sie eben erzählt, in den einen Christenhund verliebt.

Gott im Himmel, da kommt ja ein Räuber. —

Bewahre, das ist der Bösewicht, ein Pascha mit drei Roßschweifen — hören Sie — kusch, Sul — ah so — er liebt die Prinzessin — er ist kein Renegat.

Was ist ein Renegat?

Jemand, der als ordentlicher Mensch geboren wird, und dann ein Türk wird.

Warum wird er ein Türk?

Wer kann das wissen, meine Liebe, vielleicht wegen der Vielweiberei.

Wendelin fiel es in diesem Momente ein, daß auch er einen türkischen Anflug habe, dort die Justine, hier die Sabine, diese war noch dazu die Gattin eines Anderen! Oh Gott, seufzte er, wenn die Wurzel mich hier sähe, an der Seite der Preußin, es wäre gräßlich!

Ah, ah, was ist das?

Fürchterlicher Lärm im Publikum.

Klatschen, Strampfen, Schreien, Klopfen.

Der Kasperl war da.

Er und sein Herr — Don Barba — trugen Ketten.

Beide sollen miteinander sprechen.

Kasperl (schüttelt die Ketten). Kennt Ihr diese Musik?

Don Barba (stammelnd). Ja — ich — oh — bah!

Renegat (knirscht mit den Zähnen und spricht zu sich, unglücklicher Weise so laut, daß auch das Publikum es hört). Der verdammte Kerl, er ist wieder besoffen.

Kasperl. Krieg ich eine Antwort oder nicht?

Don Barba (wie früher, taumelt auch noch dabei).
Ant — wort — Kasperl — laß — ich — kann nicht. —

Kasperl. Don Barba, schämen Sie sich, die Musel-
männer lachen Sie schon aus.

Ha, ha, ha.

Eine Stimme von der Gallerie. Kasperl, laß ihn
geh'n, er hat ja zu viel getrunken.

Kasperl (tritt vor und spricht zum Publikum). Hoher
Adel und verehrungswürdigstes Publikum! Meinem Herrn,
dem edlen Spanier, Don Barba, hat die türkische Gefangenschaft schlecht ang'schlagen, er ist krank geworden.

Mehrere Stimmen aus dem Publikum. Das ist nicht
wahr, er hat zu viel getrunken.

Kasperl. Er hat heute schon zweimal diese Rolle
sehr gut gespielt, war aber jetzt auf einem Sprung drüben bei der goldenen Flauten, es ist vielleicht möglich, daß
er dort ein wenig zu tief in's Glas g'schaut hat, wenn
Sie es befehlen, so will ich hinübergehen, und mich er-
kundigen.

Da bleiben, da bleiben, sonst kommt der auch so
zurück. —

Der Direktor hat während dieses Intermezzo's Abhilfe
getroffen, der betrunkene Don wird abgeführt, und durch
einen nüchternen ersetzt.

Die Szene beginnt von Neuem.

Kasperl (schüttelt wieder die Ketten). Kennt Ihr diese
Musik?

Don Barba (entzückt). Oh, Kasperl — dort steht sie.

Kasperl. Verflixter Kampel, mein Herr! In fünf
Minuten wird man uns spießen und braten, und er denkt
noch an die Mädl.

Don Barba. Schweig', Dummkopf, Du kennst die
Liebe nicht.

Kasperl. Besser wie Ihr.

Don Barba. So sag', was ist die Lieb'?

Kasperl. Das ist eine dumme Frag'! Wie kann ich hier beschreiben, was die Lieb' ist. Die Lieb' laßt sich nur auf dem Heuboden erklären.

Don Barba. Du bist ein Narr.

Kasperl. Kinder und Narren reden die Wahrheit.

Renegat (zu den Gefangenen). Seid Ihr fertig?

Kasperl (zu ihm). Schon vierzig Jahre.

Renegat. So macht Euch zum Sterben bereit.

Kasperl. Fällt mir nicht ein, Du hergelaufener Lump, Du bist gar kein Türk, ein Spitzbub bist Du, und willst uns braten lassen?

Don Barba (hat sich der verschleierten Prinzessin genähert). Ob ich Dich lieb'? — Frage nicht, Engel — ich kann nicht mehr länger leben, wenn Du nicht mein Weib wirst.

Prinzessin. Don Barba, ich hab' Dich auch gern, ich möchte schon, aber mein Vater will, daß ich den Pascha heiraten soll.

Don Barba. Oh, den Tyrann, den Bösewicht?

Kasperl. Das sag' ich auch! Ich wünsch' ihm zum neuen Jahr Feuer, Schwert, Rad und Galgen, zum Namenstag zwölf böse Weiber, und zum Geburtstag die Pestilenz.

Renegat. Man spieße sie.

Kasperl (schreit und macht Kapriolen). Einhalten, aufhören, nicht anfangen. Wenn ich nur eine Ofengabel hätt', um durch die Luft in's Oesterreicherland reiten zu können.

Prinzessin· (wirft sich dazwischen). Bevor Ihr ihn spießt, müßt Ihr mich durchbohren.

Kasperl. Das ist eine Lieb'! (Zum Publikum.) Ihr Gredl, da unten und oben, Ihr Urschl, Franzl, Nannerl, Katherl, Paulinerl, Suserl, Mariandl, Sopherl, Sabinerl, Lottel, Everl, Peperl, Rickerl, da nehmt Euch ein Beispiel, so muß man lieben, wenn man auch keine Türkin ist.

Fürchterlicher Beifall.

Prinzessin (ruft). Wer mich gern hat, nimmt den Pascha gefangen.

Die Türken thun es.

Kasperl. Bin auch dabei, ich hab' sie auch gerne, mein Herr wird schön eifersüchtig werden, wenn sich für die Prinzessin so viele Liebhaber finden.

Der Renegat wird gefesselt. Don Barba und Kasperl werden befreit.

Prinzessin (ruft). Wir wollen fliehen.

Kasperl jubelt und macht Purzelbäume.

Trompetenstöße von außen.

Der Renegat wird geprügelt.

Rasender Beifall.

Der Vorhang geht wieder zusammen.

Der eine Akt ist zu Ende.

Das Getümmel geht wieder an. Dazwischen hört man das monotone Geschrei: Kipfel! Wein! Würstel! Kaiserfleisch! Bier!

Prächtige Komödie! lispelte Wendelin, indem er die Preußin an sich drückte.

Mir gefällt sie, weil ich bei Ihnen bin, erwiederte die Laborantin zärtlich, ich werde indessen nicht böse sein, wenn sie bald zu Ende ist. Mir ist fürchterlich heiß.

Bleiben wir bis zu Ende?

Recht gerne, Sie begleiten mich aber auch bis nach Hause? —

Mit Wonne, theuere Göttin, doch hören Sie, was ist das? —

Hinter dem Vorhange entstand ein Lärm.

Da, sagte Wendelin's Nebenmann, die Lumpen raufen gewiß mit einander. Vielleicht ist der betrunkene Don nüchtern geworden.

Man hörte schimpfen und schreien.

Das verehrungswürdige Publikum wird aufmerksam, dadurch entsteht eine Stille. Hinter dem Vorhang hört man dieß; man fürchtet die neuerliche Einmischung des Publikums und beruhigt sich.

Gleich darauf geht der Vorhang auseinander, und der zweite und letzte Akt begann.

Don Barba, die Prinzessin und Kasperl befinden sich auf der Flucht in das Oesterreicherland.

Das Publikum reißt die Augen auf.

Don Barba, der Erste, nämlich der, welcher im ersten Akte wegen Trunkenheit ausgewechselt werden mußte, ist wieder auf den Brettern.

Der Künstler hatte sich ein wenig ernüchtert, und mit Schrecken wahrgenommen, daß ein Anderer seine Rolle spiele. Er tobte und fluchte. Kaum war der erste Akt zu Ende gegangen, so stürzte er seinem Ersatzmanne entgegen, und begann Händel mit ihm. Der Direktor legte sich in's Mittel, und besänftigte seinen ersten Liebhaber damit, daß er ihm zusagte, er könne die Rolle im zweiten Akte weiter spielen. Dieser Zwischenfall verursachte den früher erwähnten Lärm hinter dem Vorhange.

Mit der erwähnten direktorlichen Entscheidung war aber ein Theil des Publikums nicht zufrieden.

Kaum hatte es den ausgewechselten Don erkannt, so ging ein Murren durch den Saal, daß die Schauspieler Mühe hatten, sich verständlich zu machen.

Don Barba und die Prinzessin sollten von ihrer Liebe sprechen; Ersterer war noch nicht ganz in der Verfassung, um ungestört sprechen zu können, die Geister hatten sich noch nicht völlig verflüchtigt, er blieb daher einmal mitten in der Rede stecken.

Dieß war die Veranlassung zu noch größerem Mißvergnügen, und von der Gallerie herab ertönten Stimmen:

Fort mit dem Saufaus!

Hinaus mit ihm!

Der Andere herein!

Der Andere soll wieder spielen u. s. w.

Hui jeh, rief der Kasperl, da geht's um, wären wir lieber bei den Türken geblieben.

Einige lachten, die Früheren schrieen aber fort, und verblieben hartnäckig bei ihrer Devise: „Hinaus mit ihm, der Andere herein!"

Die Prinzessin versuchte ihre Liebesszene fortzuspielen, da aber der Lärm kein Ende nahm, so trat sie mit tragischem Pathos vor bis an den Rand des Bühnengestelles, und dieselbe Kehle, die kurz früher Liebesworte gesäuselt hatte, schrie jetzt mit fürchterlichem Ingrimme hinauf zur Gallerie: „Was gibt's da drob'n für einen Lärm? Glaubt's Ihr, daß Ihr wegen Euerem lumpigen Kreuzer da drob'n Spektakel machen, und das verehrungswürdige Publikum unten stören könnt? Der Lattenhuber Franzl spielt den Don Barba weiter, so bleibt's, und wem's nicht recht ist, der kann fortgeh'n; und wenn der Lärm nicht aufhört, so wird der Vorhang zug'macht, und die Komödie ist aus!"

Auf diese entsetzliche Drohung entstand Todtenstille und „Der Kasperl und der türkische Renegat" wurde ohne weitere Unterbrechung zu Ende gespielt.

Daß der Renegat am Schlusse umgebracht wurde, und Don Barba die Prinzessin heiratete, braucht wohl kaum erwähnt zu werden.

Dem Himmel sei es gedankt, sagte die Laborantin, ich freue mich schon, in die frische Luft zu kommen.

Meiner Treu, man ist ganz abgemattet; sobald wir auf die Straße kommen, suche ich einen Fiaker.

Das ist sehr hübsch von Ihnen, mein Freund, ich werde Ihnen sehr dankbar dafür sein.

Das Pärchen kommt glücklich auf die Straße.

Der Menschenknäuel beginnt sich zu zertheilen.

Wendelin — Sabine am Arme, sucht sich durchzuwin=
den — da stürzt, wie aus heiterem Himmel mit einem
fürchterlichen Freudengebell Sultan auf ihn los.

Der Blondin ist verblüfft — er erstarrt aber ganz, er
wird zu einer Säule von Eis, bleibt völlig entgeistert und
wie eingewurzelt am Boden haften, denn ihm gegenüber
steht — Justine Wurzel.

Fünfzehntes Kapitel.

Eine Erläuterung, damit der Leser an kein Wunder denke.

Der Blondin, Sabine zur Seite, von Sultan um=
sprungen, stand der Kammerjungfer gegenüber.

Heute schwebte ein böser Stern über dem Haupte des
Stutzers.

Er hatte sich früher im Vorübergehen vorsichtiger Weise
überzeugt, daß in seiner Wohnung Fenster und Thüren gut
verschlossen waren, und doch stürzte eine halbe Stunde
später der befreite Bullenbeißer in mächtigen Sätzen über
die Straße.

Das getreue Thier folgte der Spur seines Herrn und
langte, geleitet von seiner vortrefflichen Nase und seinem
bewunderungswürdigen Instinkte, vor dem Komödien=
hause an.

Sultan war jahrelang der fortwährende Begleiter sei=

nes Herrn, es war also kein Wunder, daß er dessen Spur nicht verfehlte.

So kam er an die Komödienbude. Er suchte einzudrin= gen, so wie er es im Privatlogis der Kammerjungfer gethan, dort wurde ihm aufgethan, hier aber hielt man ihm Prügel entgegen. Der Bullenbeißer knurrte, fletschte die Zähne, und war geneigt, ein Kunststückchen aus der Hetze zum Besten zu geben, ein Schlag über die Schnauze belehrte ihn jedoch eines Besseren, er zog den Schwanz ein, und floh in die Mitte der Straße. Hier blieb er stehen, und ließ von Zeit zu Zeit sein mächtiges Gebell ertönen.

In dieser Situation wurde der Bullenbeißer von einer Dame bemerkt, die in einer Kalesche vorüberfuhr.

Diese Dame war Justine.

Was seh' ich? sagte die Kammerjungfer verwundert bei sich, das ist ja Wendelin's Hund — halt, Kutscher — was macht der Hund da?

Der Wagen hielt.

Justine öffnete den Schlag, und rief: „Sultan".

Der Bullenbeißer war in einigen Sätzen bei der Dame, und umsprang freudig den Wagen.

Das Thier schien zu wissen, daß es die Geliebte sei= nes Herrn vor sich habe, und freute sich ganz unver= ständig.

Bist Du allein da, Sultan? fragte die Zigeunerfar= bige, die heute zum Unglücke Wendelin's vor dem Vieh nicht den geringsten Abscheu hatte.

Der Hund bellte.

Wer weiß, was der arme Teufel ihr damit erzählen wollte?

Wo ist Dein Herr? examinirte die Dame weiter.

Das Thier verstand die Frage, und sprang gegen die Thüre der Komödienbude.

Von dort zurückgejagt, kam Sultan wieder zu Justine.

Es ist gewiß, Wendelin ist in der Kreuzerkomödie, wie kommt er dazu, dieses gemeine Spektakel zu besuchen?

Durch das Herz der Kammerjungfer schlich etwas, wie eine wetterreiche Ahnung.

Er hat den Hund nicht mitgenommen, raisonnirte sie; der Hund ist ihm, wie damals, da er bei mir war, nachgelaufen. Sollte er heute Ursache gehabt haben, den Hund nicht mitzunehmen?

Sultan, sagte sie, wir wollen warten, bis Dein Herr herauskommt, komm' her, braver Sultan, kusch, schön kusch!

Und siehe da, der Hund, der seinem Gebieter niemals, oder höchst selten gehorchte, streckte sich der Länge nach nieder, und legte seinen Kopf sehr graziös auf die Vorderpfoten.

Racine verwunderte sich über diese Sanftmuth.

Ich habe dem Thiere Unrecht gethan, dachte sie, es ist treu und folgsam, man muß es nur zu behandeln wissen, aber sein Herr ist ein Ungethüm, und bringt es zur Raserei. Ich bin neugierig, was der junge Herr für Augen machen wird, wenn er beim Herauskommen mich und Sultan erblickt?

Der arme Junge machte, wie wir bereits gesehen haben, bei dieser Gelegenheit eigentlich gar keine Augen.

Er war, wie gesagt, versteinert.

Dagegen blitzten die Augen der Kammerjungfer ganz gewaltig. Sie sprühten Pech und Schwefel hinreichend, um damit ein zweites Sodom und Gomorrah zu verschütten.

Die Laborantin schaute ganz preußisch d'rein, das heißt, sie sah bald ihren Begleiter, bald die fremde Dame an, und wußte nicht, woran sie sich halten sollte.

Justine ergriff zuerst das Wort.

Mit einem Tone, dessen Hohn und Ironie zwanzig Wendelin's niedergeschmettert hätte, sagte sie: Guten Abend, Herr Wendelin, Sie waren, wie ich sehe, in der Komödie?

Ja — ich war — in der Komödie — göttliche Ra —
ah so (er erinnerte sich, daß seine zweite Verehrerin anwe-

send war, und das Wort erstickte ihm in der Kehle) — kusch, Sultan — verdammtes Vieh! —

Komm' her, Sultan, wendete sich Justine an den Hund, Du bist ein braves Thier, treuer als mancher Mensch, Dir verdanke ich es, daß es mir möglich wurde, einen Bösewicht zu entlarven. —

Mamsell Racine — Prinzessin — ah so — die Komödie ist schon aus — Sie glauben — doch nicht — tausend Teufel! — kusch, Satan — Höllenhund! —

Wer ist denn diese Dame, theurer Freund? fragte jetzt die Preußin.

Wendelin hätte vor Galle bersten mögen.

Fragen Sie auch noch? rief er der Laborantin mit einer entsetzlichen Geberde zu, das hat man von dieser verdammten Rosenkreuzerei — kusch, Sultan — Höllenbestie! — ich erwürge Dich —

Warum so verzweifelt, Herr Wendelin, sagte wieder die Kammerjungfer ganz in der früheren maliziösen Weise, es freut mich, da, die Bekanntschaft Ihrer Liebsten zu machen. —

Herr Wendelin, fing wieder die Preußin ängstlich an, kommen Sie doch, Sie werden doch nicht mit ansehen wollen, daß diese Dame, die ich nicht kenne, mich beleidigt; kommen Sie, mein Theurer.

Hol' Dich der Teufel und seine Großmutter, dachte Wendelin und sann auf eine Gelegenheit, um sich aus der Doppel-Attaque zu ziehen.

Sie sind also ihr Theurer? lächelte Justine höhnisch zu dem Blondin, indem sie auf Sabine wies.

Und warum denn nicht, Madame? Warum soll er es mir denn nicht sein?

Ich bitte um Vergebung, ich bin keine Madame, ich bin gottlob noch nicht verheiratet.

Also noch ledig?

Bösewicht, fuhr die Wurzel auf, so wie ich merke, ist dieß gar eine verheiratete Frau!

Mamsell Justine! bat Wendelin.

In mir kocht die Wuth; ist ein solcher Frevel je erhört worden?

Bedenken Sie, wir sind auf der Straße — kusch, Sultan! — oh, wenn ich Dich nur zu Hause habe — heh da — Fiaker — halt — halt! —

Das war ein Ausweg.

Der Blondin erwischte die Laborantin am Arme, schleppte sie wüthend zum Gefährte, schob sie in dasselbe und rief, während er hinter ihr den Schlag zuwarf: „Zum goldenen Lampel auf der Wieden."

Die Laborantin, bevor sie recht wußte, was mit ihr geschah, saß schon im dahinrollenden Wagen und erstaunte, den verehrten Freund nicht an ihrer Seite zu sehen.

Wendelin hatte die Eine fortgeschafft und eilte nun zu der Anderen. Mit Einer allein dachte er sich schneller zu verständigen. Der arme Junge, er kam gerade recht, um auch die Kammerjungfer abfahren zu sehen.

Ein vernichtender Blick war Alles, was er von ihr noch erhaschte.

So stand er denn da, er und Sultan, und Sultan und er.

Jetzt sind alle Beide fort, brummte er, die Zigeunerfarbige ist wüthend, und die Andere — hol' sie der Kukuk mit ihren Gelüsten nach Unterhaltungen und Spektakeln — sie bringt mich am Ende noch um meine halbe Braut — kusch, Sultan! — ah so, jetzt fällt mir das Vieh erst ein — warte Bestie, an Dir will ich meinen Zorn kühlen. Du hast das ganze Unheil angestiftet — Du mußt sterben — heute noch, gleich.

Er suchte nach einem Fiaker, fand ihn und ließ sich an das Wasser des Donauarmes nächst den Weißgärbern führen.

Sultan rannte hinter dem Wagen her.

Während des Fahrens setzte der Blondin seine Betrachtungen fort.

Justine hat recht, daß sie böse ist, murmelte er, ich an ihrer Stelle würde ebenfalls zürnen, es ist keine Kleinigkeit, Jemanden, den man heiraten will, mit einer Andern Arm in Arm zu finden. Die Preußin — meiner Treu, sie ist auch unschuldig, sie wußte ja nicht, daß eine Wurzel existirt, und daß diese Wurzel mit mir bedeutend verwurzelt ist. Die Schuld liegt allein an mir, ich hätte der Götzin sagen sollen, daß ich bereits eine andere Götzin habe, oder ich hätte überhaupt keine Untreue begehen sollen, daran ist aber wieder die Rosenkreuzerei schuld, hol' der Teufel den Visitator, den Meister und das ganze Pack. Kusch, ah so, warte nur Vieh, Dich will ich mir vom Halse schaffen, diese ewige Verfolgung muß ein Ende nehmen. Man hat zu Hause das Vieh wieder herausgelassen, das ist sicher, die Bestie ist mir nachgerannt, Justine hat sie gesehen und ist mir mit Hülfe des Hundes auf die Spur gekommen. Wer läßt aber den Hund heraus, und wie geschieht dieß? Das muß ich heute auch erfahren, Alles muß ich erfahren, ich will doch sehen, ob ich Herr im Hause bin oder nicht? Was den Hund betrifft, so muß er in's Wasser, einen Stein um den Hals, geht er gleich zu Grunde und leidet nicht lange. Sterben müssen wir einmal Alle, es ist also gar keine Ursache vorhanden, warum ein Hund leben soll, der mir so viele Ungelegenheiten bereitet.

Der Wagen langte am Donauufer an.

Heh, Fiaker, habt Ihr einen vorräthigen Strick? —

Ja, Euer Gnaden.

Gebt ihn her, ich bezahle ihn, heh da! Sultan! — Sultan! —

Der Stutzer begann zu pfeifen.

Sultan ließ sich nicht sehen!

Alle Teufel, rief Wendelin plötzlich, wo ist mein Hund?

Er war immer an der Seite des Wagens, antwortete der Kutscher, erst als er wahrnahm, daß wir zum Wasser fahren, machte er plötzlich rechts um und rannte wie besessen zurück.

Der Blondin war verblüfft, er wußte nicht, sollte er lachen oder sich ärgern?

Das Vieh ist klüger als ich, murmelte er, es erräth sogar meine Gedanken. Was bleibt mir jetzt zu thun übrig? Nach Hause fahren! Ich weiß im Voraus, Sultan ist jetzt schon daheim. Er ist dieses Mal wieder dem Tode entgangen, er hat eine gute Nase, meiner Treu, wenn ich Sultan's Nase hätte, ich säße jetzt nicht in der Patsche, ich hätte Justinen's Nähe gerochen, und mich zeitlich genug aus dem Staube, das heißt, von der Preußin weggemacht. — Fahren wir also zurück, Kutscher, da habt Ihr Eueren Strick, ich brauche ihn nicht mehr.

Der Stutzer fuhr nach Hause.

Was er vorausgesagt, traf ein. Sultan saß schon vor dem Thore und harrte seines Gebieters.

Wendelin's Wuth hatte sich abgekühlt, er zürnte auch dem Hunde nicht mehr.

Justine, Sabine und Sultan sind unschuldig, murmelte er, aber Jene will ich zur Rechenschaft ziehen, die in meiner Abwesenheit in meine Wohnung brechen und den Hund herauslassen. Fräulein Lucretia oder der Nachbar — fremde Leute können es nicht sein — ich will doch sehen, ob ich dahinterkomme.

Der Stutzer eilte die Treppe hinauf und begann zu untersuchen. Das Ergebniß war dasselbe wie schon öfters und wie damals, da ihm der Hund zur Abendunterhaltung gefolgt war.

Die Küchenthüre war geschlossen, das Küchenfenster dagegen offen. Wendelin unterfuchte die Sachen, fie waren unverfehrt wie immer.

Da hat man's! Das Fenfter war von Innen verrie= gelt, ich frage. nun, wer kann den Riegel von außen öffnen? Niemand. Sollte alfo wirklich Sultan fo klug fein, und den Riegel aufmachen können? Da werde ein Menfch klug dar= aus. Ich kann den Nachbarn nicht an den Leib, fie werden mir wieder beweifen, daß man das Fenfter von außen nicht öffnen kann, und was foll ich darauf erwiedern? Sei dem wie ihm wolle, ich werde fchon dahinter kommen, für heute habe ich fchon genug. Ich bin todtmüde. Verdammte Kreu= zerkomödie; im Nationaltheater wäre ich heute ficherer ge= wefen; aber fo geht es immer, man rennt oft in die Ge= fahr, wenn man ihr zu entgehen glaubt. Komm', Sultan, gehen wir zu Bette. Kufch, Beftie, es ift das letzte Mal, daß ich Dich pardonnire!

Sechzehntes Kapitel.

Ein neues Bündniß.

Eine Löwin, welcher man ihr Junges raubt, wird ge= wöhnlich zum Vergleich gewählt, wo es gilt, den höchften Grad von Schmerz, Raferei und Wuth zu bezeichnen; was ift aber diefes Thier im Vergleiche gegen eine leidenfchaft= liche Frau, der man ihren Geliebten nimmt? Bei dem Thiere findet man wohl Kraft, Alles anzufallen, was ihm in den

Weg kommt, ❚ dem Menschen aber waltet der Geist, tau=
sendfach erfinderischer, t❚sendfach mächtiger — er ist es,
den Wuth und Rach❚ in Bewegung setzen, um zu vergelten,
zu bezahlen.

In dieser Lage finden wir die Gräfin Santa Croce.

Die junge Frau hat den Mann gefunden, der alle Fa=
sern ihres Gefühllebens in Bewegung setzt, ihre Leidenschaft
ist angewachsen, sie liebt Kornelius mit der ganzen Fülle
ihres Herzens. Diese Liebe läßt sie das Verhältniß, in dem
sie bis jetzt zu dem Magier gestanden, in einem ganz an=
dern Lichte wie bisher schauen.

Die Huldigungen, die Caglioftro ihr verschaffte, der
Luxus und das Wohlleben, eine Folge davon, ekeln sie an;
sie fühlt wie noch nie das Erniedrigende, die Helferin eines
Gauklers, eines Betrügers zu sein.

Aus dieser Lage will sich die Unglückliche herauswin=
den, sie hofft auf die rettende Hand des Geliebten, unter
seinem Schutze, von ihm unterstützt, will sie sich aus dem
Schlamme emporwinden — da tritt der Verderber ihrer
Seele dazwischen; er, der sie leitet und beherrscht, reißt den
Mann ihres Herzens von ihr, ein Wort von ihm — und
Kornelius hört auf, ihr beizustehen.

„Es gibt Pflichten," sagte der Geliebte, „denen sich kein
Mensch entziehen darf, wenn er nicht schwere Schuld auf
sich laden will; diese Pflichten zwingen mich, Sie zu ver=
lassen."

Der Betrüger hat a❚❚ auch ihn in seiner Macht, sie
kann dem jungen Manne nicht zürnen, denn er hat sie nicht
treulos um einer Andern willen aufgegeben, nein, der Be=
trüger hat ihn umgarnt und zwingt ihn, sie aufzugeben —
sie bleibt wieder allein — eine Beute ihres Verderbers, sie
soll wieder seine Helferin, sein Werkzeug sein!

Der Magier ist es also, der ihr den Geliebten ihres
Herzens geraubt hat, den Mann, von dem sie das Heil

ihres Lebens hoffte; ihr ganzer Grimm, ihre Wuth wälzen sich auf ihn.

Nach jener Szene im Privatlogis der Kammerjungfer fuhr Seraphine an Cagliostro's Seite nach Währing.

Der Magier hütete sich, ihr barsch zu begegnen oder sie neuerdings aufzuregen.

Madame, sagte er in sehr liebevoller Weise, Sie haben mich und sich einer großen Gefahr ausgesetzt; zum Glücke gelang es mir, sie zu beschwören; ich trat dazwischen, bevor Sie den Verrath begingen. Gestehen Sie sich's nur, Madame, Sie haben sehr unüberlegt gehandelt, denn Alles, was mich trifft, trifft auch Sie. Ihr Schicksal ist mit dem meinigen verflochten, mein Unglück wär' auch das Ihre. Ich bin Ihrer Liebe zu Lohberg nicht hinderlich entgegen getreten —

Seraphine murmelte: Aber Sie zwangen mich, den jungen Grafen zu empfangen, und Kornelius floh mich.

Wer dachte daran, daß es dem jungen Manne mit seiner Leidenschaft so ernst sei? Wer hätte voraussetzen können, daß er sich mit der Liebe nicht begnügen, sondern auch noch Treue verlangen würde? Sie selbst dachten nicht daran. Es ist wahr, ich habe Sie genöthigt, Nowaczly zu empfangen, und ich hoffe nicht, daß Sie es bereuen. Der junge Graf ruinirt sich für Sie, was können Sie mehr verlangen? Seine Liebe ist so mächtig, daß er Ihnen zu Liebe zum Verbrecher werden wird, was wollen Sie mehr? Sie schwimmen in Schmuck und Brillanten, das verdanken Sie ihm, von der Liebe allein kann man nicht leben, noch viel weniger den Staat machen, wie wir es gewohnt sind. Seien Sie daher klug, Seraphine, bekämpfen Sie die Leidenschaft und geben Sie der Vernunft Gehör. Versprechen Sie mir dieß?

Ich verspreche es! versetzte die Gräfin bestimmt und gelassen.

Der Magier begnügte sich damit.

Bevor sie aus dem Wagen stiegen, sagte er: Noch Eins,

Madame, Nowaczky wird Sie heute wahrscheinlich noch be=
suchen, ich will Sie daher nicht mehr beläſtigen, wie immer
wird er Sie auch heute mit irgend einem Geſchenke über=
raſchen, Sie ſind zu klug, um ihm die Freude ihrer An=
nahme nicht zu gönnen, ſeine Juwelen, ſein Gold ſind echt,
ſeine Papiere ſind es nicht, ſeien Sie daher vorſichtig, ich
bitte Sie darum.

Der Graf und die Gräfin trennten ſich, jedes begab
ſich in ſein Apartement.

Als Seraphine allein war, brach die unterdrückte Wuth
ſich Bahn.

Seraphine wagte nicht mit ſich ſelbſt zu ſprechen, denn
ſie fürchtete, belauſcht zu werden, ſie ſprach daher im Geiſte
zu ſich; ihre Gedanken konnte er nicht belauſchen.

Dieſe Gedanken durch Worte verdollmetſcht, lauteten
ungefähr wie folgt:

„Ich ſoll meiner Vernunft Gehör geben, ich verſprach
es ihm, und werde mein Verſprechen erfüllen, ja, ich erfüll'
es, denn die Vernunft iſt es eben, die dieſes Mal mit der
Leidenſchaft Hand in Hand geht und mir zuruft, ihn zu
fliehen. Aber wie? Er hat Recht, unſere Geſchicke ſind in=
einander verwoben, ſo wie ich ihn, ſo kann er auch mich
verderben. Ich habe mich von ihm zum Werkzeuge gebrau=
chen laſſen, die Welt wird mich ſo wie ihn verdammen, das
Geſetz wird mich ſo wie ihn verurtheilen. Ich möchte ihn
fliehen — denn ich haſſe ihn. Er mag ſich entſchuldigen,
wie er will, es iſt vergebens, den Gedanken, daß ich Kor=
nelius nur durch ihn verlor, wird er nicht verbannen, er
wurzelt zu feſt in meiner Seele. Der Elende nöthigte mich,
Nowaczky zu empfangen, und das raubte mir den Gelieb=
ten. Der Betrüger iſt alſo die Urſache meines Unglückes,
der Qual, die jetzt meinen Buſen zerfleiſcht, und des Schmer=
zes, den zu ſtillen nur Jener vermöchte, der mich jetzt flieht
und verabſcheut. Er raubte mir den Geliebten, und darum
mein Haß, meine Verachtung, daher die Wuth und die Gier

nach Rache. Ich war thöricht, ich ließ mich von der Leiden=
schaft hinreißen und wollte ihn verrathen, damit verrieth
ich auch mich, das war nicht der rechte Weg, meine Rache
zu kühlen, meine Wünsche zu erfüllen, ich muß einen an=
dern einschlagen, aber welchen?"

Die schöne Gräfin lag sinnend auf dem Divan, ihr
Antlitz war geröthet, der Eifer des Denkens, die Aufregung
der Gefühle hatten sie erhitzt. Das blaue Auge irrte mecha=
nisch von Gegenstand zu Gegenstand, die Gedanken schweif=
ten in die Ferne, um den gewünschten Pfad zu suchen.

Stunden vergingen und die Gräfin war noch immer
zu keinem Entschluße gekommen, plötzlich überkam sie eine
Idee.

Sie erhob sich.

Mitternacht ist vorüber, lispelte sie, der junge Graf
wird heute nicht mehr kommen, er thut klug daran, mein
heutiger Empfang hätte ihn wenig erfreut; Alessandro schläft
schon, ich will's versuchen, ich will mit dem Burschen sprechen.

Die Gräfin begab sich in ihr Schlafgemach. Nachdem
sie die Thüre desselben geschlossen, zog sie eine Glockenschnur
und gleich darauf trat durch eine Tapetenthüre ein junger
Mann ein.

Schläft der Graf schon?

Ja, Signora.

Kann ich mit Dir sprechen, ohne von dem Grafen be=
lauscht zu werden?

In dieser Stunde, ja.

Dann setze Dich.

Ihr ladet mich ein, Signora, sagte der junge Mann
erfreut, und ich gehorche.

Beide nahmen Platz.

Pietro, begann die Gräfin, Du besitzest das Vertrauen
des Grafen.

Ich bin ein treuer Diener.

Er stellt Dich zu meinem Hüter auf.

Manchmal, wenn es gerade Noth thut.

Du leistest ihm treue Dienste. Möchtest Du mir nicht auch einmal einen Freundschaftsdienst erweisen?

Pietro erwiederte lächelnd: Warum fragt Ihr, Signora? Ich segne den Augenblick, der mir Gelegenheit gibt, Euch zu dienen. — Ihr habt den armen Pietro bisher mißachtet, er aber dachte im Stillen: „Es wird eine Zeit kommen, wo sie erkennen wird, daß kein Mensch so gering ist, daß er einem Anderen nicht schaden könnte! Ich habe Euch geschadet; ich wünschte, Euch jetzt nützen zu können, ich besitze das Vertrauen des Grafen, wer meine Gunst erringt, der braucht auch den Grafen nicht zu fürchten. Das hättet Ihr früher bedenken sollen, bevor Ihr Euch in den schlimmen Handel eingelassen habt."

Pietro, ich will eine Frage an Dich richten. Es war vor mehreren Wochen, als uns der Graf heimlich in ein Haus auf dem Graben führte.

Ich erinnere mich.

Du erschienst dort nach mir am Fenster —

Ganz recht, man hielt mich für einen am Tage vorher geräderten Verbrecher, der Graf benützte meine zufällige Aehnlichkeit mit diesem, erhöhte sie künstlich noch mehr, indem ich sogar von dem Henker die Kleider des Verbrechers kaufen mußte. —

Sage mir, Pietro, zu welchem Zwecke hat der Graf das Gaukelspiel veranstaltet?

Ei, wozu denn sonst, als um Aufsehen zu erregen.

Das ist nicht wahr, Pietro, denn Du verließest seitdem noch zweimal — in der nämlichen Maske das Haus, und zwar am Abende in der geschlossenen Kutsche —

Der Bursche wurde verlegen.

Du siehst, Pietro, Du bist mir gegenüber nicht so aufrichtig, wie bei dem Grafen —

Signora, Ihr wollt Alessandro verrathen, und das würde ihn, Euch und mich unglücklich machen, deßhalb kann

ich Euch nicht Alles sagen, was ich weiß, meine eigene Sicherheit erheischt es.

Du bist leichtgläubig, Pietro, Du trauest ihm zu
viel, mir zu wenig, und darin fehlst Du. Es ist wahr,
ich war auf dem Sprunge, Allessandro zu verrathen, jetzt
thu' ich es nicht mehr, ich gebe Dir mein Wort darauf.
Ich beabsichtige etwas Anderes.

Gut also, ich will Euch die frühere Frage beantworten, es liegt am Ende nicht so viel daran. Ich mußte in
jener Maske der Mutter und der schönen Schwester des
Geräberten als Gespenst erscheinen — ihr zureden —

Die Gräfin fuhr zusammen.

Der schönen Schwester? lispelte sie fast zitternd.

Ihr seid doch nicht eifersüchtig, Signora?

Bei der Hölle und ihrem Herrn, ich bin es nicht,
Pietro, aber Deine Worte geben mir eine Waffe in die
Hand —

Die ich Euch augenblicklich entwinden werde, wenn Ihr
nicht —

Ruhig, Pietro, von nun an wirst und mußt Du mein
Verbündeter sein. Oh, gönn' mir nur zwei Minuten, um
mich zu fassen, um mich zu erholen. Es ist gewiß ein
Mädchen, um dessen Willen man solche Künste anwendet,
um es an sich zu locken, ein solches Mädchen liebt man,
oder man trachtet in gieriger Leidenschaft nach ihr. —

Ihr habt es errathen, Signora, Allessandro glüht für
die schöne Regina —

Regina, heißt die Unglückliche, die er mit seinem Gau-
kelspiele umstricken will, Regina von Zahlheim ist also ihr
voller Name, Pietro, ich danke Dir.

Was wollt Ihr, Signora?

Ich schwöre Dir's, ich thue keinen Schritt ohne Dich,
Du wirst früher Alles erfahren, Du wirst mir beistehen,
und ich werde Dich zu lohnen wissen. Pietro, wir Beide
sind unter einem und demselben Himmelsstriche groß ge-

wachſen. Deine Art zu fühlen und zu denken iſt auch die
meine, in Deinen Adern wie in meinen rollt die Gluth des
Südens, Du weißt, ſo wie ich, wie ſüß das Gefühl be-
friedigter Rache iſt, und Rache will ich, ſonſt nichts, keinen
Verrath, nur Rache. Pietro, Du kennſt die Leidenſchaft,
die Liebe, Alleſſandro hat mir die meine geraubt, und ich
will ihm die ſeine nehmen. Stehſt Du mir bei, dieſes
auszuführen, dann will ich Lohberg vergeſſen, und Du ſollſt
an ſeiner Stelle mein Schutz, mein Verbündeter ſein; Dir
will ich mich anvertrauen, und wir wollen dann fort, fort
aus der Nähe dieſes Mannes, der Dich und mich nur zu
Werkzeugen gebraucht, um heimliche Plane zu verfolgen —
Wie, Signora, Ihr wißt?
Ich weiß Alles, Pietro, ſeine Zwecke ſind mir kein
Geheimniß. Ich habe erſpäht, was er mir verſchwieg.
Wie wollt Ihr es aber beginnen?
Frage mich jetzt nicht, denn ich weiß noch nichts, ich
bin zu aufgeregt, um einen Entſchluß zu faſſen. Darum
Pietro, laß mich allein.
Der junge Mann verließ das Gemach.
Die Gräfin Santa Croce war allein.
Eine lange Pauſe verſtrich.
Alſo auch Deine Stunde, Alleſſandro, hat geſchlagen!
Auch Dein Herz hat ſich gefangen, wie das meine; Du
weißt jetzt, was Liebe iſt, und haſt mich doch von der meinen losgeriſſen? Oh, ich will Dir's vergelten! Es iſt beſtimmt, er liebt Regina, Pietro mußte den Geiſt des Bruders ſpielen, mußte der Schweſter zureden, oh, ich ſehe
klar, das Mädchen iſt abergläubiſch, Alleſſandro will ſie
alſo durch Geiſterworte in ſeine Arme treiben — ha —
welch' ein Gedanke — wie wär's — wenn ich — wenn
er — mein Gott, ich gerathe ſchon wieder in Aufregung,
nur ruhig Herz, ruhig Blut, laß den kalten Verſtand ſprechen, er, er allein vermag den Plan zu geſtalten.
Nach einer Pauſe: Ja, ja, ſo wird es wirken — dieſen

Pfad schlag' ich ein, so vernicht' ich seine Plane! — ah, seine Wuth, seine Qual, ich sehe ihn schon schäumen und toben — nur zu — Aug' für Aug' — Liebe für Liebe — ich fühle jetzt schon die Wonne, die mir seine Verzweiflung bereiten wird, ich will mich laben an seiner Pein, will im Stillen jubeln, wenn der Schlag ihn trifft, ohne daß er weiß, woher und durch wen?

In diesem Momente der Aufregung durchmaß die leidenschaftliche Frau das Gemach.

Das reizende Oval ihres Antlitzes hatte sich verzerrt, die Stirne war düster, das Auge glühend, der keusche Schein ihrer Erscheinung war verschwunden.

Die Haarbinde hatte sich gelöst, und der blonde Wald wirbelte über die schneeige Schulter, fessellos und schrankenlos, so wie die Leidenschaft in dem Herzen. Der Busen hob sich hoch, der Blick flammte und Hohn und Spott lagerte auf dem Antlitze.

Hätte Kornelius sie in diesem Momente gesehen, er würde nicht begriffen haben, wie so viele Reize, eine so mächtige Schönheit zu einer solchen Häßlichkeit verwildern könne?

Ein Zufall ließ den Blick der Gräfin in einen Spiegel fallen, sie taumelte zurück, und bedeckte das Auge mit beiden Händen.

Sie war vor dem eigenen Bilde erschrocken.

Mit Hast eilte sie zur Lampe und löschte das Licht aus.

Sie wollte sich selbst nicht mehr sehen.

Die Finsterniß im Gemache verhinderte, die Dame zu sehen.

Was hatte sie beschlossen?

Wir werden es erfahren!

Siebzehntes Kapitel.

Mutter und Tochter.

Regina war genesen.

Der Wunderdoktor hatte ihr die Gesundheit wieder gegeben und ihr dafür die Ruhe des Herzens entzogen.

Die Jungfrau fühlte sich immer mehr zu dem wunderbaren Manne hingezogen, ihr Herz klopfte schon der Stunde entgegen, wo er Nachmittags gewöhnlich erschien, um ihr seinen Heiltrank zu reichen und sie mit seinen mystischen Vorträgen zu unterhalten, oder richtiger gesagt, aufzuregen.

Der Magier hatte bereits einen solchen Einfluß auf Regina's Gemüth gewonnen, daß sie in seinen Händen wie weiches Wachs war, welchem er ohne Mühe und nach Belieben jede Form geben konnte.

Er befahl ihr, nicht mehr an den Bruder zu denken; sie vergaß den unglücklichen Franz — er trug ihr auf, der Mutter keine Silbe seiner Vorträge zu verrathen, ihr die Gefühle in ihrem Busen zu verhehlen; sie gehorchte — er befahl ihr, sich immer nur mit ihm, ihrem Arzte zu beschäftigen, und die Arme hörte nicht auf, an ihn zu denken.

Je mehr der Einfluß des Magiers auf ihr Gemüth sich steigerte, desto mehr rang sich auch ihre Liebe empor. Cagliostro sah dieß und beeilte sich, die körperliche Heilung zu vollbringen, um sein Endziel zu erreichen.

Frau Beate freute sich der Genesung ihres Kindes und ahnte die Gefahr nicht, in welcher es schwebte.

Es ist am Nachmittage.

Regina hat bereits das Siechbett verlassen, und sitzt in einem Armstuhl der Mutter gegenüber.

Der Wunderdoktor tritt ein.

Die blasse Wange des Fräuleins röthet sich sanft, die Mutter bemerkte es und sagte: Herr Graf, Sie sehen die Freude meines genesenen Kindes bei Ihrem Erscheinen, das Gefühl der Dankbarkeit macht Regina erröthen; ach, wie werden wir Ihnen vergelten, was Sie an uns gethan?

Von Vergeltung darf bei mir keine Rede sein, Madame. Ich bin kein Arzt, der seine Kunst übt, um davon zu leben. Ich bin ein Arzt aus Menschlichkeit, aus Nächstenliebe. Sie fühlen sich also vollkommen genesen, Fräulein.

Ich fühle mich sehr wohl und sehr glücklich.

Ich bin entzückt, wenn ich zu dieser Aenderung etwas beigetragen habe.

Die Jungfrau sah ihn mit einem innigen Blicke an, in welchem die Betheuerung lag, daß sie ihm allein diese Aenderung verdanke.

Waren Sie nach Ihrer Krankheit schon außer Hause?

Noch nicht —

Eine Spazierfahrt wird Ihnen wohl thun, die frische Luft wird vollenden, was mein Balsam begonnen.

Ich gedenke den ersten schönen Tag dazu zu benützen.

Ich stelle Ihnen meine Equipage zur Verfügung, und bitte Sie, Ihr Versprechen zu lösen; die Gräfin Santa Croce brennt vor Begierde, Ihre persönliche Bekanntschaft zu machen.

Ich werde meine Aufwartung machen.

Wer ist die genannte Dame? fragte die Matrone.

Sie ist meine Nièce. In Italien geboren, seit dem Tode ihrer Mutter, meiner Schwester, verwaist, steht sie unter meiner Aufsicht. Sie hat Niemanden, als mich, ich bin ihr Schirm, ihr Schutz. Soll ich Ihnen morgen meine Equipage senden?

Wenn das Wetter hübsch ist, ja!

Der Wunderdoktor reichte dem Fräulein eine Phiole, bat sie, die Arzenei noch zu nehmen und entfernte sich dann.

Die Frauen waren wieder allein.

Die Matrone, ohne etwas Arges zu denken, sagte zu Regina: Der Graf ist sehr gütig. Du willst die Gräfin besuchen.

O ja, Mütterchen.

Fährst Du allein hinaus?

Wollen Sie mich begleiten?

Ich bin nicht geladen.

Der Graf vergaß wahrscheinlich darauf.

Er hätte es aber nicht vergessen sollen; er muß doch wissen, daß es für ein Mädchen unschicksam ist, in einem unbekannten Hause das erste Mal allein zu erscheinen.

Regina fand die Bemerkung ihrer Mutter sehr wahr, doch suchte sie ihren Doktor zu entschuldigen.

Der Graf, sagte sie, hat mich geheilt, er hat sich einen Anspruch auf unsere Freundschaft erworben und behandelt uns wie Bekannte. Wir sind ihm ja nicht fremd, Mütterchen.

Seine Einladung setzt aber einen gewissen Grad von Vertraulichkeit voraus.

Regina erröthete und antwortete nicht.

Die Mutter wurde aufmerksam und schüttelte mißbilligend den Kopf.

Keine der Frauen unterbrach das eingetretene Schweigen.

Das Fräulein dachte an Alessandro, und an die Vertheidigung, die sie den mütterlichen Angriffen, falls sie geschehen sollten, entgegensetzen würde. Frau Beate aber erwog die Entdeckung, die sie gemacht hatte und haderte mit sich selbst, daß sie, wie mit Blindheit geschlagen, die Tochter unbesorgt gewähren ließ, ohne daran zu denken, daß die Kranke ein Mädchen, und der Arzt ein Mann in dem kräftigsten Alter war. Sie hielt jedoch an sich und beschloß des Gegenstandes vor der Hand nicht weiter zu erwähnen, dagegen ein obachtsames Auge zu haben, um in die Lage der Dinge eine genaue Einsicht zu gewinnen.

Der Abend rückte heran, Dämmerung hüllte das Gemach in Zwielicht, die Frauen unterhielten sich von gleichgültigen Dingen.

Später zündete man Licht an.

Mutter und Tochter saßen noch immer bei einander und die Matrone bat Regina etwas vorzulesen.

Diese war dazu bereit.

Die aufgehende Thüre störte sie jedoch in ihrem Beginnen.

Ein Mann trat langsamen Schrittes ein und blieb dann stehen.

Beide Frauen stießen einen Schrei des Entsetzens aus.

Die Gestalt des unglücklichen Franz, so wie jede von ihnen sie schon gesehen hatte, stand vor ihnen.

Mutter, Schwester, begann die ihnen nur zu bekannte Stimme mit dem Anfluge eines Grabtones, warum bedeckt Ihr Euere Augen, wollt Ihr Eueren Franz nicht mehr schauen?

Um Gottes und aller Heiligen willen, Bruder, was suchst Du hier? Was willst Du von uns?

Ich gehöre nicht dieser Welt an und will nichts von Euch; was könntet Ihr mir auch bieten, was mir drüben nützen sollte?

Wir wollen für Dich beten, Sohn?

Ja, Mutter, bete für mich, aber nur Du, nur Du, die Schwester nicht.

Regina stöhnte auf.

Ihr Gewissen sagte ihr, warum der Geist des Bruders nach ihrem Gebete nicht verlange.

Bruder, jammerte sie, auch ich will für Dich beten.

9 *

Thu' es nicht, Dein Gebet wird nicht erhört, es kommt aus sündiger Brust, aus einem Munde, der mit sündigen Geistern verkehrt hat, und der deßhalb ebenfalls sündig geworden. Wisse es, Schwester, der Mann, dessen Schutz ich Dir selbst anempfohlen, dem ich selbst das Wort geführt, als ich Dir an der Kirche erschien, dieser Mann, keusch und rein, ist seitdem von dem Guten abgefallen, und hat sich dem Bösen zugewendet. Er hat Deinen Körper geheilt, um Deine Seele zu verderben. Er will Dich nicht mehr einführen, in die Welt der Geister, sondern in jene der Sünde. Thörichte Schwester, Du bist die Verbündete eines schwarzen Unholds geworden, der Dich mit Schlangenlist umgarnt, um Dich zu verderben. Wehe Dir, wenn Du Dich nicht von ihm losreißt, er ist ein unreiner Geist geworden, und hat sich von der reinen zur unreinen Magie gewendet. Er will, daß Du die Gräfin Santa Croce besuchest, weißt Du, wer diese Gräfin ist? Sie ist seine Gattin.

Regina kreischte auf, das Gespenst fuhr fort: Unglückliche Schwester, der Böse hat Dich umstrickt, Du mußt Dich von seinem Einflusse befreien, sonst bist Du verloren. Meide seine Nähe, denn er vergiftet Deine Tugend. Mutter, wache über Dein Kind, denn nicht immer wird es mir gestattet sein, Euch zur Warnung zu erscheinen. Seid verschwiegen. Verrathet dem Bösen nicht, daß ich Euch erschien, er würde Euch Verderben bringen, und Eueren guten Geist von Euch scheuchen.

Nach dieser Rede streckte er seine beiden Hände wie segnend vor sich hin, wendete sich um und ging langsam aus der Stube.

Der Eindruck, den diese Erscheinung bei den beiden Frauen hervorbrachte, entsprach ganz der Berechnung Seraphinen's.

Die Mutter war gewarnt, die Tochter zurückgeschreckt.

Regina vergoß zahlreiche Thränen.

Die Matrone vermied es sorgfältig, dem Mädchen

Vorwürfe zu machen. Sie sagte blos: Mein Kind, die Ge=
fahr, in welcher Du schwebst, muß groß sein, beherzige die
Worte des unglücklichen Franz. Du hast es gehört, er an=
erkennt die Wundermacht Cagliostro, aber er offenbarte uns,
daß böse Geister den Magier auf Irrwege geleitet, und daß
er Dich zu sich auf den sündigen Pfad locken will. Wirst
Du die Kraft besitzen, ihm nicht zu folgen?

Ich werde — ich hoffe zu Gott, daß er mich stärken
wird, den Kummer meines Herzens zu ertragen und der
Macht des Bösen zu widerstehen.

Regina war aus allen ihren Himmeln gerissen. Ihr
Herz blutete, denn der Mann, dem es sich zuwendete, war
bereits vermält. Ihr Geist litt, denn die Enthüllung zerstörte
die Erfüllung ihrer Wünsche, mit der Geisterwelt in Ver=
bindung zu treten. An der Seite eines Unholdes, eines Ver=
derbers konnte sie nur in den Kreis böser Geister gerathen
und dort erwartete sie das Verderben. Die Jungfrau fühlte
sich sehr unglücklich, so nahe dem Ziele, sah sie sich wieder
von demselben weiter als je entfernt. Herz und Geist litten,
ersteres war gekränkt, letzteres niedergeschlagen. Die Auf=
nahme in den Kreis reinerer Geister war ihr jetzt unmöglich,
denn Er, der allein es zu bewirken vermocht hätte, er war
für sie verloren, er war der Macht der bösen Geister ver=
fallen.

Seraphinen's Plan gelang. Sie konnte nichts Klügeres
ersinnen, um Alessandro's Plan in Bezug auf Regina zu
durchkreuzen. Sie zerstörte das Werk, welches Gaukelei auf=
geführt hatte, durch Gaukelei — sie vernichtete die Wirkung
des Aberglaubens durch den Aberglauben. So heilt man
oft ein Uebel durch eben jene Mittel, welche das Uebel her=
vorbrachten.

Am anderen Nachmittage hielt die Equipage des Wun=
derdoktors vor dem Hause, um das Fräulein von Zahlheim
zur Gräfin Santa Croce zu bringen.

Der meldende Diener wurde jedoch mit der Weisung

fortgesendet, daß das Fräulein sich unwohl befinde und nicht ausfahren werde.

Regina, sagte die Mutter, wir müssen darauf gefaßt sein, den Grafen noch heute zu sehen, er wird Dich in Wäh=ring erwarten, wenn der Wagen ohne Dich zurückkommt, wird er hieher eilen, sei standhaft und ich werde bei Dir sein.

Die Matrone hatte richtig vorhergesagt, der Graf er=schien noch an demselben Nachmittage zum Besuch.

Das Unwohlsein Regina's berechtigte ihn dazu.

Das Fräulein war so angegriffen und bleich, daß es keiner Verstellung bedurfte, um für unwohl zu gelten.

Der Magier ahnte nicht, was vorgefallen war, denn sein getreuester Helfer war ihm dießmal untreu geworden und zauberte auf eigene Faust.

Er begriff die Verschlimmerung des Zustandes nicht. Er bat die Matrone, ihn mit der Kranken allein zu lassen, Frau Beate willfahrte dießmal nicht, sondern sagte: Meine Tochter befindet sich etwas unwohl, aber sie ist gottlob nicht krank. Wir danken Ihnen schon so viel, Herr Graf, daß wir es nicht wagen, Ihre Kunst fürder zu beanspruchen.

Sie sind zu ängstlich, Madame, Sie vergessen, daß meine Kunst der leidenden Menschheit gilt, und daß zu dem Fräulein mich die Theilnahme für ihre Familie hinzieht.

Ich danke Ihnen für diese Theilnahme, Herr Graf, und bitte Sie, uns dieselbe auch in der Ferne zu er=halten.

Der Magier stutzte. Der Widerstand der Matrone, ihr gemessener Ton fielen ihm auf. Er blickte auf Regina, und sie hatte die Augen zu Boden gesenkt und schaute ihn nicht an.

Was ist das? dachte er, was ist hier vorgefallen?

Seien Sie überzeugt, Madame, versetzte er dann laut ohne seine Befangenheit zu verrathen, daß ich überall mit Wärme an Sie und Fräulein Regina denken werde. Meine

Wundermacht setzt mich in die angenehme Lage, immer, wo ich mich auch immer befinde, in Ihrer Nähe zu sein. Wer so wie ich über Geister gebietet, dem ist es ein Leichtes hier und dort zugleich zu sein.

Wir sind von Ihrer Wunderkraft überzeugt, und wünschen, daß die Geister, die Ihnen gehorchen, auch immer gute Geister sein mögen.

Der Magier wurde jetzt betroffen. Er faßte sich jedoch gleich und wendete sich lächelnd an Regina.

Haben Sie vergangene Nacht geträumt, fragte er forschend, tragen vielleicht schwarze Erscheinungen die Schuld an Ihrem heutigen Unwohlsein?

Die Jungfrau versetzte schüchtern: Ich habe nicht geträumt, ich schlief fest und ruhig. Das Unwohlsein ist gewiß nur vorübergehend.

Welche Kälte in ihrer Antwort, dachte Cagliostro, hat sie sich der Mutter vertraut und sollte die Alte? —

So wie ich merke, sagte er traulich zu dem Fräulein, hat meine Kranke nicht alle Anordnungen befolgt, die ich ihr gab.

Sie thun meinem Kinde Unrecht, Herr Graf, Regina befolgte genau, was Sie ihr auftrugen. Sie fragten sie vorhin, ob sie vergangene Nacht geträumt habe? Sie antwortete mit Nein. Hätten Sie diese Frage an mich gerichtet, ich würde sie bejaht haben. Ja, Herr Graf, ich hatte einen Traum von einem bösen Geiste, der mein Kind verführen wollte.

Wär' es möglich, Madame?

Ich glaube an Träume, und Sie werden es mir nicht verübeln, wenn ich der Warnung Gehör gebe, die mir im Traume ward. Ich sah den bösen Geist, der uns Gefahr bringt, und gestehe Ihnen, daß ich in ihm Sie erkannte.

Der Magier wurde unruhig, er lächelte gezwungen, und wollte schon auf die Nichtigkeit der Träume hinweisen, allein er besann sich, daß dieß seinen behaupteten Prinzi-

pien zuwider fei, und fagte: Auch ich glaube an Träume,
allein es gibt Träume, wo die böfen Geifter ihr Spiel mit
uns treiben, um uns von guten Geiftern zu trennen.

Ueber mich, antwortete die Matrone, haben die böfen
Geifter keine Macht, weder im Traume noch im Wachen;
ich glaube feft und unerfchütterlich an meinen Traum.

Der Magier zuckte zufammen, und fein blitzend Auge
drohte die Mutter zu durchbohren.

Madame, rief er mit finfterer Miene, Sie beleidigen
mich. Ift dieß der Dank dafür, daß ich Ihre Tochter
heilte?

Ich danke Dem nie für die Genefung des Leibes, der
die Seele verderben will.

Der Magier fah fich entlarvt.

Madame, zürnte er auf, Sie fordern mich heraus, Sie
häufen Beleidigung auf Beleidigung, ich verlaffe Sie und
das Fräulein, ich fage Ihnen aber, daß ich meine gekränkte
Ehre zu rächen wiffen werde.

. Er verließ ftürmifch das Gemach.

Regina warf fich an die Bruft der Mutter.

Oh, Sie haben ihn erzürnt, er wird fich rächen, wird
uns verderben.

Sei ruhig, mein Kind, die böfen Geifter haben über
Jene keine Macht, die Gott fchützt. Und er fchützt uns,
fonft wäre uns der unglückliche Franz nicht erfchienen.

Achtzehntes Kapitel.

Graf Nowaczky.

Der Magier war aus der Wohnung der Zahlheim fortgeeilt, und verließ in einem Miethwagen die Stadt.

Welch' eine Veränderung? reflektirte er. Welch' ein Unterschied zwischen gestern und heute? Was ist da vorgegangen? Sollte die Alte wirklich geträumt haben? Sie glaubt an Wunder, so wie Regina, es wäre also möglich, daß ein Traum sie zu ihrem Benehmen veranlaßt hat. Warum aber gerade heute? Woher diese Festigkeit? Sollte sie nur von dem Glauben an den Traum herrühren? Und Regina? Uebt der Traum der Mutter auch auf ihr Gemüth eine solche Macht aus? Ich sah den Zwang, den sie sich anthun mußte, um mir gegenüber kalt zu erscheinen, daraus schließe ich auf die Wucht des Hindernisses, welches sich zwischen sie und mich warf. Ich verhehle mir's nicht, ich stehe auf dem Punkte, die Beute zu verlieren, nach der mein Herz strebt. Ihr Besitz ist das Ziel, welches ich seit Wochen mit Beharrlichkeit verfolge, und nun sollte ich es nicht erreichen? Nimmermehr! Ich gebe Regina nicht auf. Ich habe den Wunsch zu lange in meinem Herzen genährt, als daß ich jetzt so leichtsinnig auf ihn verzichten sollte. Die Grille oder der Traum eines alten Weibes soll mich

nicht um ein Mädchen bringen, deſſen Liebe mir das Leben
verſüßen, deſſen Geſellſchaft mir nicht mehr entzogen werden ſoll.

Der Magier langte in ſeiner Wohnung an.

Man meldete ihm, Graf Nowaczky befinde ſich bei
Madame, und harre ſeiner Rückkehr.

Caglioſtro begab ſich zu Seraphine.

Gut, daß Sie kommen, Graf, ſprach die Dame ihn
an, der Beſuch des jungen Herrn galt heute Ihnen und
nicht mir.

Und doch, verſetzte der Magier, freundlich lächelnd,
ſehe ich hier einen Silberſchatz, der nicht für mich beſtimmt
ſcheint —

Herr Graf, nahm der junge Kavalier das Wort, Sie
zürnen mir doch nicht, wenn ich dieß der Frau Gräfin
als Beweis meiner Dankbarkeit verehre, die ich Ihnen
ſchulbe. —

Meine Gemalin liebt es, Geſchenke anzunehmen,
Frauen laſſen ſich gerne huldigen, ich verbiete es ihr nicht,
doch ſehe ich es nicht gerne. Ich bin uneigennützig, und
bin nicht gewohnt, mir meine Dienſte bezahlen zu laſſen.
In meinen Augen haben Metalle keinen Werth, Blei
oder Silber, Kupfer oder Gold, mir iſt Alles einerlei.
Jedes Metall iſt edel, wenn man nur verſteht, es zur Reife
zu bringen.

Wer in dieſem Augenblicke die Gräfin genau be-
trachtet hätte, würde einen höhniſchen Zug um ihren
Mund bemerkt haben. Ihr Blick fiel dann auf Nowaczky, den ſie mit einem Gemiſch von Mitleid und Verachtung
anſah.

Ich ſtehe Ihnen zu Dienſten, ſagte der Magier, indem
er den jungen Kavalier durch eine Pantomime einlud, ihm
zu folgen.

Die Herren verließen das Gemach.

Die Frau Gräfin, begann Nowaczky, sind heute etwas übel gelaunt.

Wie so? Ich habe nichts bemerkt.

Aber ich habe es empfunden.

Wodurch, mein junger Freund?

Der Empfang war sehr förmlich.

Wohl nur der Empfang?

Die Unterhaltung wortarm.

Was liegt an Worten?

Das Benehmen kalt.

Wirklich? Sie sprach erst gestern sehr freundlich von Ihnen.

Erst gestern? Der Wechsel kam also über Nacht?

Halt — was fällt mir da ein! Ich bin der Ursache ihrer Kälte auf der Spur.

Sie machen mich neugierig, Herr Graf.

Sie sprachen, wenn ich nicht irre, gestern von einem hübschen Service, welches Sie zu kaufen beabsichtigen.

Ich kaufte es auch, es ist dasselbe, das sie bei der Gräfin sahen.

Dasselbe? Oh, jetzt begreife ich. Die Gräfin hatte in der Stadt auch ein Service gesehen, das ihr außerordentlich gefiel. Wie ich mich erinnere, sagte sie mir, es sei vom feinsten Silber und schwer vergoldet. Sie mochte im Stillen erwartet haben, daß Sie von diesem Service sprachen, heute fand sie sich enttäuscht, daher ihre Mißlaune.

Der junge Kavalier erröthete, theils aus Unwillen über sein Mißgeschick, theils aber statt des Grafen, der mit einem Phlegma, wenn auch indirekt, Aufmerksamkeiten forderte, die schwer zu erschwingen waren.

Der junge Kavalier war, wie wir bereits aus seinem eigenen Bekenntnisse ersehen haben, erfahren genug, um das Spiel Cagliostro's und Seraphinen's zu durchschauen, er hatte auch eine klare Einsicht in das ganze Verhältniß und dennoch vermochte er der Dame nichts zu versagen, weil die falsche Scham des Kavaliers sich dagegen sträubte, er vermochte sich aber auch nicht loszureißen, weil die Leidenschaft den Mann fesselte.

Sein jugendlicher Leichtsinn ließ ihn die Gefahr nicht achten, die er bereits heraufbeschworen hatte, und die wie ein Damoklesschwert über seinem Haupte hing. Er war einer jener Unglücklichen, die mit offenen Augen in ihr Verderben rennen, die den Abgrund fast mit Gewißheit voraussehen und ihm doch nicht ausweichen.

Die Herren waren in dem Gemache des Magiers angelangt, und dieser fragte: Ist es wahr, daß Sie mich sprechen wollen?

Ja, Herr Graf.

Vielleicht, setzte der Magier geheimnißvoll hinzu, in der bewußten Angelegenheit?

So ist es! lispelte Nowaczky.

Nun, haben Sie die Maschine bereits benützt?

Ja, Herr Graf.

Die Erzeugung geht vortrefflich vor sich, nicht wahr?

Und dennoch habe ich eine Bitte an Sie.

Lassen Sie hören, mein junger Freund.

Sie waren so gütig, mich durch Ihren Rath und Ihre Kenntnisse in dieser Angelegenheit zu unterstützen. Ich habe das Werk vollbracht und benütze die Maschine. Ich kann Ihnen jedoch nicht verhehlen, Herr Graf, daß die Verausgabung gefährlich ist —

Ganz ungefährlich ist sie nicht —

Eben deßhalb möchte ich Sie bitten, mir in einer andern Weise beizustehen.

Der Magier sah den jungen Grafen fragend an.

Ich benöthige dringend tausend Dukaten —

Nur tausend?

Sie könnten mir leicht helfen, wenn Sie mir eine Quantität Ihres Pulvers zur Erzeugung des nöthigen Goldes abließen.

Sie fordern eine Kleinigkeit.

Sie sind also geneigt?

Mit größtem Vergnügen, nur muß ich wissen, wozu Sie das Gold erzeugen wollen?

Um es zu verwenden.

Dann ist mein Arkanum unwirksam, wer Gold um des Goldes willen erzeugen will, dem versagt das Pulver seine Wunderkraft —

Wozu sollte man aber sonst Gold erzeugen wollen?

Ihre Frage, junger Mann, ist sehr profan. Man erzeugt Gold, um der Wissenschaft einen Triumph zu bereiten, man erzeugt Gold, wenn es gilt, als Meister der Magie die Welt in Erstaunen zu setzen, aber man erzeugt kein Gold, um seine Ausgaben zu bestreiten, um es am Pharaotische zu verlieren, oder um einer Dame seine Aufmerksamkeiten zu bezeigen, dazu, mein Freund, ist Papier gut genug, und die Kunst, Papiere zu erzeugen, habe ich Sie gelehrt.

Nowaczly war mit dieser Erklärung nichts weniger als zufrieden. Er war mißgestimmt, und der übrige Theil der Unterhaltung wurde mit einiger Kälte fortgeführt.

Lump, Schuft, räsonnirte der junge Graf, als er von dem Magier ging, für eine solche Kunst danke ich, er kann Gold erzeugen, aber nicht um des Goldes willen, wozu ist dann die Kunst, wenn sie mir keinen Nutzen bringt? Er besitzt eine außerordentliche Geschicklichkeit, im Namen seiner Gattin Geschenke zu begehren, ich hätte ihm schon längst meine Meinung gesagt, aber die Gräfin ist zu schön, zu liebenswürdig, solchen Frauen muß man schon ein Opfer bringen, und wenn man einmal gibt, so läßt man seinen Stand nicht außer Acht und gibt mit vollen Händen.

Der Magier blieb nach der Entfernung des jungen Grafen nicht lange allein.

Er klingelte und bald darauf trat Pietro ein.

Cagliostro sah ihn forschend an und sagte: Du mußt Deine Aufmerksamkeit verdoppeln, Pietro!

Der Vertraute stellte sich überrascht und erwiederte: Verdoppeln? Was ist vorgefallen?

Seraphine ist bösartig geworden, ich traue ihr nicht mehr, sie widersetzt sich meinen Befehlen, heute hat sie den Grafen kalt empfangen, in der Stadt ging etwas vor, was mir ebenfalls immer verdächtiger wird, je länger ich darüber nachdenke, kurz und gut, Du mußt Seraphine strenge überwachen.

Es soll geschehen.

Hast Du nicht bemerkt, daß sie Briefe schrieb?

Ich sah nichts.

War Lohberg hier?

Nein.

Was ist's mit Justine?

Die Kammerjungfer hat den Dienst gekündiget —

Um so besser; sie ersparte mir den Befehl, Du kennst jetzt meine Weisung.

Ich werde sie befolgen.

Du kannst gehen! — Halt, noch Eins! Im Gemache der Gräfin wirst Du ein neues Silberservice finden — bring' es herüber.

Pietro entfernte sich.

Der Magier harrte seiner.

Nach einer Weile kam der Vertraute mit dem Geräthe, der Gebieter nahm lächelnd die Geschenke in Empfang, an welchen das Lebensglück eines Menschen klebte.

Neunzehntes Kapitel.

Ein Kurator der damaligen Zeit.

Die Begebenheiten waren für Lohberg rasch aufeinander gefolgt.

Die Bekanntschaft mit Seraphine, die Entdeckung ihres Verhältnisses mit Nowaczky, die Szene mit Aurelie, das Auffinden Urban Keil's und endlich die Trennung von Seraphine in Gegenwart des Magiers, dieß Alles kam rasch hintereinander.

Der junge Mann stand nun allein, getrennt von zwei Frauen, wovon jede sein Herz völlig gefesselt hätte, wenn er der Gefahr nicht bei Zeiten aus dem Wege gegangen wäre, und eine Gefahr war es, bei Aurelie die Gefahr einer Liebe ohne Vereinigung, bei Seraphine die Gefahr einer Vereinigung ohne Treue.

Es gibt Charaktere, die in allen Lagen des Lebens die Herrschaft über sich behaupten, die sich zwar oft von der Situation bewältigen lassen, die aber bei kälterem Blute der Vernunft Gehör schenken, ihre Fehlschritte einsehen und die Kraft besitzen, sie für die Zukunft zu vermeiden. Auch Lohberg gehörte zu diesen. Er fühlte für Seraphine wärmer und inniger wie Nowaczky, und doch riß er sich los von ihr, während dieser — das Verderbliche seiner Bekanntschaft ebenfalls einsehend — sich von ihr nicht zu trennen vermochte.

Seit der Trennung von Seraphine waren einige Tage verflossen.

Kornelius war im Geiste ohne Unterlaß mit Urban Keil beschäftiget. Die Erscheinung dieses Menschen, mit dem er eine so große Abrechnung zu pflegen hatte, machte auf ihn einen widerlichen, abschreckenden Eindruck.

So muß Derjenige aussehen, dachte er, der so wie dieser Abscheuliche handeln kann.

Er mochte nicht unbedächtig handeln, um nicht durch einen voreiligen Schritt den Schuldigen auf die Gefahr aufmerksam zu machen, daher sein Zaudern, dieß die Ursache, daß er in den letzten Tagen nichts unternommen hatte.

An einem Vormittage finden wir Lohberg auf dem Wege zu Wendelin.

Er ist eben am Eingange der Wiedner Hauptstraße angelangt, da kommt ihm der Blondin entgegen.

Oh, Bruder Korneli, guten Morgen, es ist gut, daß ich Dich treffe, ich wollte eben zu Dir gehen.

Und ich zu Dir.

Machen wir einen Gang auf die Bastei, der Vormittag ist angenehm, da plaudert es sich im Freien angenehmer wie in der Stube.

Gehen wir.

Wendelin hängte sich in Lohberg's Arm.

Was wolltest Du bei mir? fragte der Letztere.

Mich zerstreuen.

So? Ein glücklich Liebender, der nebenbei eine schöne Frau besucht, und dennoch bei Freunden Zerstreuung sucht, dieser Casus ist neu.

Glücklich? Oh Korneli, rief der Blondin schwermüthig, wenn Du wüßtest, was mir gestern in der Josefstadt begegnet ist! Ich habe mit Preußen — kusch, ah so — entschiedenes Unglück —

Ich ahne, die Kammerjungfer —

Errathen, Freund, sie hat mich mit der Anderen gesehen.

So geht es immer, wenn man sich mit Einer Liebe nicht begnügt —

Freund Korneli, ich bin gewiß der genügsamste Mensch auf dem ganzen Erdboden; mir wäre es gar nicht in den Sinn gekommen, mich an die Preußin anzuschließen, aber diese Rosenkreuzer — kusch, Sultan! — oh, ich war ein Esel.

Justine zürnt also?

Zürnen? Das wäre eine Kleinigkeit! Sie wüthet.

Du gibst sie also auf.

Nein, Bruder Korneli, ich werde trachten, sie zu versöhnen.

Und ihre Wuth?

Wird sich legen.

Und die Preußin?

Die muß nach Spandau. Meiner Treu, wenn sie nicht gutwillig geht, so klag' ich sie an, als falsche Werberin.

Du bist ein Narr!

Aber ein unglücklicher Narr, das ist mein Trost. Du wolltest gerade zu mir, womit hätt' ich Dir dienen können?

Ich gedachte nach Herrn Keil zu forschen.

Keil — der Lump — richtig — der Mann liegt Dir am Herzen — Du versprachst mir neulich, daß die Zeit, wo ich Alles erfahren sollte, kommen würde, die Gelegenheit ist günstig, erzähle —

Mein Freund, ich vertraue Deiner Redlichkeit, wozu willst Du Dich aber mit anderer Leute Unglück herumtragen?

Bist Du nicht mein Freund? Geh' Korneli, thu' nicht

so kalt, als ob Du schon achtzig Jahre alt wärst, oder noch mehr. Erzähle, vertraue Dich mir an — kusch, ah so — vier Augen sehen mehr wie zwei, und zwei Nasen riechen mehr wie eine.

Du bist ein guter Mensch, Wendelin, etwas schußig, aber ehrlich, leicht, ohne Verdorbenheit, Du wirst an meiner Mittheilung keinen Geschmack finden. Es gibt Begebenheiten, für welche sich nur Jene interessiren, die dabei betheiligt sind.

Und nicht auch Jene, die Freunde der Betheiligten sind? Oder meinst Du, ich sei kein treuer Freund?

Wenn Du in der Freundschaft so treu bist wie in der Liebe, dann —

Kusch, Sultan! — ah so — hör' auf, — zwischen Liebe und Freundschaft ist ein großer Unterschied, die Liebe ist für das Herz die Speise, die Freundschaft der Trank, und in Speisen, das weißt Du ohnedem, liebt man immer mehr die Abwechslung. Jetzt aber ohne weitere Einwendung erzähle.

Es sei denn, ich werde mich kurz fassen, Du sollst erfahren, wie weit die Hartherzigkeit und Schlechtigkeit der Menschen zu gehen vermag. Meine Mutter war die Tochter eines Offiziers, der durch eine lange Reihe von Jahren dem Kaiserhause treu gedient hatte. Bei seinem Tode hinterließ er der Mutter und dem Kinde ein Vermögen von 20,000 Gulden, diese Summe durfte nicht angetastet werden, erst wenn das Mädchen sich vermälte, erhielt ihr künftiger Gatte das Geld als Mitgift und zwar 10,000 Gulden gleich und 10,000 nach dem Tode der Mutter; bis zur Vermälung bezogen Mutter und Tochter nur die Interessen. Mein Großvater beging die Unvorsichtigkeit, in seinem Testamente keinen Vormund zu bestimmen, und so ward meiner Mutter von Seite der Behörde ein Vormund bestellt, und dieser war der damalige Kurator Urban Keil. Du weißt, es war hier von jeher gebräuchlich,

Agenten und Advokaten Vormundschaften zu übergeben, es gab welche, die bei vierzig solcher Kuratelen besorgten, und die von Allen ihre Prozente zogen, für ihre Rechnungen Sporteln einsteckten, ohne daß sie dabei den mindesten Betrug hätten begehen müssen. Mit diesen einfachen, gewöhnlichen, aus dem Säckel der Witwen und Waisen fließenden Einkünften, begnügte sich Herr Keil nicht, er sann darüber nach, einen Theil des Erbes an sich zu reißen, der Schlaue sah, daß er hier leichtes Spiel haben würde, Mutter und Tochter standen allein, ohne Verwandte, ohne männlichen Schutz, mit den hülflosen Frauen hoffte er bald fertig zu werden, und wurde es auch.

Eines Tages kam Herr Keil zu meiner Großmutter und theilte ihr mit, daß er für Maria — so hieß meine Mutter — einen Mann gefunden habe. Die alte Frau war überrascht. Sie wandte ein, daß ihr Kind noch zu jung sei und noch einige Jahre warten müsse. Es sei ja von der Verheiratung ihrer Tochter noch gar nie die Rede gewesen.

Deßhalb, versetzte der Vormund trocken, ist jetzt die Rede davon, darum kam ich hieher, Märie wird den Grafen Todor zum Manne nehmen, sie kann von Glück sagen, daß ein so reicher Kavalier sie zur Gattin nimmt.

Die Großmutter, weit entfernt, sich voreilig dem Glücke ihres Kindes feindlich entgegen zu setzen, fügte sich dem vormundschaftlichen Willen in so ferne, daß sie dem Brautwerber gestattete, ihr Haus zu besuchen, damit sie ihn kennen lerne.

Herr Keil führte den Grafen Todor ein. Dieser war ein junger Mann, noch nicht zwanzig Jahre alt, aber bereits selbstständig, rauh im Aeußern und roh im Innern. Er war aus Montenegro und seine Tracht — so erzählte später meine arme Mutter — gehörte dem Schnitt und der Form nach, mehr jenem Lande als dem unseren an.

Meine Großmutter wurde durch das barsche Benehmen

10 *

des jungen Grafen nicht wenig erschreckt, sie erkannte leicht, daß ihre sanfte, zarte Marie zur Gattin eines solchen Mannes nicht tauge und beschloß, sich dem Vormund zu widersetzen. Nun gab es stürmische Szenen; der Kurator bestand auf seinem Willen, meine Großmutter auf dem ihren. Meine Mutter, in die Angelegenheit eingeweiht, widersetzte sich der Verbindung hartnäckig. Keil, um seine vormundschaftlichen Rechte zu wahren, reichte gegen seine Pupillen Klage ein, Mutter und Tochter wurden vor Gericht citirt. Die Großmutter begehrte Sicherheit für ihr einziges Kind und erzählte, sie habe gehört, Todor sei kein Graf, sondern ein Montenegriner Räuber, ein Vagabund u. s. w., meine Mutter warf sich auf die Kniee und erklärte, daß sie die Gattin eines so barbarischen Mannes Mannes nicht werden könne. Man hatte kein Mitleid mit den Frauen, der Rath Cetto, derselbe, welcher sich jetzt in Untersuchung befindet, war mit Keil und dem angeblichen Grafen einverstanden, und die Heirat zwischen meiner Mutter und dem Montenegriner wurde gerichtlich dekretirt. Der Bräutigam empfing aus den Händen des Rathes zehntausend Gulden, verschrieb meiner Mutter im Heiratskontrakte ein großes Gegenvermächtniß; welchen Theil er für diese Büberei seinen Verbündeten gab, wußte meine Mutter nicht — dann nahm er die junge Braut und reiste mit ihr schleunigst nach Ungarn. Nun begann eine schwere Prüfungszeit für meine Mutter — Rohheiten und Mißhandlungen ausgesetzt, wurde sie auf's Strengste bewacht — Todor verschob die Heirat von einem Tage auf den andern, in Wien hatte er angegeben, die Vermälungsceremonie müsse auf seinen Gütern geschehen, hier zögerte er damit. Er lebte mit meiner Mutter in einem einsamen Gehöfte, welches er sein Sommerschloß nannte; seine Diener, Räuber, wie er, waren die einzige menschliche Gesellschaft. Er besaß nichts und praßte, so lange es auslangte, von dem Gelde meiner Muter. An einem Morgen erhob sich meine unglückliche Mutter vom Lager und war erstaunt über die tiefe Stille, die im Hause herrschte, denn gewöhnlich nahm der Lärm den Tag hindurch kein Ende. Ein Ausbruch ihrer Verzweiflung war am Tage vorher die Veranlassung zu einer stürmischen Szene zwischen ihr und Todor, welche wie gewöhnlich mit einer körperlichen Mißhandlung endete. Heute war's im Hause tobtenstille. Meine Mutter ahnte nichts Gutes, sie eilte hinaus und gewahrte bald die entsetzliche Lage; die Wohnung war leer, wie ausgeplündert, Todor mit allen seinen Leuten hatte sich fortgeflüchtet, sie stand allein da, nackt, schutzlos, verlassen, verlassen mit dem Kinde, welches sie unter ihrem Herzen trug, dieses Kind — war ich!

Der Erzähler hielt inne.

Armer Korneli! seufzte Wendelin mit einem Tone, der seine wärmste Theilnahme beurkundete.

Ja wohl arm, versetzte Lohberg, arm durch die Schlechtigkeit Anderer, geboren im Elende, großgesäugt von Gram und herangewachsen in bitterer Entbehrung. Doch höre weiter, noch ist das Maß Desjenigen, den ich anklage, nicht gefüllt, Du wirst Dinge hören, die Dich vor der Verworfenheit dieses Menschen noch mehr zurückschaudern machen werden. Meine unglückliche Mutter hatte drei Monate bei dem Räuber gelebt, jetzt raffte sie sich auf, und begab sich auf den Weg zurück in die Heimat; erwäge ihren Zustand, ihre Armuth, und Du wirst ermessen können, was sie auf dieser Reise litt, sie hat sich zu Fuß hieher gebettelt! Sie langt in Wien an — da vernimmt sie eine neue Schreckenspost, ihre Mutter ist während ihrer Abwesenheit in Wien gestorben, sie begehrt von dem Vormunde die zweiten zehntausend Gulden, die bis zum Tode der Mutter deponirt blieben, der Vormund erklärte, das Geld sei ihrem Manne nach dem Tode der Mutter allsogleich übersendet worden.

Verzeih' mir, Freund Korneli, daß ich Dich hier un-

terbreche. Wie kommt es denn, daß Deine Großmutter so
unvorsichtig war, Deine Mutter mit dem Bräutigam allein
abreisen zu lassen?

Du nennst Unvorsichtigkeit, was die Frauen aus Vorsicht thaten. Sie hatten im Stillen beschlossen, daß die
alte Frau zurückbleibe, damit nicht Beide in die Gewalt
des Montenegriners kommen, und die Großmutter hier
Klage führen könne, wenn es, was vorauszusehen war,
Anstände geben sollte. Die Frauen hofften in brieflicher
Verbindung zu bleiben, was aber nicht geschah, meine
Mutter wurde am Schreiben verhindert, und die Briefe der
Großmutter geriethen wahrscheinlich in die Hände des Montenegriners. Das Vermögen meiner Mutter war also für
sie verloren. Nun stand sie da. Was sollte sie thun?
Sie schrie um Gerechtigkeit, um Erbarmen — vergebens,
man sagte ihr, sie sollte zu ihrem Gatten zurückkehren, die
Unglückliche, sie war nicht vermält, und doch Mutter, sie
gestand das entsetzliche Spiel, welches mit ihr getrieben
wurde, sie ward als Lügnerin verlacht, als leichtsinnige
Dirne verspottet. Jetzt faßte sie den Entschluß, ihre Klage
bis zur Kaiserin — damals lebte die gute Fürstin noch —
zu bringen. Hier hätte sie Abhülfe gefunden, allein Herr
von Cetto witterte Unheil, und setzte Alles in Bewegung,
um die Audienz zu verhindern. Du wirst gehört haben,
wie groß der sittliche Abscheu war, welchen die selige
Monarchin vor leichtsinnigen Frauen hatte, als eine solche
nun wurde ihr meine Mutter geschildert, und sie ward nicht
vorgelassen.

Meine unglückliche Mutter sah nun ein, daß sie zu schwach
sei, um mit dieser Rotte — es war eine förmlich organi-
sirte Bande — den Kampf zu wagen. Sie gab ihn auf —
sie verließ heimlich Wien — damit ihre Feinde jede Spur
von ihr verlieren und sie nicht weiter verfolgen könnten. [*]

---

[*] Das ganze Faktum ist historisch.   A. d. V.

Sie fand in der Steiermark bei einer armen Familie Un-
terkunft — hier erblickte ich das Licht der Welt. In der
Seele der unglücklichen Frau, erzeugt von Gram und Bit-
terkeit, war ein Gedanke erwacht, der — so seltsam es Dir
scheinen mag — sie stählte, und ihr die Kraft zum Dulden
und zum Leben verlieh. Ihr Kind war ein Knabe — dieser Knabe wird einst zum Manne erwachsen — und dieser
Mann soll sie rächen. Meine Mutter hat es mir oft gestanden, daß nebst der Liebe der Mutter, das Gefühl der
Rache ihr die meiste Kraft und Ausdauer gewährt habe.
Der Gedanke: „Du mußt leben, bis Dein Sohn erwachsen
sein wird, Du mußt ihm die himmelschreiende Bosheit, die
erlittene Niederträchtigkeit schildern, damit Du ihm das Gefühl
der Rache einflößen kannst!" Dieser Gedanke ließ sie alle
ferneren Leiden mit Leichtigkeit ertragen, mit diesem Gedanken überwand sie alle Mühen, es war ihr ein Balsam
gegen jede Krankheit. Ein alter, verkrüppelter Offizier
nahm später meine Mutter und mich auf, ich war damals
acht Jahre alt, er unterrichtete mich, und ihm — den ich
wie einen Vater verehre — verdanke ich Alles, was ich
weiß und besitze. Es ist wenig, aber es reicht hin, die
Aufgabe meines Lebens zu erfüllen, und den in die Hand
meiner sterbenden Mutter geleisteten Eid zur Wahrheit
werden zu lassen. Ich werde jene frühe Morgenstunde nie
vergessen, ich war neunzehn Jahre alt. Die Mutter hatte
mir früher schon oft von ihren Leiden erzählt, und mit
herzzerreißender Wahrheit ihre gräßlichen Qualen in Ungarn,
ihre Leiden nach der Rückkehr geschildert. Sie grub dadurch den Stachel in meine junge Brust und an jenem
Morgen, in ihrer Sterbestunde weihte sie ihm. Ich habe
geschworen, ich werde meinen Schwur halten. Vor einigen Monaten starb auch mein alter Pflegevater, jetzt
machte ich mich auf und reiste hieher. Ich forschte nach
Keil, er war nirgends zu finden. Ich wußte seinen Namen,
sonst nichts. Er hatte sich von allen Geschäften zurückge-

zogen und Niemand wußte, wo er sich aufhalte, er ahnte nicht, daß der Sohn Marien's hier sei, um ihn zur Rechen-schaft zu fordern, um zu rächen, was er an meiner armen Mutter verschuldet.

Schändlich, abscheulich, rief jetzt der Blondin, und die-ser Keil ist mein Nachbar?

Derselbe!

Der Schuft, der Lump, jetzt glaube ich auch, daß er es ist, der meinen Sultan immer herausläßt, damit er mir nachrenne und Unheil stifte, er ist's, das ist gewiß, nur das „Wie" ist mir ein Räthsel. Verdammter Sultan, ah so, verdammter Keil wollte ich sagen, der Kerl ist ja tausend Mal schlechter wie ein Hund, da verdient ja mein Sultan in Gold gefaßt zu werden, aber was wirst Du jetzt thun, Bruder Korneli?

Wozu räthst Du mir?

Mein Rath ist, mache kurzen Prozeß. Geh' hin, faß' ihn an der Gurgel und schrei ihm zu: Niederträchtiger Kerl, ich bin Marien's Sohn, derselben Marie, die Du in's Unglück gejagt und um 20,000 Gulden betrogen hast, erstatte mir das Geld zurück, oder ich erwürge Dich.

Aber lieber Wendelin, an das Geld denke ich ja gar nicht. —

Das Geld ist aber die Hauptsache, wenn Du Dich nicht an das Geld hältst, womit willst Du ihn des Betru-ges zeihen?

Du hast recht, aber die Geschichte ist verjährt.

Eben deßhalb. Was kannst Du Besseres thun, als Dich an seine Person halten.

Kornelius war mit diesem Rathe nicht einverstanden.

Dein Weg, antwortete er, ist der kürzeste, das ist wahr, aber nicht der beste. Meinst Du, daß meine Drohung fruchten wird? Ich sage nein!

Zum Teufel, wer spricht denn von einer Drohung? Du mußt den Schuft wirklich erdrosseln.

Geh, das ist Dein Ernst nicht! Ich sollte einen Mord begehen? —

Mord? Richtig! Kusch — ah so! Auf diese Art geht es nicht.

Wendelin sann eine Weile nach, dann begann er wieder: Bruder Korneli!

Nun, was willst Du sagen?

Ich habe einen prächtigen Einfall.

Laß hören.

Ein Weg, der zum Ziele führt, ohne daß man Dir etwas anhaben kann.

Nun, so rede!

Du kennst meinen Sultan?

Lohberg sah den Blondin mit großen Augen an.

Wozu soll diese Frage?

Antworte mir nur, kennst Du meinen Sultan?

Ja!

Er ist ein prächtiger Hund.

Pause.

Er hat schon viele Ochsen gehetzt.

Abermalige Pause.

Er kann auch den Keil hetzen! —

Du bist ein Narr!

Kein Narr! Das ist das Klügste, was Du thun kannst, Sultan muß den schlechten Kerl anfallen und ihm den Bauch aufschlitzen.

Du treibst den Scherz zu weit.

Das ist mein voller Ernst. Verdient der Dieb einen solchen Tod nicht?

Davon ist keine Rede, nicht Jeder stirbt so, wie er es verdient, sonst müßte der ehemalige Kurator von unten hinauf gerädert werden.

Oh Gott, das wär' eine Wonne! Einmal rädern und dreimal zwicken, — kusch, Sultan — das wünsch' ich ihm, sonst nichts. Mit meinen Rathschlägen ist's also nichts. Jetzt sage Du mir, was gedenkst Du zu thun?

Ich habe noch keinen Entschluß gefaßt, ich schwanke zwischen zwei Wegen —

Du hast also zwei Wege? —

Der Eine führt in Keil's Stube. —

Und der Andere?

Zum Kaiser.

Weißt Du was, Bruder Korneli, jetzt werde ich Dir wieder einen Rath geben.

Pause.

Betrete diese beiden Wege zu gleicher Zeit, oder wenigstens an einem Tage.

Du meinst?

Du gehst früher zum Kurator und dann zum Kaiser.

Wie ich merke, bist Du auf den Kurator nicht gut zu sprechen.

Den Henker auch, der Schuft ist es ganz gewiß, der meinen Sultan — tusch, ah so — kurz und gut, er muß gerädert werden.

Wir wollen sehen, was sich thun läßt.

Die beiden Freunde waren auf ihrem Spaziergange oberhalb des Stubenthores angelangt.

Wendelin warf nach einer ihm sehr bekannten Gegend sehnsuchtsvolle Blicke.

Dort, vor den Weißgärbern, lag die vielgeliebte Hetze, wo er so manchen Nachmittag verhetzt, und so manchen Preis gewonnen hatte; etwas rechts von dem hölzernen Amphitheater befand sich ein eingeplankter Platz, der Ochsenstand, wo sein Sultan bei den Ochsentheilungen eine hervorragende Rolle spielte, ach, welch' wehmüthige Erinnerungen für den Stutzer, der da Alles der Kammerjungfer zu Liebe aufgegeben hatte und — nun gab es für ihn keine Hetz', keine Theilung und keine Kammerjungfer mehr.

Wendelin, was haft Du denn, Du bist ja auf einmal ganz traurig geworden.

So, Lohberg. Worauf der Blondin seufzte: Kornell, Alles ist vergänglich auf der Erde, sogar die Kammerjungfern. Du haft doch eine Ursache, warum Du lebst, Du willst den Kurator züchtigen! ich aber, ich weiß nicht, warum ich lebe? Komm, Sultan — ah so — komm Korneli, gehen wir zur „Schlange" in die Kärntnerstraße, da wollen wir uns erquicken. Deine Mittheilungen und meine Betrachtungen haben mich zu sehr angegriffen.

Und sie gingen.

Zwanzigstes Kapitel.

Eine Hiobspost.

Fräulein Aurelie hatte wohl erklärt, daß zwei Scheidewände sich zwischen ihr und Lohberg thürmten, „seine Geburt und die Gräfin," die Gefühle fügen sich aber nicht immer dem, was die Zunge spricht, und beiden Scheidewänden zum Trotze hing ihr Herz doch immer an ihm — sie dachte an ihn — sie trauerte um ihn.

Seit jener Erklärung hatte sie Kornelius nicht gesehen, und die schnippische Betti war boshaft genug, sie täglich ein paar Mal an ihn zu erinnern. Das Fräulein that bei solchen Gelegenheiten wohl, als dächte es nicht an den jungen Herrn, allein man merkte es nur zu deutlich, daß es nichts weniger als böse wurde, wenn man von ihm sprach.

Ich weiß nicht, äußerte Aurelie bei einer solchen Gelegenheit, was Sie mit diesem ewigen Wiederkehren zu Lohberg bezwecken will? Sie scheint viel Antheil an ihm zu nehmen.

Weil er ein hübscher, junger Herr ist.

Der mit Gräfinnen umgeht.

Das ist wahr, aber er that es gewiß nur aus Verzweiflung.

Aus welchem Grunde?

Weil man ihn anderwärts zurückweist.

Aus Verzweiflung sich verlieben, ist neu.

Wer weiß, ob er verliebt war.

Sie will ihn noch vertheidigen?

Warum nicht?

Nützt nichts. Wir sind geschiedene Leute.

Ei, was, Ehen werden im Himmel und nicht im Gardepalais geschlossen.

Sie spricht manchmal sehr albern.

Wenn Herr Lohberg zu Ihrem Gatten bestimmt ist, so wird er es, Sie mögen dagegen thun, was Ihnen beliebt.

Das Fräulein erröthete, kehrte der Dienerin den Rücken und ging in ein anderes Gemach.

Jungfer Betti war Fatalistin, sie glaubte fest an Bestimmung, besonders in Männer-Angelegenheiten. Der Glaube, daß auch ihr ein hübscher, junger Mann beschieden sein könnte, war zu süß, als daß sie dem Fatalismus nicht hätte huldigen sollen.

Was Aurelie anbelangt, so hatte sie sich wohl aus dem Gemache, aber nicht von ihren früheren Betrachtungen entfernt, diese blieben die nämlichen — ihr Trübsinn, ihre Treue, ihr Kummer, nichts änderte sich.

Herr von Szekely war von seinen eigenen Angelegenheiten zu sehr in Anspruch genommen, als daß er sich viel um seine Nichte hätte · kümmern können. Die Erzeugung des philosophischen Goldsalzes nahm einen großen Theil seiner Zeit in Anspruch; er laborirte mit Aufmerksamkeit und Fleiß und hoffte mit seinem Arkanum eine große Summe zu verdienen.

Mitten in dieser hoffnungsvollen Geschäftigkeit, bevor er noch dazu kam, sein Geheimniß in irgend welcher Weise zu verwerthen, wurde er wie durch einen Donnerschlag aus heiterem Himmel aus seiner Sicherheit aufgeschreckt.

Ein kleiner Herr, mit einem stacheligen Schnurbart, lebhaften Augen und sehr beweglichen Gliedmaßen erschien bei ihm zu Besuche. Der Herr war magyarisch gekleidet, und hätte auch ohne dem seine Nationalität nicht verleugnet.

Er wurde von dem Oberstlieutenant sehr freundlich empfangen.

Servus amice, rief der Kleine mit einer breiten schnarrenden Stimme, und strich seinen Schnurbart, quomodo vales? Bene! Freut mich, daß Du bist gesund, freut mich wirklich sehr.

Du bist es hoffentlich auch?

Oh, frisch und gesund, wie ein Fogosch im Plattensee. — Wo ist Fräulein Aurelie? Was macht Fräulein Aurelie?

Sie befindet sich ebenfalls wohl.

Das ist sehr schön, wirklich sehr.

Wie lebst Du immer, Freund Farkasch?

Bene, valde bene, Amice!

Ich kann mir's denken, einem Esterhazy'schen Sekretär und Inspektor kann es nicht schlecht gehen.

Gratias, carissime frater, Du machst meinem Fürsten ein Kompliment, und ich bedank' mich statt seiner. Der Fürst ist ein homo excellentissimus, dilingentissimus, der erste Magnat und erster Ungar. War ich gestern bei ihm — und deßwegen komm' ich zu Dir.

Szekely wurde aufmerksam.

Haft Du von Seiner Durchlaucht einen Auftrag an mich erhalten?

Non amice, Durchlaucht hat mir keinen Auftrag gegeben, aber audivi novitatem magnam.

Eine Neuigkeit? Die für mich Interesse hat?

Und welches! Solum pro te.

Nur für mich?

Szekely, Du bist mein Freund, ich bin Dein Freund, wir sind alte, gute Freunde. Was ich Dir anvertraue, thu' ich keinem Anderen. Amicitia et amor, Du kennst die Sententia, ich hab' sie schon vergessen. Hör' mir also zu. Ich war gestern beim Fürsten, er hat mir diktirt und ich hab' geschrieben, dabei bin ich gesessen an seinem Sekretär, und hab' vor mir liegen sehen einen offenen Brief. Beim Schreiben warf ich meine Augen auf den Brief, und les' — amice — Du mußt nicht bös sein, aber in den Brief hat gestanden, daß in der Gardekasse ein Defizit von, ich weiß nicht, wie viel tausend Gulden, und wenn der Fürst es nicht glaubt, soll er hergeh'n zu Dir, und soll sich überzeugen.

Der greise Soldat wurde bei dieser Nachricht tobtenbleich. Er hätte umsinken mögen, und mußte alle Kraft anwenden, um sich vor dem Sekretär nicht zu verrathen.

Welch' — abscheuliche — Verleumdung! stotterte er.

Das hab' ich mir auch gedacht, aber besser ist besser — man soll Dich nicht überraschen, wir sind ja Landsleute und Landsleut' müssen zusammenhalten. Du mußt auf eine Visitation gefaßt sein, der Fürst wird gewiß die Gelder revidiren lassen. Jetzt muß ich fort. Vale et fave, leb' wohl Bruder, grüß' mir Fräulein Aurelie, servus, na, gib mir doch Deine Hand, so amice, komm' bald zu mir, besuche mich — servus humillimus.

Der gutmüthige Landsmann und gefällige Freund war fort.

Der Greis befand sich allein.

Er sank auf einen Sitz, und bedeckte das gefurchte Antlitz mit beiden Händen.

Noch klang die Hiobspost in seinen Ohren.

Man wird die Kasse untersuchen!

Das war der Schreckensgedanke, der jeden Nerv beben, jeden Blutstropfen erstarren machte.

In der ersten Stunde saß er, wir möchten sagen, regungslos da. Der Schrecken ließ ihn Alles vergessen — er sah nur die fürchterliche Gefahr, ohne an die Möglichkeit einer Rettung zu denken; erst später faßte er sich in etwas, und die Frage: „Was ist da zu thun?" tauchte zum ersten Male, in ihm auf.

Aber auf diese Frage gab es keine Antwort für ihn — jede Antwort war eine vergebliche, woher hätte er in so kurzer Frist die fehlende Summe nehmen sollen, um das Defizit zu decken?

Die Summe vermag ich nicht zu ersetzen! Dieser Gedanke stand fest in ihm; er mußte also ein anderes Mittel auffinden, um wenn auch nicht der ganzen Gefahr, so doch den schrecklichen Folgen derselben vorzubeugen.

Der unglückliche Greis hatte wieder einen schrecklichen Kampf zu bestehen.

Einen Moment lang tauchten Gedanken des Selbstmordes in ihm auf, sein besseres Gefühl sträubte sich mit ganzer Macht gegen dieses unsühnbare neue Verbrechen.

Komme, was da wolle, rief er, ich will Alles über mich ergehen lassen, aber das thu' ich nicht!

Etwas, fuhr er später in seinen Gedanken weiter fort, muß aber doch geschehen, und zwar heute oder morgen schon; soll ich die erhaltene Warnung gar nicht benützen? Aber wie? Was soll ich thun? Oh Gott, sende mir einen Gedanken, damit ich nicht das Unglück ganz unthätig über mich ergehen lasse.

Der greise Soldat war blaß und erschöpft, die furcht-

bare Nachricht und die darauf folgende Aufregung hatten
fast seine ganze Kraft aufgezehrt.

Ein Gedanke beschäftigte ihn.

Die Lebhaftigkeit seiner Mienen bezeugten dieß.

Sein Blick wurde wärmer, seine Züge verloren einen
Theil der Abgespanntheit.

Der Gedanke beschäftigte ihn anhaltend.

Endlich war er zu einem Resultate gekommen.

Ja, murmelte er, das will ich thun, dieser Rath kommt
vom Himmel, ich will ihn befolgen. Die Summe ist nicht
zu ersetzen, ich will daher der Gefahr zuvorkommen, ich will
ihr entgegen gehen. Ich will mich Ihm anvertrauen. Er
soll mein offenes, aufrichtiges Geständniß hören, Er ist
streng, aber gerecht. Er wird dem Greise ein barmherzi-
ger Richter sein. Ein reuevolles Bekenntniß hat noch nie
schlimme Frucht getragen. Es ist beschlossen, ich gehe zum
— Kaiser!

Einundzwanzigstes Kapitel.

Im Augarten.

Ein sehr angenehmer Aprilmorgen.

Im Augarten beginnt es bereits zu grünen, die Zweige
entfalten emsig ihre jungen Blätter, die Rasenplätze schmücken
sich mit saftigem Grün.

Die Fenster der kaiserlichen Sommerwohnung sind

bereits geöffnet, ein Beweis, daß der Monarch entweder schon den Frühlingsaufenthalt hier bezogen hat, oder im Laufe des Tages herauszukommen gedenkt, um sich von den Geschäften zu erholen, und um einige Stunden in der Mitte der Wiener zu verleben.

Wir sagen in der Mitte der Wiener, denn der Augarten war damals, was jetzt unser Hietzing ist.

Welch' muntere und lebenslustige Gesellschaften, zusammengesetzt aus allen Klassen und Ständen, hier Glanz und Prunk, dort bürgerliche Einfachheit, hier Eleganz, dort Schmucklosigkeit.

Ah, welch' eine Lebhaftigkeit herrscht in den Alleen!

Herren und Frauen — Knaben und Mädchen — Stutzer und Fräuleins — Männer und Weiber.

Auf dem Halbzirkel vor dem Sommerpalais spielt eine Musikkapelle.

Das verehrungswürdige Publikum wogt von diesem Brennpunkte nach allen Radien auf und nieder — man ist sorglos, heiter, ungenirt, kurz man ist ein echter Wiener; das heißt, Einer nach altem Schnitt.

Wie hat sich da Alles herausgeputzt? Wie ist das geschniegelt und gebiegelt, geschmückt und parfümirt, geschnürt und frisirt, bordirt und gallonirt!

Da, die mächtige Baumzeile, das ist die damalige Seufzer-Allee, oh, wie viele Paare und Pärchen! Haben Freund Amor und seine Frau Mama heute ihre ganze Sippschaft losgelassen, oder lockt der Frühling diese Vertraulichkeit hervor, so wie er beiläufig Kuhblümchen und Sauerampfer aus der Erde zaubert?

Hier ein Haufe Studenten, dort ehrbare Pfahlbürger mit ihren von Perlen und Korallen umschnürten umfangreichen Frauen, dort ein Paar lustige Kommis, dazwischen die damals wenig ehrwürdigen Abbé's, Broschürenschreiber, Fräuleins mit ihren Vätern oder Onkels — das Geschlecht der Onkels und Tanten war auch damals schon recht zahlreich — hie und da lebenslustige Kavaliere, die hinter Modedamen her sind, dann wieder eine nicht mehr sehr jugendliche Dame von Stand, die es nicht verschmäht, nach manchem schmucken Herrn zu schielen, der eigentlich gar nicht vom Stande ist — so regt und bewegt sich's in den Alleen, froh, heiter, ungezwungen, ohne Rücksicht auf Stand und Würde.

Aber nicht nur das Ohr, das Auge und das Herz fanden hier Nahrung, auch für den Gaumen und Magen ist gesorgt. Der unsterbliche Kaiser kannte seine Wiener, — die alten nämlich, die jetzigen würde er freilich auch nicht mehr kennen — und er sorgte für die Hungerigen und Durstigen. Zwei prächtige Säle und mehrere kleine Gemächer wurden angebaut, ein Traiteur öffnete seine gastliche Küche und Keller, und somit war für Alles gesorgt.

Mitten unter diesen Hunderten und manchmal auch Tausenden, die ihn in seinem Garten umgeben, wandelt der Kaiser.

Schlicht, ohne Gefolge, manchmal allein, manchmal von einem einzelnen Kavalier begleitet, so sieht man ihn herum spazieren, ehrfurchtsvoll gegrüßt und von den strahlenden Blicken der Anwesenden gefolgt.

Heute ist er allein, rasch — wie Alles was er that und unternahm, wandelt er dahin, man sieht ihm's an, Bewegung ist ihm ein Bedürfniß.

Er gelangt in eine etwas einsame Allee — hier begegnet er einem jungen Manne.

Es ist der junge Graf Nowaczky.

Der Monarch bleibt plötzlich stehen, und läßt seinen ernsten Blick auf dem jungen Kavalier ruhen.

In dem klaren Auge des Fürsten spiegelt es sich wie Theilnahme.

Sie leben jetzt in Wien, Graf? fragte ihn der Kaiser.

Ja, Euere Majestät.

Womit beschäftigen Sie sich hier?

Ich studire.

Sie sollten studiren!

Kurze Pause.

Treten Sie näher zu mir, ich habe eine ernstliche Frage an Sie zu richten.

Der junge Kavalier machte scheu einige Schritte vorwärts.

Nowaczky, fuhr der Monarch mit gütigem Tone fort, haben Sie mir nichts zu sagen, nichts anzuvertrauen?

Der junge Mann wurde betroffen.

Euere Majestät, stammelte er, wie, sollte ich es wagen dürfen —

Der Kaiser unterbrach ihn.

Sprechen Sie immerhin, sagte er ernst, ich stehe in diesem Augenblicke nicht als Kaiser, sondern als Ihr Vater vor Ihnen — ich spreche nicht als Fürst zu Ihnen, sondern als Mann, der Ihrer Familie wohl will. Ich frage Sie also, haben Sie mir gar nichts zu sagen, nichts anzuvertrauen? —

Nowaczky's Antlitz entfärbte sich jetzt ganz.

Euere Majestät, stotterte er, ich weiß nichts.

Wirklich nichts? Bedenken Sie wohl, was Sie sagen! Ich weiß nichts.

So gehen Sie. Ich fürchte sehr, Sie werden Ihrem braven alten Vater Kränkung und Schande verursachen.

Der Monarch kehrte ihm den Rücken und begab sich rasch zurück in das Palais.

Er war da kaum angelangt, so meldete man, daß Madame Cetto mit ihren Kindern vor der Thüre harre, und um Gehör flehe.

Die Miene des Kaisers verfinsterte sich.

Es thut mir leid, ich kann sie nicht empfangen.

Der diensttthuende Kavalier brachte der Supplikantin den kaiserlichen Bescheid, und kehrte mit der erneuerten Bitte der Dame zurück, mit dem ausdrücklichen Zusatze der

unglücklichen Frau, daß sie von ihrem Manne nichts spre=
chen würde.

Gut denn, lassen Sie sie eintreten.

Madame Cetto, von fünf Kindern umgeben, erschien
vor dem Monarchen, und sank ihm zu Füßen — die Kin=
der thaten dasselbe.

Alles weinte und schluchzte.

Der Kaiser vermochte seinen Thränen nicht zu gebie=
ten, die Rührung hatte ihn übermannt.

Aber sprechen Sie doch, fing der Fürst endlich an,
was verlangen Sie von mir, reden Sie. —

Euere Majestät, wir flehen Ihre Hülfe an. Wie wir
hier Euerer Majestät zu Füßen liegen, sind wir bettelarm;
wir müssen vor Elend sterben, wenn uns Euere Majestät
nicht helfen.

Wovon lebten Sie aber bisher?

Von Almosen guter Menschen.

Gehen Sie, ich werde auf Sie Bedacht nehmen.

Die unglückliche Familie entfernte sich.

Der Kaiser wendete sich an den Kämmerer und sagte:
Senden Sie der Armen gleich ein Geschenk von hundert
Dukaten. Schreiben Sie ihr in meinem Auftrage, daß ich
die Macht des Gesetzes nicht stören, und den Lauf der Ge=
rechtigkeit nicht hemmen kann; ihr Gatte hat den Staat be=
stohlen, ich kann ihr daher keine Pension aus der Staats=
kasse anweisen; da sie jedoch an den Vergehungen ihres
Gatten unschuldig ist, so sichere ich ihr, so lange sie lebt,
um sie vor Noth zu schützen, aus meiner Privatchatouille
eine jährliche Pension von fünfhundert Gulden zu, für die
Versorgung der Kinder soll auch etwas geschehen. Beeilen
Sie sich, damit der Unglücklichen die zugesagte Hülfe und
der Trost sogleich überbracht werde.

Der Monarch war allein.

Ach, seufzte er, welch' ein trauriger Vormittag! Um
mich zu erheitern, kam ich heraus, und hier finde ich Verdruß

und Kränkung. Da eine Familie, die schon unglücklich ist, dort eine, die es werden wird, und noch ist des Jammers kein Ende — hier — vier Bogen — leicht und unansehnlich, und doch wie schwer fallen sie in die Wage; sie enthalten die traurigen Sünden von zwölf Staatsdienern — wann wird diesem Leichtsinne oder der Schlechtigkeit einmal ein Ziel gesetzt sein? Sie haben schon so oft meine Strenge erfahren, wenn es gilt, das beleidigte Wohl des Staates zu schützen, und immer tauchen neue Verbrecher auf, die mich zwingen, meinen eigenen Dienern ein strenger Herr zu sein.

Oberstlieutenant Szekely bittet Euere Majestät um allergnädigstes Gehör! meldete der Kämmerer.

Die Miene des Monarchen wurde eine freundliche.

Nur herein, rief er, Gott sei Dank, auch Freuden sind mir beschieden, und ich freue mich immer, wenn ich einen alten, treuen Diener meines Hauses vor mir sehe.

Oberstlieutenant Szekely trat ein.

Der greise Soldat sah aus wie eine Leiche.

Bleich und starr stand er vor dem Monarchen, der ihn zuerst anredete: Ah, wie sehen Sie aus? Was fehlt Ihnen, Oberstlieutenant?

Euere Majestät sehen einen unglücklichen Menschen vor sich.

Mein Gott, was ist Ihnen widerfahren? Haben Sie irgend einen Verlust erlitten?

Noch nicht, Euere Majestät, stotterte der Zitternde, aber er steht mir bevor.

Sprechen Sie.

Euere Majestät, ich will in wenigen Worten meine entsetzliche Lage enthüllen. — Der verstorbene Garde-Rechnungsführer, dem ich die Schlüssel der Gardekasse auf immer anvertraute, hat mein Vertrauen mißbraucht, und in dem Kassestand ein Defizit von 80,000 Gulden hinterlassen.

Heiliger Gott! rief der Kaiser erschrocken, doch fahren Sie fort.

Ich wagte es nicht, den Abgang anzuzeigen, sondern trachtete nach Mittel ihn zu ersetzen. Das Geheimniß eines erprobten chemischen Mittels, des philosophischen Goldsalzes, wurde zum Verkaufe ausgeboten, ich brachte es an mich um 15,000 Gulden, welche ich —

Nun, weiter, um Gotteswillen, reden Sie! —

Euere Majestät, flehte der Greis, der Drang nach Rettung ließ mich mein Pflichtgefühl vergessen, ich war verblendet, ich nahm die Summe aus der Kasse.

Der Kaiser zuckte zusammen.

Er fuhr sich mit der Hand über die Stirne, als wolle er einen bösen Traum verscheuchen.

Eine lange Pause entstand.

Während derselben hatte sich die Stirne des Monarchen in Falten gelegt, die Oberlippe bebte, ein sicheres Zeichen seiner zornigen Aufregung.

Endlich begann er: Es ist noch keine halbe Stunde verflossen, daß ich einen jungen Menschen, von dem es mir bekannt ist, daß er ein Verbrechen an dem Staate beging, zu einem offenen, reumüthigen Geständnisse veranlassen wollte, der Verstockte sträubte sich dagegen, und wird die Folgen schwer zu tragen haben. Bei diesem jungen Manne, den jugendlicher Leichtsinn und Verführung durch Frauen zum Verbrechen verleitet haben, wäre ein offenes Selbstgeständniß ein gewichtiger Milderungsgrund gewesen, Ihnen nützt es nichts. Wenn die Thorheiten der Zeit so weit um sich greifen, daß sie sogar siebzigjährige Greise aus einem tadellosen Wandel zum Verbrechen hinreißen, dann ist es Pflicht des Regenten, mit aller Energie dagegen einzuschreiten, und Strenge im vollsten Maße walten zu lassen.

Euere Majestät, ich wage um Gnade und um Schonung zu flehen. Meine Familie, wenn sie von meinem Unglücke hört, wird gewiß alle Anstrengungen machen, um einen Theil des Abganges zu ersetzen; was den anderen anbelangt, so wage ich an Euere Majestät die unterthänigſte Bitte, dafür von mir das Geheimniß des Goldſalzes entgegen zu nehmen, und es auf Rechnung des Staates zu erzeugen.

Der Monarch ſchüttelte verneinend den Kopf.

Ich habe genug, erwiederte er: Reden Sie mit Mir, als mit Ihrem Freunde, oder als mit Ihrem Kaiſer? Der Freund eines untreuen Haushalters kann Ich nicht ſein, und als Kaiſer gebe Ich Ihnen den Rath, Ihre Deklaration vor dem Tribunale zu machen! Gehen Sie.

Der Greis ſchwankte aus dem Gemache.

Der Monarch ſank, als er allein war, erſchüttert auf einen Stuhl, und bedeckte ſeine Augen mit flachen Händen.

Außen war ein ſehr angenehmer Aprilvormittag.

Das Publikum im Garten amüſirte ſich.

*   *   *

Schon am anderen Tage verbreitete ſich in der Stadt die Nachricht, Oberſtlieutenant Székely, dem die ökonomiſche Leitung der ungariſchen Garde anvertraut war, ſei wegen eines großartigen Kaſſedefekts eingezogen worden. Eben ſo vernahm man, daß der junge Graf Nowaczky verhaftet worden ſei, weil er falſche Banknoten gemacht hatte.

Zweiundzwanzigstes Kapitel.

Nach der Oper.

Es war am 28. April 1786.

Die Vorstellung im Theater nächst dem Kärntnerthore war zu Ende.

Man hatte zum ersten Male aufgeführt: „Le Nozze di Figaro". — Text von Da Ponte. Musik von W. A. Mozart.

Das Bierhaus zur „Schlange" in der Kärntnerstraße füllt sich mit Menschen.

Das Lokale ist, für die damalige Zeit, elegant eingerichtet.

Tapeten, Spiegel, gepolsterte Sitze, die Beleuchtung besteht sogar aus Wachskerzen. Man sieht, daß dieser Ort gewohnt ist, von honorablen Gästen besucht zu werden.

Die geschornen Kellner — heut zu Tage werden in der Regel die Gäste geschoren — fliegen umher, der Gastgeber kommandirt, empfängt die Kommenden, weist ihnen Plätze an und nimmt von den Abgehenden die Zahlung.

G'schwind Maxl, dorthin zu Herrn von Alxinger, er will was zu essen. —

Guten Abend, Herr von Ratschky, ich bitt', nehmen's Platz, dort sitzen schon die anderen Herren. —

Bin schon da — was schaffen's? Ah, Poldl, eine Halbe Horner für Herrn von Haschka!

Tummelt's Euch, Kinder, Ihr seht ja, daß die Komödie aus ist, und daß heut' der Pummel umgeht; gleich, gleich, Herr von Blumauer; Maxl, eine Halbe Luft für Herrn von Blumauer.

Der Wirth kehrte und wendete sich nach allen Seiten, daß ihm der Zopf wackelte, die Gäste begannen sich immer lauter zu unterhalten, die Kellner thun ihre Schuldigkeit.

Während die genannten Gäste im äußeren Zimmer sich an einem Tische sammelten, saß in der Zechstube nebenan eine zweite Gesellschaft, die sich lärmvoll aber in wälscher Sprache unterhielt. Unter dieser befand sich, gleichsam den Ton angebend, ein Mann, vielleicht sechsunddreißig Jahre alt, klein von Statur, aber wohlbeleibt. Sein Gesicht voll und rund, das Auge dunkel, der Teint olivenfarbig. Eine große Perücke deckt den Kopf, und paßt ganz zu dem dünkelvollen, stolzen Benehmen des Mannes.

Die Unterhaltung wurde bald in wälscher, bald in deutscher Sprache geführt, denn die Gesellschaft bestand aus italienischen Künstlern und Kunstenthusiasten und der Mann, welchen wir eben geschildert haben, war Maestro Antonio Salieri.

Man unterhielt sich wie natürlich vom „Figaro," und der Triumph, über die heutige, etwas laue Aufnahme leuchtete aus den Augen der Wälschen.

It wundere mir gar nit, daß hat nit gefallen, die Opera, sagte eben Salieri, der selbst bis in sein hohes Alter nicht deutsch sprechen lernte, obwohl er bis zu seinem Tode (7. Mai 1825) in Wien lebte, wie gesagt, it wundere mir nit, der Amadeo kann nit sreiben eine Opera, weil er nit versteht zu sreiben für die Gesank, für die Gurgel, mein it, — nit Alles, was man kann spielen auf der Violine, kann man auch singen mit der Gurgel.

Wahr gesprochen, Maestro, darin liegt's, und das

verstehen nur unsere Landsleute. Singen können nur Italiener, und daher können auch nur Italiener für Gesang
schreiben.

Es is nit leicht, versetzte Salieri, indem er den Kopf
maestoso emporhob und selbstgefällig lächelte, schöne Melodie
zu erfinden, und su sreiben, daß sie kann werden con bra-
vura gesungen. Ein Aufen voll Noten macken nit aus der
Kunst, und immerfort blasen lassen der Clarinetto, der
Corno und Posaune, das is auch keine Kunst. Ein Aufen
Instrumente macken wohl Lärm, aber keine Gesang.

In diesem Tone ging es unter den Wälschen fort, und
die Gäste außen fanden es für gut, den Kriterien eine Weile
zuzuhören, ohne ihre Bemerkungen darüber zu machen.

Jetzt kehrte sich der zierliche Alxinger zu seinen Tisch-
genossen, und sagte: Man sollte doch den guten Herren da
drinnen ein Bischen auf die Finger klopfen, Sie nehmen sich
sonst zu viel aus der Schüssel des Verdienstes heraus. —

Was liegt daran, versetzte der geschmeidige Haschka,
wenn sie zu viel herausnehmen, werden sie es wieder zurücklegen müssen; mit dem Ruhme und dem Verdienste ist es
so wie mit jeder anderen Last, wer seiner Schulter mehr
aufbürdet als er zu tragen vermag, der muß entweder einen
Theil davon abwerfen, oder er wird zerquetscht.

Die Wälschen thun, als ob die Oper gar nicht gefallen hätte, bemerkte Ratschky.

Das ist lächerlich, kreischte Blumauer, der Erfolg war
günstig, aber nicht in dem Maße, als es den Wälschen gegenüber wünschenswerth gewesen wäre. Ich hatte einen
Erfolg gehofft, der den ganzen Salieri mit einem Schlage
niedergedonnert hätte, damit er sich gar nie mehr hätte erheben können — übrigens geb' ich meine Hoffnung nicht
auf — geschieht's nicht auf einmal, so geschieht es nach und
nach, der Mozart macht den Wälschen doch ein Ende, ist's
nicht heute, so wird's morgen sein; die Italiener haben eine
feine Nase, sie riechen die Todesgefahr, die ihrer Gurgelei

von Seite des deutschen Meisters droht, daher ihre Wuth, ihre Verfolgung, ihre Kabalen.

In diesem Momente kam Mozart in die Bierstube gestürmt.

Kinder, raunte Alxinger seinen Genossen zu, haltet an Euch, er weiß nicht, daß die Wälschen nebenan sind, das gibt ein prächtiges Amusement.

Guten Abend, Mozart! schrie Ratschky so laut, daß man es in der Stube nebenan hören mußte.

In Alxinger's Idee eingehend, that er dieß absichtlich, um die Wälschen auf die Anwesenheit des deutschen Meisters aufmerksam zu machen, wodurch sie augenblicklich kleinlaut wurden, und, mehr nach Außen horchten, weniger sprachen.

Hiemit erreichten die Deutschen einen doppelten Zweck, erstens hörten die Wälschen, was Mozart sprach, und zweitens merkte dieser nicht, daß jene anwesend waren, in welchem Falle er das Lokale augenblicklich verlassen hätte.

Mozart ließ sich auf dem angebotenen Platze nieder.

Er war aufgeregt, die Perücke verschoben, das Antlitz glühend, die Brust pochend.

Warum so spät? fragte Alxinger.

Ich hab' nur meine Frau nach Hause begleitet.

Nun, wie waren Sie zufrieden?

Womit?

Mit dem Erfolge Ihrer Oper.

War das auch ein Erfolg?

Ein Erfolg war es immerhin.

Ich glaub's gerne, aber was für einer? Oh, nur noch einmal möcht' ich geboren werden, und ich werde ein Lakai, ein Krebsenzähler, ein Sesselträger, aber kein Kompositeur. Ah, diese Komödienbagage, dieses wälsche Castratengesindel, hat mich der Teufel wieder geritten, eine Oper zu schreiben, geschieht mir schon recht, warum hab' ich's gethan. War't Ihr im Theater, habt Ihr's gehört? Wenn Ihr nur

menschliche Ohren habt, so müßt Ihr die jämmerliche Plä-
rerei gehört haben. Meine arme Musik! Der Basilio hat
gebrüllt, wie ein Stier, wenn er gehetzt wird, und die Che-
rubini hat gegagert, wie eine Gans. In der Arie: „Voi
che sapéte che cosa è amor!“ hat sie die Augen ver-
dreht, wie eine alte Grabenstreicherin, wenn sie im Finstern
einen reichen Chapeau erwischt, und diese Susanna, hat sie
nicht gesungen, als wenn sie Schindelnägel in den Gedär-
men hätte? Aber ich habe gleich gewußt, wo der Bartl den
Most holt, das Alles war abgemacht, rein abgemacht, im
Voraus abgemacht, dahinter steckt der Salieri mit seinem
ganzen Anhange, die haben sich hinter die Sänger gesteckt,
haben kabalisirt und intriguirt. Zwei Akte lang hab' ich
die Marter ausgehalten, dann aber im Zwischenakte bin ich
fort vom Klavier, denn in mir hat es gekocht, wie in einem
Glühofen. Der Kaiser war in seiner Loge, der Graf Rosenberg daneben. Ich stürz' also hinauf, aber nicht zum
Grafen, sondern zum Kaiser. Man meldet mich, der Monarch
kommt aus der Loge in das angrenzende Gemach.

Bravo, Mozart! ruft mir der kaiserliche Herr zu, das
ist Ihre beste Oper!

Um Gotteswillen, Euere Majestät, bat ich, helfen
Sie mir.

Was fehlt Ihnen, was haben Sie?

Euere Majestät, die Wälschen richten meine Oper zu
Grund, und zwar geflissentlich. Sie distoniren, bleiben
stecken und machen Pausen, daß man verzweifeln muß.

Sie glauben also, daß dieß Alles absichtlich geschieht.

Euere Majestät, ich bin davon vollkommen überzeugt,
denn bei den Proben ging Alles gut, und heute ist es nicht
zum Anhören.

Der Graf Rosenberg! befahl der Kaiser.

Gleich darauf trat der Obersthofmeister ein.

Lieber Rosenberg, wandte sich der Monarch zu ihm,
was ist denn das mit den Sängern? Sie singen ja, wie

die Schulkinder — Mozart sagt mir da, bei der Probe wär' Alles gut gegangen und jetzt bei der Vorstellung stockt es, wie kommt das? Es scheint, als steckten da ganz andere Dinge dahinter. Lassen Sie den Sängern gleich hinabbefehlen, daß, wenn sie in den folgenden Akten nicht besser singen — ich mit ihnen so verfahren werde, wie der Landgraf von Hessen-Kassel mit seinen französischen Schauspielern. Die Hauptwache ist in der Nähe.

Bei diesem Theil der Mozart'schen Erzählung brach die ganze Gesellschaft in ein lautes Gelächter aus.

Wie der Landgraf, rief Alxinger, das ist köstlich?

Wie hat er es denn gemacht? fragte Haschka.

Seine französischen Schauspieler, erzählte Alxinger, trieben es zu bunt, es gab nichts, als Klagen, Streitigkeiten, Kabalen und Zänkereien; der Landgraf, dessen müde, drohte ihnen, die Akteurs lachten dazu und trieben ihr Wesen fort. Bei der nächsten Gelegenheit läßt der Landgraf zwei der Intriguanten auf die Hauptwache führen und jedem fünfundzwanzig Stockstreiche aufzählen!

Neue Heiterkeit.

Meiner Treu! rief Blumauer, fünfundzwanzig ist eine hübsche Portion; wenn ein ungarischer Korporal einem wälschen Tenor dergleichen aufzählte, ich glaube schier, er würde ihm das hohe A verschlagen.

Ah, das ist das dreimal gestrichene! rief Ratschky.

Doch weiter, Mozart, hat die kaiserliche Drohung gefruchtet?

O ja, fuhr der Meister fort, von da an ging's besser — wenigstens so gut, als es Jeder vermochte, das will zwar nicht viel sagen, aber für den Haufen ist's gut genug, denn er versteht es nicht besser.

Sie sind also mit dem Erfolge nicht zufrieden?

Der Teufel mag's sein, ich nicht!

Sie dürfen aber nicht vergessen, lieber Mozart, daß

Ihre Gattung Mufik dem Publifum auch ganz neu ift,
daß es fich erft daran gewöhnen muß.

Das eben ift es ja, die Maffen hören und verftehen
mich nicht. Bis die mich verftehen werden, leb' ich fchon
lang nicht mehr. Und was hab' ich davon? Mein Honorar ift der Ertrag der dritten Vorftellung, geht hinein,
wenn die Oper zum dritten Male gegeben werden wird,
die Wälfchen werden es fchon fo einrichten, daß dies mitten im Sommer gefchieht, und Ihr werdet das Haus leer
finden, und da follte ich zufrieden fein? Kabalen von der
einen, Mißverftändniß von der andern Seite. Nein —
nie mehr — für die Wiener keine Oper mehr!

Das ift nicht Ihr Ernft.

Er ift es, ja er ift's. Für diefes Publifum gehört der
Kafperl, die Kreuzerkomödie und der Salieri —

Aus dem Nebenzimmer drang ein Gepolter heraus —
Die Gefellfchaft lachte.

Mozart, zu fehr in Extafe, um darauf zu achten, fuhr
fort: Ich hab' mir's heute am Klavier gefchworen, für Wien
fchreibe ich keine Oper mehr. Guardafoni hat mir den
Antrag gemacht, feine Gefellfchaft befteht zwar auch aus
Wälfchen, aber fie und ihr Direktor verftehen was, er fpielt
abwechfelnd in Prag, Leipzig und Warfchau, und zahlt mir
hundert Dukaten für die Partitur; meine Opern follen von
jetzt an in Prag zum erften Male gegeben werden, die
Böhmen find es, die mich verftehen; laßt nur den „Figaro“
in Prag gegeben werden und wir wollen hören, was man
dort zu diefer Oper fagen wird*). Dort wird man gegen
mich keine Kabalen fchmieden, dort gibt es keinen Salieri,
deffen Favoritinnen, um meine Oper zu ftürzen, wie die

---

*) Von dem Entfchluffe Mozart's, für Wien keine Oper mehr
zu fchreiben, machte ihn vier Jahre fpäter Schifaneder abwendig.
„Don Juan,“ „Cofi fan tutte“, „Clemenza di Tito“ wurden für Prag
gefchrieben.

Katzen singen, wenn sie im März auf den Dächern herum-
spazieren.

In der Stube nebenan entstand nun ein noch heftige-
rer Lärm.

Man hörte den wälschen Meister schreien: Lasciate.
mi — laßt mich — muß ich sprechen mit der Mens, —
soll er schreiben gut, werden Primadonna singen gut —

Was ist das? rief Mozart aufspringend, denn er erkannte die Stimme seines Nebenbuhlers.

Er wollte fortstürmen — Alxinger faßte ihn jedoch
an der Hand und lispelte ihm zu: Bleiben Sie, der verdient nicht, ein deutscher Meister zu sein, der vor einem
Wälschen weicht.

Mozart bezwang sich und blieb.

Ratschky erhob sich vom Sitze und rief: Unser Meister
hat Recht — hoch lebe Mozart!

Es lebe Mozart! akkompagnirten die Anderen.

Die Wälschen im Nebenzimmer, um den Deutschen
Schach zu bieten, riefen: „Eviva Maestro Salieri!"

Hoch, Mozart!

Eviva Salieri!

Beide Parteien brachen nach diesem Toast-Wettstreite
in ein lautes Lachen aus.

Außen lachte Mozart mit, drinnen zürnte Salieri.

Der italienische Meister konnte die Anklage des Deutschen
nicht vergessen, sie ärgerte ihn vielleicht um so mehr, je gerechter sie war.

Er griff nach seinem Hute — seine Freunde folgten
dem Beispiele.

Die Unterhaltung draußen wurde immer lauter, drinnen wurde es immer stiller.

Was ist das? rief Blumauer, mir scheint gar, die
Wälschen sind eingeschlafen.

Nicht eingeschlafen, versetzte der Wirth, sie haben sich
durch die Hinterthüre in der Stille entfernt.

Bravo, jubelte Mozart, durch die Hinterthüre, diesen Weg sind sie gewohnt.

Und wir haben das Schlachtfeld behauptet, rief Haschka.

Es lebe der deutsche Meister!

Bravo!

Hoch, die deutsche Musik!

Bravissimo.

Und die ganze deutsche Kunst! jubelte Mozart.

Sie lebe hoch!

Hoch! —

Dreiundzwanzigstes Kapitel.

Wie Wendelin sich wieder aus der Klemme zieht.

Die Kammerjungfer außer Dienst, fühlte sich unglücklich.

Das Zerwürfniß zwischen der Gräfin Santa Croce und Cagliostro hatte sie bewogen, diesen Dienst zu verlassen — sie hoffte nun, ungestört ihrer Liebe leben zu können und mit Wendelin die herannahende schöne Jahreszeit in Gemeinschaft zu verleben, so recht idyllisch, wie die Chloes und Daphnes zu leben pflegen. — Da schleudert ein tückischer Zufall sie aus ihrem irdischen Himmel heraus, sie findet Wendelin Arm in Arm mit einer jungen Frau, aus der Kreuzerkomödie kommend.

Hätte sie ihn in der Oper, im Schauspiel, oder sonst an einem anständigen Orte getroffen, ihr Schmerz wäre lange nicht in diesem Maße erwacht — aber in der Kreuzerkomödie!

Was muß das für eine Person sein, dachte sie, die sich von einem Manne in die Kreuzerkomödie führen läßt? Welche Gemeinheit von ihm, welch' eine Erniedrigung für mich, welch' eine Sottise für meinen guten Geschmack, mich zu einem Manne hingezogen zu fühlen, der in die Kreuzerkomödie geht!

Es war nicht so sehr die Eifersucht, von der sie gequält wurde; den größten Theil ihrer Pein verursachte die üble Meinung, die sie jetzt von dem jungen Manne hegen mußte. Leichtfertigkeit hätte sie ihm eher verziehen, sie wußte ja, daß er ein Stutzer, ein munterer Junge war, aber Gemeinheit — dagegen sträubte sich ihr guter Geschmack. Wessen man sich zu schämen hat, den kann man nicht mehr lieben.

Justine fühlte sich also sehr unglücklich.

Auch die Neugierde war erwacht.

Wer war die junge Frau? Wo hatte Wendelin sie kennen gelernt? Wie weit war sein Verhältniß mit ihr gediehen? Liebte er sie? Liebte sie ihn? — Diese und noch hundert andere Fragen stellte sie an sich ohne eine Antwort zu finden.

Groll, Eifersucht, Neugierde und gekränkte Eitelkeit waren also thätig, ihr die Stunden zu verbittern und sie mürrisch, mißlaunig und zänkisch zu machen, mit einem Worte, Mamsell Racine fühlte sich sehr unglücklich.

So finden wir sie in ihrem Privatlogis oder eigentlich jetzt in ihrer beständigen Wohnung, da sie dienstlos und ihre eigene Herrin war.

Einmal schon war zwischen ihr und Wendelin eine Mißhelligkeit eingetreten, allein damals war's nur ein

Hund, der eine Abendunterhaltung störte, es war dieß ein kleiner Skandal, eine Unannehmlichkeit, sonst nichts; heute aber — heute steht eine junge Frau zwischen ihr und ihm — eine junge Frau, an welche sich der Gedanke an eine Untreue knüpft, die Kreuzerkomödie, mit der unzertrennlichen Erinnerung an eine Erniedrigung. Welch' ein großer Abstand zwischen heute und damals, zwischen einer bloßen Unruhe und einer peinlichen Empfindung, zwischen einem leichten Schleier und einer pechschwarzen Wolke.

Die Ex-Kammerjungfer spaziert in ihrem Garten auf und nieder, sie überläßt sich ihren traurigen Gefühlen, und genießt dabei den anbrechenden Frühling.

Sie denkt an weiß Gott was Alles, am meisten aber an ihn und sie — das heißt an Wendelin und ihre Nebenbuhlerin.

Auf einmal wird Justine durch ein Geräusch aus ihren Gedanken gerissen.

Sie blickt auf und sieht — was?

Die unglückliche Dame befand sich gerade in einer breiten Allee, welche, von der Wohnung aus, den Garten der Länge nach in zwei gleiche Theile durchschnitt — diese Allee herauf kam eine Gruppe. —

Justine traute ihren Augen nicht.

Wachte oder träumte sie.

Waren es wirkliche Menschen oder Gespenster.

Herr Wendelin Taub, ganz elegant herausgeputzt, stolzirte einher, an seiner Rechten hing die unbekannte Frau, ihre Nebenbuhlerin, an seiner Linken führte er an einem Strick Sultan.

Der Bullenbeißer, welcher in Mamsell Justine bereits eine Bekannte verehrte, wedelte schon in der Ferne mit dem Schwanze, machte vergebliche Anstrengungen, sich loszureißen, weßhalb der Blondin ein über das andere Mal rief: „Kusch, Sultan!"

Wendelin kam so gravitätisch und wohlgemuth daher, wie ein ehrsamer Pfahlbürger, der am Sonntage mit seiner Frau belastet, zum Heurigen geht.

Justine wußte im ersten Momente nicht, was sie denken sollte. Sie hatte Mühe, ruhig zu bleiben, um die Ankunft ihrer Gäste abzuwarten und deren Anrede zu hören.

In einer Entfernung von ungefähr acht Schritten blieb Wendelin stehen, machte sich auf eine sehr delikate Weise von seiner Begleiterin los, zog seinen Hut und verneigte sich.

Göttliche Racine, ich grüße Sie herzlich und bin zugleich so frei, Ihnen hiemit Madame Götz vorzustellen; sie ist eine geborne Preußin — kusch, Sultan — aus Potsdam bei Berlin gebürtig.

Hierauf, ohne von Justine eine Antwort abzuwarten, kehrte er sich zu Sabine, und sagte: Madame Götz, Sie sehen in dieser Dame Mamsell Justine Racine, die reizende Herrin dieses Hauses, meine künftige Gattin und meine Braut, wenn auch nicht ganz, so doch — kusch, Sultan, dummes Vieh, benimm Dich anständig, damit Du nicht wieder die Zuneigung verlierst, die Du jüngst auf Kosten Deines Herrn erworben. Kusch!

Justine zwang sich zu einer finsteren Miene, und sagte: Wie es scheint, beliebt es dem Herrn wieder eine Komödie zu spielen?

Einmal hab' ich es gethan und nicht wieder. Ich habe den Besuch aller Komödien abgeschworen. —

Auch den der Kreuzerkomödie?

Auch den, göttliche Racine. —

Ihr Gelübde kommt etwas spät. —

Besser spät, als nie.

Was wünschen Sie eigentlich hier?

Nichts, reizende Racine, gar nichts; ich bin bloß der Madame Götz zu Liebe hergekommen.

12 *

Blos ihr zu Liebe?

Das heißt, blos aus Nächstenliebe zu ihr, um den schrecklichen Verdacht abzuwälzen, mit dem Sie, holder Engel, mich und diese Dame belastet haben. Als Zeugen habe ich Sultan mitgebracht, das heißt, nicht als Zeugen, sondern aus dem Grunde, da ich bei unserem letzten Zusammentreffen gehört habe, daß Sie diesen Hund ein braves Thier nannten, welches treuer ist, als mancher Mensch, so dachte ich mir, ich könne Sie am besten von meiner Unschuld überzeugen, wenn Sie mit eigenen Augen sehen, daß ich dieses brave Thier nicht als einen Verräther, sondern wie immer als einen treuen Freund behandle; Sultan hat mich ja nicht verrathen, denn so wie ich jetzt vor Ihnen stehe mit Madame Götz, so wäre ich auch erschienen, wenn Sie mich auch mit Madame Götz bei der Kreuzerkomödie — kusch, Sultan — nicht bemerkt hätten. Mamsell Racine, es gehört wenig dazu, Jemanden durch einen schmählichen Verdacht zu Boden zu schmettern, aber ihn aufzurichten, das geht langsam, und manchmal ist es sogar nicht mehr möglich.

Sehr rührend, versetzte die Kammerjungfer mit einem Tone boshafter Ironie, dieß Alles ist wirklich sehr rührend, ich bin von der Wahrheit dessen, was Sie sagten, so überzeugt, daß ich gar nicht weiß, was ich darauf erwidern soll.

Sie schleuderte ihm einen vernichtenden Blick zu, und murmelte: „Ungetreuer — Frevler!"

Wendelin machte zwei Schritte zurück, kehrte sich zu Sabine, und sagte: Madame, jetzt ist die Reihe an Ihnen, ich beschwöre Sie bei Ihrer preußischen Ehre, sprechen Sie, denn ich — ich kann die Qual des Verkanntwerdens nicht mehr ertragen.

Er kehrte die Augen gegen den Himmel, und murmelte: Ihr, dort oben, Ihr werdet es wissen, wie rein mein Herz ist, und wie sehr ich jetzt leide.

Sabine war bisher mit einer sehr erbarmungswürdigen Miene da gestanden; sie glich einem armen Teufel, der eine volle Börse findet, und durch Verhältnisse bedroht, gezwungen wird, das Eigenthum an den früheren Besitzer zurück zu erstatten.

Wendelin hatte alle seine Ueberredungskunst und Energie angewendet, um die Laborantin zu der gegenwärtigen Szene zu vermögen. Er hatte ihr erklärt, daß Justine seine Braut, von der er nicht lassen wolle, und mit der ihn auszusöhnen auch sie das ihrige beitragen müsse, weil sie die Ursache dieses Zerwürfnisses sei. Als die Götzin einigen Widerstand versuchte, erklärte Wendelin in seiner Verzweiflung, sich an ihren Mann zu wenden, und das wirkte.

Sabine befand sich als gezwungene Friedensstifterin zwischen einer ihr unbekannten Dame, und einem jungen Manne, dem sie selbst sehr zugethan war; man kann sich also ihre Stimmung und das Forcirte ihrer Situation denken.

Als Wendelin sie zum Sprechen aufforderte, näherte sie sich der Dame des Hauses, und sagte: Fräulein, Sie stehen wirklich auf dem Punkte, Herrn Taub Unrecht zu thun; es ist nothwendig, daß Sie erfahren, wer ich bin, und wie Herr Taub veranlaßt wurde, meine und meines Mannes Bekanntschaft zu machen.

Ja, göttliche Racine, fiel der Blondin ein, ich wurde veranlaßt, weil ich nämlich ein Rosenkreuzer bin; der Henker hole die Rosenkreuzerei und die Arkana, die Geister und das Goldsalz, kusch, Sultan! Verteufeltes Vieh, willst Du mich auch noch ärgern?

Madame, wendete sich Justine zu der jungen Frau, ich habe nicht die Ehre, Sie zu kennen; wenn Sie mir jedoch etwas mitzutheilen haben, dann bitte ich Sie, es unter vier Augen zu thun, damit Sie durch die Gegenwart dieses Herrn nicht genirt sind. Wenn es Ihnen gefällig ist,

begleiten Sie mich in die Seitenallee; Herr Wendelin und
sein Hund werden indessen hier verweilen.

Sabine willigte in das Verlangen der Kammerjungfer.

Als die Damen sich entfernten, machte der Bullen=
beißer einige Versuche, ihnen zu folgen; der Blondin riß
ihn jedoch am Strick zu sich, und rief: Kusch, Sultan —
Du mußt nicht überall dabei sein.

Dann murmelte er: Die Wurzel ist mehr aufgebracht,
als ich gedacht habe. Sie wird jetzt die Preußin in's Exa=
men nehmen; zum Glücke weiß diese, was sie zu sagen und
was sie zu verschweigen hat; übrigens ist sie auch nicht so
einfältig, wie sie aussieht; es hat mich Mühe genug geko=
stet, ihr begreiflich zu machen, daß sie von wegen ihrer
eigenen Ehre — kusch, Sultan — verpflichtet ist, die Rolle
der Vermittlerin zu übernehmen — wenn es ihr nur gelingt
— die Zigeunerfarbige ist auch verdammt klug — wenn sich
Sabine nur nicht verplaudert — ich schwebe in Todesangst
— meiner Treu — jetzt merke ich erst, wie sehr mir die
Racine an's Herz gewachsen ist; ich war sehr leichtfertig,
daß ich mich der Gefahr aussetzte, sie zu verlieren, und
wofür? Wegen einer Preußin! Oh, ich war ein großer
Esel, die Rosenkreuzerei und die preußische Lieb' — kusch,
Sultan! — werd' ich mir merken.

Er machte mit dem Bullenbeißer am Stricke einen
Gang durch die Allee.

Jetzt gewahrte er die beiden Frauen in der Ferne.

Sie standen und sprachen sehr heftig mit einander.

Man erkannte die Heftigkeit an den Bewegungen ihrer
Hände.

Justine faßte die Hand der Laborantin, drückte sie
krampfhaft und sprach dabei.

Sabine legte ihre Rechte auf das Herz, als betheuere
sie etwas.

Racine machte eine Pantomime, die so deutlich war,

daß Wendelin ordentlich die Worte zu hören glaubte: „Das
ist nicht wahr, das ist nicht möglich!"

Jetzt sprach die Preußin wieder.

Jetzt verloren sich Beide hinter den Bäumen.

Der Kampf ist heftig, murmelte er, es gilt mein Glück,
die Götzin scheint ihre Schuldigkeit zu thun —

Nach einer Pause, auffahrend: Herrgott! — wenn die
Preußin ein falsches Spiel spielte? Wenn sie, statt für
mich zu sprechen, gegen mich spräche? Wenn sie mich
verriethe, um Justine ganz von mir zu trennen? —
Das wäre abscheulich, niederträchtig, aber unmöglich ist es
nicht. Die Götzin liebt mich auch, folglich ist sie auch
eifersüchtig, und ein eifersüchtiges Frauenzimmer ist Alles zu
thun im Stande.

Dieser Gedanke rollte wie eine Kugel in dem Blondin
herum, und machte ihm den Kopf wirbelig.

Genug! rief er, sie haben genug mit einander konferirt, allzuviel ist ungesund, jetzt will ich dazwischen treten,
und auf den Gesichtern lesen, ob sie schönes Wetter oder
Sturm anzeigen.

Er eilte hastig in die Allee, in welcher sich die Damen
befanden.

Diese, Arm in Arm gehend, waren eben im Begriffe,
sich zu ihm zurückzubegeben.

Die beiden Barometer, die zu studieren der Blondin
beschlossen hatte, gaben ihm gar keine Auskunft.

Die Wangen der Damen waren geröthet, ein Beweis,
daß sie sich ereifert hatten, sonst merkte er nichts, weder
die Eine noch die Andere verrieth ein Ergebniß des Zwei-
gesprächs.

Da die Frauen stumm blieben, und Wendelin auch
nicht wußte, womit er die peinliche Stille unterbrechen sollte,
so rief er: Kusch, Sultan!

Herr Wendelin, begann jetzt Justine, ist Ihnen ohne
uns die Zeit lang geworden?

Entſetzlich! lautete die Antwort.

Wir haben uns gut unterhalten, nicht wahr, theuere Freundin, recht gut.

Gewiß, meine liebe Juſtine, ich fühle mich ganz glück-lich, Dich kennen gelernt zu haben.

Du ſchmeichelſt!

Wendelin machte ein Geſicht, ſo lang, wie der Ste-fansthurm.

Was iſt das? dachte er, als Todfeindinnen gingen ſie von dannen, und als Buſenfreundinnen kehren ſie zurück? Am Ende wollen ſie ſich gar in mir theilen, und ich werde, wie der Graf von Gleichen, zwei Frauen auf einmal haben.

Nach einer Pauſe: Meine Damen, ich bemerke zu mei-ner größten Seligkeit, daß der Zwieſpalt ausgeglichen und der abſcheuliche Verdacht, der mich belaſtete, beſeitiget iſt.

Woraus entnehmen Sie dieſes? fragte die Kammer-jungfer ſpitz.

Aus dem neuen Freundſchaftsbunde, welchen Sie und Madame Götz geſtiftet haben.

Wiſſen Sie, warum dieſer Freundſchaftsbund entſtand? fragte Sabine mit einem heiratsmäßigen Kniff.

Der Blondin riß die Augen auf.

Weil der Liebe nicht mehr zu trauen iſt! riefen beide Frauen zugleich.

Jetzt riß Wendelin auch die Ohren auf.

Die Frauen lachten boshaft, der Stutzer wurde noch mehr verlegen, und ſchrie: Kuſch, Sultan!

Herr Wendelin, begann jetzt die Laborantin, ich bin meiner Aufgabe treu und redlich nachgekommen.

Das Zeugniß geb' ich Dir, liebe Sabine.

Sie erlauben daher, daß ich mich entferne.

Madame Götz machte einen Knix — Racine hängte ſich jedoch an ihren Arm, und ſagte zu dem Stutzer: Da ich meine neue Freundin heute zum Abendmahle bei mir behalte, ſo ſehe auch ich mich gezwungen, Sie zu verlaſſen.

Beide brachen in ein boshaftes Gelächter aus und eilten aus dem Garten.

Jetzt riß Wendelin Augen und Ohren zugleich auf.

Einige Minuten lang blieb er verdutzt stehen, dann schüttelte er sich wie eine Ente, wenn sie aus der Traufe kommt, und murmelte traurig: Komm, Sultan, früher Zwei — jetzt gar keine — geschieht mir recht, warum hab' ich mich mit der Preußin eingelassen — dergleichen bringt nie gute Früchte — die Preußin hat Verrätherei gesponnen, und ich komm um meine Kammerjungfer — kusch, Sultan! — ich bitte Dich, nur heute kusch — sonst meiner Treu — da hast Eins — noch Eins, und wieder Eins — er befand sich gerade unter Justinen's Fenster — und noch Eins, heul' zu, noch besser, damit sie es hört, wie Du der Dollmetsch meiner Stimmung bist.

Der Bullenbeißer stieß wirklich ein anhaltendes Geheul aus. —

Wendelin rief dazwischen: Ich Unglücklicher — kusch — heul' zu, Bestie!

Der Lärm mußte oben gehört werden — aber kein Schatten, viel weniger ein wirklicher Mensch ließ sich sehen.

Der Blondin verließ traurig und mit herabhängendem Haupte das Landhaus.

Der Bullenbeißer war froh, aus dem Hause fortzukommen, wo auch ihm, so oft er hieher kam, keine Rosen blühten.

Vierundzwanzigstes Kapitel.

Der Rächer seiner Mutter.

Durch die Mittheilung, welche Lohberg seinem Freunde machte, waren die Erinnerungen an seine unglückliche Mutter lebhafter geworden, der Drang, sein Wort zu lösen, erwachte mit neuer Kraft.

Er hatte, wie er sagte, zwei Wege, deren einer in die Stube zum Kurator, der andere zum Kaiser führte. Welchen sollte er betreten?

Wendelin hatte ihm zwar gerathen, den Gegner von beiden Seiten zugleich zu fassen, allein er konnte sich dazu nicht entschließen; er beschloß, erst wenn der Angriff auf der einen Seite mißlingt, den Andern zu versuchen. Er wollte früher seinen Mann näher kennen lernen.

Diesem Entschlusse gemäß begab er sich zu dem ehemaligen Kurator.

Herr Urban Keil empfing den jungen Fremden in seiner Stube, deren ärmliches, schmutziges Aussehen, Jeden, nur vielleicht seinen Bewohner nicht, anwidern mußte.

Unordnung und Unreinlichkeit gingen hier mit dem Geize Hand in Hand — nur das Unentbehrlichste war vorhanden, und selbst dieses in einer Form und Umgebung, daß es mit Mühe nur den Dienst leistete, für den es eigentlich bestimmt war.

Kornelius schreckte vor dem Manne und seiner Wohnung fast zurück.

Der Kurator bemerkte den üblen Eindruck und sagte,
indem er unter den buschigen Brauen hervor den jungen
Mann mit seinem finsteren Blicke durchbohrte: Was wünschen Sie, mein Herr, wen habe ich die Ehre zu empfangen?

Sie sind Herr Urban Keil?

Ja, mein Herr.

Sie waren ehedem Kurator?

So ist es.

Betrachten Sie mich genau, haben Sie mich noch nie
gesehen?

Ich erinnere mich nicht.

Finden Sie in meiner Physiognomie keine Aehnlichkeit
mit Personen, mit denen Sie ehedem verkehrt haben?

Nein, mein Herr, ich habe ein schlechtes Personen-Ge-
dächtniß.

Dann muß ich Ihnen ein wenig zu Hülfe kommen.
Vielleicht ist Ihr Namens-Gedächtniß besser. Erinnern Sie
sich des Namens Lohberg?

Keil besann sich und antwortete gleichgültig: Ja —
ich entsinne mich — der Name ist mir nicht ganz unbekannt.

Wirklich? Nicht ganz unbekannt? Wo hörten Sie diesen Namen?

Wenn ich nicht irre, hatte ich vor Jahren eine Pupille,
die Tochter eines Offiziers, die sich später verheiratete.

Der junge Mann hatte Mühe an sich zu halten. Er
knirrschte mit den Zähnen und sagte: Das Mädchen hieß
— Marie.

Richtig, Marie, so hat sie geheißen.

Ihr Vater hinterließ seiner Gattin ein Vermögen von
20,000 Gulden.

Sie sind gut unterrichtet.

Gedulden Sie sich, mein Herr, Sie werden erst erfahren, wie gut ich unterrichtet bin.

Der drohende Ton des jungen Mannes machte den ehemaligen Kurator stutzig.

Wollen Sie mir jetzt auch Ihren Familiennamen nennen? sagte er mürrisch.

Ich kann nicht, mein Herr.

Warum nicht?

Aus dem einfachen Grunde, weil ich nicht den Namen meines Vaters führe.

Sie belieben zu scherzen.

Und doch ist es so.

Nicht möglich.

Und wissen Sie, warum ich ihn nicht führe? Weil ich ihn nicht beerben durfte, weil mein Vater nicht der Gatte meiner Mutter war.

Und warum dieß Alles?

Kornelius hatte nicht mehr die Kraft, sich zu zähmen.

Er stürzte auf Keil los, faßte ihn an der Brust und rief: Und Du frägst noch, Schurke? Du wagst es noch, nach der Ursache meines Unglückes zu forschen, welches Du selbst heraufbeschworen hast? Elender Betrüger, wisse, ich bin Marien's Sohn, der Sohn Todor's, den Du ihr zum Bräutigam aufzwangst, und der nie ihr Gatte ward, ich bin Kornelius, das unglückliche Kind jenes Verhältnisses, das Du gestiftet hast, um die Hälfte meines großväterlichen Erbes zu stehlen — ich bin gekommen, um Dir die Qualen meiner unglücklichen Mutter zu vergelten, um mein Vermögen von Dir zurückzufordern, um Dich zur Rechenschaft zu ziehen, für die Schmach, mit der Du mein ganzes Leben vergiftetest, indem Du mir die Wohlthat eines väterlichen Namens entzogst — deßhalb, Schurke, bin ich hier, und deßhalb wollen wir Abrechnung halten.

Nach diesen Worten stieß er den Kurator von sich, daß er taumelte, und auf einen Stuhl sank, der unter seiner Last erdröhnte.

Kornelius zitterte unter der Bewegung seines Ge-
müthes.

Keil schlug den düsteren Blick zu Boden, in seiner Brust
kochte es, sie hob und senkte sich in raschen Wallungen.

Eine stumme Pause folgte dem heftigen Ergusse des
jungen Mannes.

Der Kurator unterbrach ihn.

Mein Herr, sagte er, Sie erlauben sich in meiner Wohnung Freiheiten, die ich selbst in dem Falle, wenn Sie ein
Sohn Marien's wären, nicht dulden würde.

Du thust also noch, als ob Du zweifeltest? Sagt Dir
es Dein verbrecherisches Herz nicht, daß ich wirklich Marien's Sohn bin? Elender, glaubst Du mir zu entkommen,
oder mich fortzustoßen, so wie einst meine Mutter, als sie
mich unter dem Herzen trug und elend hieher kam, um
von Dir die andere Hälfte des Erbes zu fordern, welches
ihr nach dem Tode der Großmutter zukam? Deine Zeit
ist um, denn Dein Einfluß ist aus. Seit Dein Verbündeter Cetto im Gefängniß sitzt und dem Zuchthause entgegen-
schmachtet, seitdem ist die Möglichkeit da, Dir ein gleiches
Los zu verschaffen.

Keil entfärbte sich.

Mit unsicherem Blicke sah er den jungen Mann an,
der drohend vor ihm stand.

Ich zweifle nicht, begann er einlenkend, daß Sie der
Sohn der Marie Lohberg sind, allein ich begreife nicht, wie
Sie dazu kommen, an mich Forderungen zu stellen, zu de-
nen Sie nicht berechtigt sind.

Du wagst es noch von Recht zu sprechen? In Deinem
Munde nimmt sich das Wort aus wie ein Rosenblatt in
dem Rachen einer Natter. Womit willst Du beweisen, daß
Du die zweiten zehntausend Gulden dem Grafen Todor
übersendet hast?

Sie fordern nach zwanzig Jahren Beweise von Dingen, auf die man längst vergessen hat. —

An die ich Dich aber erinnern will, daß Du nie mehr darauf vergessen sollst.

Was suchen Sie hier, und was begehren Sie von mir?

Ich suche Sie und begehre das Vermögen meines Großvaters, und will Ihnen vergelten die Leiden meiner Mutter; bieten Sie mir nicht das Verlangte, so werden Sie Herrn Cetto Gesellschaft leisten, so wahr ein gerechter Kaiser unser Herr ist.

Der ehemalige Kurator zog den Kopf zwischen die Schultern, als strebe er sich vor dem ungestümen Forderer unsichtbar zu machen.

Sie fordern Unmögliches! murmelte er.

Was Sie an meiner Mutter gethan, dünkt jedem Rechtschaffenen auch unmöglich und dennoch haben Sie es vermocht; waren Sie damals im Stande, so Unerhörtes zu vollbringen, so müssen Sie es auch heute sein.

Ich bin, wie Sie sehen, arm und dürftig.

Sie sind ein Betrüger. Ihre Armuth ist Schein, damit die Welt nicht erkenne, daß Sie sich durch Witwen- und Waisengut bereichert haben. Man wird Ihren Reichthum zu finden wissen.

Sie wollen Geld — woher soll ich die ungeheuere Summe nehmen.

Das ist Ihre Sorge.

Ich habe Ihrer Mutter nichts Böses zugefügt.

Reizen Sie mich nicht, oder bei Gott, ich vergesse, daß Selbsthülfe verboten und verpönt ist.

Ihre Mutter wurde von den Gerichten —

Sprechen Sie nicht weiter — sondern antworten Sie mir, worüber ich Sie befragen werde: Was wollen Sie und was können Sie thun, um die Qualen zu sühnen, die Sie meiner armen Mutter angethan?

Keil gab keine Antwort.

Antworten Sie!

Fragen Sie weiter, bann werbe ich Ihnen auf alle Ihre Fragen zugleich antworten.

Gut. Ich stelle also die zwei anberen Fragen an Sie: Welchen Ersatz wollen Sie mir für die großväterliche Hinterlassenschaft leisten, die durch Ihre Schuld verloren ging, und endlich, was wissen Sie von meinem Vater, lebt er noch und wo lebt er?

Sind Sie mit Ihren Fragen zu Enbe?

Ja, mein Herr.

Nun denn, kommen Sie Morgen um biese Zeit hieher und Sie sollen Antwort erhalten.

Morgen, weßhalb erst Morgen?

Weil es mir unmöglich ist, Ihnen in biesem Momente zu erwibern.

Kornelius besann sich.

Ich bin es zufrieden, antwortete er kurz, ich werbe kommen!

Er kehrte dem Kurator den Rücken und ging aus ber Stube.

Keil sank auf einen Sitz.

Seine Bestürzung offenbarte sich erst jetzt, wo er bes überlästigen Zeugen lebig war. Jetzt brauchte er sich keine Gewalt anzuthun, sein wirrer Blick burfte sich nicht mehr an den Boden heften, sondern konnte unstät und gespenstisch die schmutzige Stube durchstreifen.

Ich bin verloren, murmelte er, die Tobten stehen nicht auf, aber sie senben ihre Rächer. Der junge Mann kennt meine Lage gut, er weiß, daß die erste Anklage schon hinreichen würbe, mich in einen Knäuel von Untersuchungen zu verwickeln, aus bem ich mich nie mehr herauslösen könnte. Dieser Gefahr muß ich entgehen — aber wie? Er will Geld von mir, nimmermehr, mein schwer erworbenes Geld gebe ich nicht so leicht her. — Ich soll die Qualen seiner Mutter sühnen, womit? woburch? Will er sie auch mit Geld bezahlt haben? Er will Kunbe von seinem Vater haben, ha, das ist der Punkt, der mir eine Aussicht bietet. Sein Vater, ja, da liegt es. Aber darf ich? Was soll ich thun? Soll ich ihm offenbaren, was ich zu verschweigen gelobt? Nimmermehr! Ich werde mich nicht von einer Gefahr befreien, um mich einer anderen, nicht minder großen auszusetzen. Ich verrathe i h n nicht. Das wäre das letzte Mittel — das letzte — da gibt es aber früher noch einen anderen Weg, und der heißt — F l u c h t.

Der ehemalige Kurator schwieg — er war mit dem Resultate seiner Betrachtungen nicht unzufrieden, und begann nun den oberflächlich gefaßten Plan in seinen Details auszuarbeiten.

Fünfundzwanzigstes Kapitel.

Der Blondin macht einige Entdeckungen.

Wendelin war mit seinem Sultan nach Hause gekommen.

Er war sehr traurig, und auch der Hund äußerte Zeichen seines Mißmuthes.

Von zwei Herzensangelegenheiten so begrabirt zu werden, daß er plötzlich an einer Tabula rasa stand, das war für den armen Stutzer zu viel, oder eigentlich zu wenig.

Früher Zwei und jetzt keine! diesen Gedanken konnte er nicht los werden.

Mit einem Schlage, jammerte er, von zwei Geliebten

verlaffen zu werden, das hat gewiß noch kein Mann erlebt;
ich bin entweder ein Unglücksvogel, oder ein dummer Menfch,
fonst ist fo ein Phänomen gar nicht zu erklären, denn gewöhnlich hat man ja eben deßhalb mehrere Geliebte, damit man nicht verwaist basteht, wenn man die Eine verläßt
oder verliert.

Aber weder das Jammern noch die Klagen brachten
ihm einen Ersatz, er war allein mit seinem Sultan.

Es war gegen Abend.

Der Hund befand sich in der Küche, der Herr im
Zimmer.

An der Thüre wurde geklopft. Der Blondin geht zu
öffnen.

Ein Mädchen, mehrere Kleidungsstücke am Arme,
trat ein.

Sultan knurrte nicht, ein Beweis, daß er die Ange-
kommene sehr gut kannte.

Das Mädchen legte die Gewänder in einen Schrank,
und fragte dann: Wünschen Sie, daß ich aufräume?

Thun Sie es, Jungfer Hanni, antwortete der Blondin
schwermüthig, nehmen Sie auf mich gar keine Rückficht,
scheuern Sie, kehren Sie, stauben Sie, es ist gleichviel, ob
ich heute oder morgen sterbe.

Sind Sie krank, Herr Wendelin?

Sehr, liebe Hanni. Da, nehmen Sie den harten
Thaler, er ist für die fleißige Bedienung, die Sie meiner
Wohnung im jetzigen Monate angedeihen lassen —

Sie kündigen mir doch nicht den Dienst?

Nein, gute Jungfer, ich bin nur vorsichtig, damit Sie
keinen Verlust erleiden, wenn ich eines gähen Todes stürbe,
und meiner Treu, das ist jetzt sehr leicht möglich.

Sie sind schwermüthig.

Ich bin, oh Jungfer — kusch, draußen — ich bin sehr
unglücklich. Ich bin um Alles gekommen.

Hat man Sie bestohlen?

O nein, ich habe mich selbst bestohlen, um meine
Braut — um meine Freundin — Zwei auf einmal, es ist
schrecklich. Auch Sultan ist nicht unschuldig daran.

Wie so der Hund?

Das Vieh ist mir nachgelaufen, hat meinen Aufenthalt
verrathen — und ich war so vorsichtig, ich sperrte ihn
immer ein.

Die Jungfer schmunzelte.

Wendelin merkte es nicht, und fuhr fort: Ach, wenn
ich nur wüßte, wer den Sultan aus der Küche herausließ,
es geschah offenbar aus Bosheit.

Da haben Sie recht, Herr Wendelin.

Der Blondin sah das Mädchen an, und sagte schnell:
Jungfer Hanni, ich merke, daß Sie mehr wissen, daß Sie
Alles wissen. Sprechen Sie, Sie sind die Tochter Ihrer
Mutter, Sie werden nicht schweigen, Sie sind sogar verpflichtet zu reden, denn die Hausmeisterleute sind da, um
über Alles Auskunft zu geben, was in dem Hause geschieht. Hier, nehmen Sie noch einen Thaler, ich bin
kein Knauser — kusch, draußen — leben und leben lassen,
ist mein Wahlspruch — jetzt aber erzählen Sie mir, was
wissen Sie von der Geschichte? Wer hat den Hund herausgelassen?

Ich will mittheilen, was ich weiß, unter der Bedingung, daß Sie mich nicht verrathen.

Keinen Odemzug! Kommen Sie her, liebe Hanni,
setzen Sie sich, so meine hübsche Jungfer, etwas näher —
jetzt —

Sie müssen aber Ihre Hand da weggeben, wenn ich
sprechen soll.

Ja so, meine Hand, kusch, Sultan.

Die andere auch.

Richtig! Ich habe ganz vergessen, daß ich zwei Hände
habe. Oh Gott — er sprang auf und schlug sich an die

Stirne — früher hatte ich nicht nur zwei Hände, sondern auch zwei — oh — ich bin sehr elend!

Nach dieser Exklamation setzte er sich nieder und sagte ganz gelassen: Erzählen Sie mir, liebe Hanni, was wissen Sie?

Ich weiß Alles, man hat Ihren Hund herausgelassen, weil er, sobald Sie fort waren, jedesmal heulte, winselte und anschlug, wenn Jemand an Ihrem Fenster vorüberging.

Und wer that es?

Der Nachbar, im Einverständnisse mit Fräulein Lucretia. —

Hab' mir's gleich gedacht, der Schuft, der Lump, der ist Alles im Stande, auch noch mehr. Wie aber war es ihm möglich, von außen das Fenster zu öffnen, da ich es von innen verriegelt hatte.

Das machte er ganz einfach. Er zerschnitt die Fensterscheibe, öffnete das Fenster, und ließ den Hund heraus.

Ich fand aber das Fenster immer ganz.

Weil er es gleich aushob, zum Glaser trug und eine neue Scheibe einschneiden ließ.

Abscheulich, niederträchtig, das ist ja ein Einbruch! und das dumme Vieh, der Sultan, sagte mir gar nichts — ah so — er hätte aber dem Lumpen in die Waden fahren sollen — na, warte nur, Herr Keil, Dir will ich's einmal verteilen, daß Du an mich und an meine Fenster denken sollst. Ich danke Ihnen, Jungfer Hanni, für die Mittheilung — da nehmen Sie diesen Kuß —

Lassen Sie mich, Sie müssen nicht unmanierlich werden.

Ach, Jungfer Hanni, wenn Sie wüßten, wie verlassen ich jetzt bin —

Was geht das mich an? Glauben Sie vielleicht, ich soll Ihnen Ersatz leisten für die zwei Gestohlenen?

Nein, liebe Hanni, das glaube ich nicht, denn es ist

unmöglich. Eine Braut und eine Freundin zu erſetzen, iſt eine einzige Perſon nicht im Stande, ich müßte nur den Ausweg wählen, und mich um zwei zugleich zu bewerben.

Die Hausmeiſterstochter lachte und meinte, in dieſem Falle würde ſich wahrſcheinlich jede von Beiden für die Ehre bedanken.

In's Himmels Namen, erwiederte der Blondin, dann bleibt mir nichts Anderes übrig, als verlaſſen zu bleiben. Gehen Sie in's Himmels Namen fort, und denken Sie an einen Unglücklichen, der zwei Herzen verloren hat, und nun — kuſch, Sultan — was hat denn die Beſtie?

Warten Sie, Herr Wendelin, liſpelte das Mädchen, der Hund bellt nicht ohne Urſache, ich will ſehen, was es außen gibt.

Hanni eilte in die Küche, kehrte nach einer Weile zurück und ſagte zu dem Stutzer: Ein fremder Herr iſt zu Ihrem Nachbar gegangen.

Ein Fremder?

Es fällt mir auch auf, denn ſo lange Herr Keil in dieſem Hauſe wohnt, hat er noch nie einen Beſuch empfangen.

Wer mag der Fremde ſein?

Was mögen ſie miteinander zu verhandeln haben?

Meiner Treu, das möchte ich auch wiſſen. Jungfer Hanni, wär's nicht möglich, die Beiden zu belauſchen?

Legen Sie das Ohr an die Wand, ſie iſt nur einen Ziegel dick.

Da hört man nichts.

Ich hab' einen Einfall — warten Sie — ich bin gleich wieder bei Ihnen.

Das Mädchen eilte fort und kehrte ſchnell zurück.

Was haben Sie da?

Einen feinen Bohrer. Schnell, machen Sie ſich an die Arbeit.

Wendelin begann zu durchbohren.

Wie tief sind Sie schon? fragte die Jungfer nach einer Weile.

Er zog das Instrument sachte heraus.

Noch eine Fingerdicke, sagte Hanni, nach sorgfältiger Prüfung, fahren Sie fort, aber leise und behutsam, sobald der Widerstand schwach wird, hören Sie auf.

Wendelin schwitzte bei der ungewohnten Arbeit und murmelte: Der Lump hat mir meine Scheiben zerschnitten, dafür durchlöchere ich ihm die Wand.

Nach einer Weile hielt er inne.

Die Hausmeisterstochter lispelte ihm zu: Ziehen Sie den Bohrer heraus, und schauen Sie durch das Loch.

Wendelin befolgte den Rath.

Was sehen Sie?

Ein dünner Lichtstrahl fällt mir in das Auge.

Vortrefflich.

Nach einer Pause.

Was sehen Sie?

Ich höre sprechen, aber ich verstehe kein Wort.

Lassen Sie mich horchen, ich hab' ein scharfes Gehör.

Hanni legte ihr rechtes Ohr an die kleine Oeffnung.

Nun, meine Liebe?

Ich höre Alles deutlich.

Sprechen Sie — ich bitte Sie, was hören Sie?

Geben Sie Ihr Ohr in die Nähe meines Mundes, und ich will Ihnen in kurzen Pausen Alles sagen, was ich höre.

Wendelin neigte sein Haupt dem Mädchen zu, so daß sein Ohr in die Nähe ihrer Lippen kam.

Die Situation war interessant.

Das dunkle Gemach — die beiden jungen Leute in horchender Stellung — sie ihr Ohr an der Wand — er das seinige an ihren Lippen — im Nebengemache der Kurator und der Fremde. —

Herüber tiefe Stille — drüben ein halblaut geführtes Gespräch.

Was die Jungfer erhorchte, und dem Blondin wieder im Auszuge mittheilte, war folgendes Zwiegespräch.

Wie bemerkt, sagte Herr Keil, die Gefahr für mich ist groß, wenn der junge Mann morgen kommt, und ich vermag ihn nicht zu beschwichtigen, so bin ich geliefert.

Darauf erwiederte der Fremde: Wenn er sich nur mit Geld allein abfinden ließe.

Ich glaube nicht, daß er sich damit zufrieden gibt, und wenn auch, woher sollte die Summe kommen? Wollen Sie sie hergeben?

Recht gerne, aber ich besitze momentan nicht so viel, Sie könnten mir einstweilen aushelfen —

Ich danke für die Zumuthung.

Urban, Sie sind ein elender Geizhals, Ihr Geiz wird Sie zu Grunde richten.

Ich gebe keinen Heller her.

Sie wollen also lieber in's Zuchthaus, bevor Sie von Ihrem Reichthume eine solche Bagatelle abgeben.

Ich will keines von Beiden, und deßwegen habe ich ich Sie zu mir beschieden.

Was soll ich thun?

Sie müssen mich vor dem jungen Menschen sicher stellen, sonst verrathe ich ihm Alles.

Schuft!

Wer? Ich oder Sie?

Sie wollen also auch mich unglücklich machen?

Wenn Sie mir nicht helfen, so thu' ich es.

Wie ist es aber möglich?

Ich will entfliehen. —

Entfliehen?

Ja, und das noch heute Nacht. Sie helfen mir die Flucht bewerkstelligen. Ich kann mich fremden Leuten nicht anvertrauen. Wenn Kornelius morgen kommt, darf er mich hier nicht mehr finden.

Als Wendelin den Namen Kornelius hörte, fuhr er zusammen. Jetzt begriff er Alles, jetzt wurde es ihm klar, daß der Kurator der Gefahr, die ihm von Seite des jungen Mannes drohte, zu entkommen suche.

Darüber war eine Pause eingetreten.

Der Blondin kehrte seine Lippen der Jungfer zu, und lispelte: Um Gotteswillen, geben Sie nur Acht, daß Ihnen kein Wort entgeht, die Sache ist von höchster Wichtigkeit, es gilt das Glück eines Menschen, meines Freundes.

Still — sie fangen wieder an zu sprechen!

Ich habe mir's überlegt, sagte der Fremde, Ihre Forderung soll erfüllt werden. Sie können noch heute Nacht die Stadt verlassen.

Wie wollen wir's bewerkstelligen?

Ich sende Ihnen noch vor Mitternacht meinen Wagen. Er wird unter Ihrem Fenster halten. Sie nehmen nur das Nothwendigste mit sich, einer meiner vertrauten Diener wird Sie bis an die ungarische Grenze begleiten, dort sind Sie sicher, und können sich unter fremdem Namen nach Belieben niederlassen.

Der Wagen, den Sie senden, ist Ihr Eigenthum?

Ja.

Diener und Kutscher verläßlich?

Sie können ohne Sorge sein.

Sie bürgen mir für meine Sicherheit, sonst schweige ich nicht.

Ich gehe. Vor Mitternacht wird der Wagen an der bestimmten Stelle harren.

Adieu.

Man hörte einen der Beiden sich entfernen.

Hanni flog hinaus an's Küchenfenster, der Blondin hinter ihr, sie sahen den Fremden, in einen Mantel gehüllt, davon gehen.

Jetzt schnell, Herr Wendelin, lispelte die Jungfer, zünden Sie eine Kerze an, ich werde das Loch in der Wand verdecken, damit der Nachbar auf die Oeffnung nicht aufmerksam wird.

Als das Licht brannte, sagte der junge Mann: Der Spitzbube, er will entfliehen, in der Nacht, ich weiß schon warum? Wir werden aber auch dabei sein. Nicht wahr, Jungfer Hanni, wir werden auch dabei sein?

Was wollen Sie beginnen?

Das müssen wir erst miteinander überlegen. Kommen Sie her, an meine Seite — ganz nahe —

Wozu denn? Um mit Ihnen etwas zu überlegen, bin ich Ihnen nahe genug.

Den Henker auch, kusch, draußen, hören Sie also, der Nachbar darf nicht abreisen.

Nicht? Warum nicht?

Meine liebe Jungfer, Sie fragen sehr kindisch, er darf nicht, weil jener Kornelius, dem er aus dem Wege geht, mein Freund ist. Ich halte also den Nachbar auf, oder besser, ich lasse Kornelius holen, und er muß ihn aufhalten.

Der Gedanke ist gut. Machen Sie sich nur auf die Beine, Ihren Freund zu holen.

Ich soll mich auf die Beine machen. Nein, meine Liebe, das lasse ich bleiben. Ich gehe nicht aus dem Zimmer, ich halte den Schuft im Auge.

Wer wird aber Herrn Kornelius holen?

Sie, meine Liebe.

Ich? Was fällt Ihnen ein? In der Nacht.

Sie fürchten sich doch nicht?

Fürchten thu' ich mich nicht, aber ich scheue mich.

Oh, Du göttliche Jungfer! Da, Engel, nehmen Sie noch einen harten Thaler, er wird Ihre Scheu beseitigen. Ich gebe Ihnen die Adresse meines Freundes, und kommen Sie mir nicht ohne ihn zurück.

Und wenn ich ihn nicht zu Hause treffe?

Dann warten Sie, bis er zurückkehrt; er ist ein solider Junge, er ist immer vor Mitternacht zu Hause. Wollen Sie meinen Sultan zum Begleiter mitnehmen?

Ich danke, ich gehe ohnedem nicht allein.

Oh, die Schelmin, da hat man's, deßwegen hielten Sie sich immer in der Ferne, wenn ich Ihnen den Hof machen wollte; aber hören Sie, liebe Hanni, ich will Ihnen einen sehr annehmbaren Vorschlag machen. Machen Sie es so wie ich, und nehmen Sie sich Zwei — nämlich einen Geliebten und einen Freund.

Ich danke recht schön, es könnte mir am Ende so ergehen wie Ihnen, zwischen zwei Stühlen in der Mitte sitzen zu bleiben, und das ist, wie Sie erfahren haben, sehr unangenehm. Behüte Sie Gott, die Adresse hab' ich. Lassen Sie sich die Zeit nicht lang werden.

Hanni eilte fort.

Die Hausmeisterische ist vorsichtiger als ich, dachte er, wäre ich bei der Wurzel geblieben, und hätte ich keine preußischen Gelüste gehabt, so säße ich jetzt nicht in der Patsche. Geschieht mir recht, jede Untreue bestraft sich von selbst. Jetzt aber aufgepaßt, damit mir der saubere Vogel nebenan nicht erwischt.

Er ging zur Oeffnung in der Wand und horchte.

Ich höre ihn herumwirthschaften, murmelte er, er packt zusammen, er macht sich reisefertig. Nur zu, feiner Hecht, ich werde Dir schon einen Schranken ziehen, den Du nicht überspringen sollst. Ha, was fällt mir da ein, Vorsicht schadet nicht, ich will das Halsband hervorsuchen, es könnte gute Dienste leisten.

Er begab sich zu einem Schranke, stöberte dort eine Weile herum, und brachte ein mit spitzen Stacheln umkränztes Halsband zum Vorschein. Diese besondere Zierde pflegte er dem Bullenbeißer nur bei sehr feierlichen Gelegenheiten, z. B. bei einer Büffelthetlung, oder bei einer Tigerhetze umzuschnallen.

Nachdem er das Halsband hatte, rief er: „Sultan!“

Der Hund sprang außen auf die Klinke, die Thüre ging auf, und er stürzte freudig auf seinen Herrn zu.

Kusch, Sultan, da nimm Dein schönes Halsband, steh' ruhig, Kerl, oder ich fuchtle Dich.

Der Bullenbeißer hatte das Halsband kaum erschaut, so war er wie toll. Er meinte nichts Anderes, als müsse er augenblicklich gegen einen Büffel oder sonst ein wildes Thier losgehen. Der Blondin hatte Mühe, ihn zu besänftigen. Er schob ihn in die Küche, versetzte ihm einige derbe Hiebe, worauf er einigermaßen ruhiger wurde.

Wendelin theilte seine Zeit zwischen Horchen und Harren.

Der Nachbar stöberte noch immer herum — die Uhr zeigte bereits die zehnte Stunde.

Hanni bleibt lange aus, murmelte Wendelin, nach meiner Rechnung könnte sie schon zurück sein. Vielleicht war Kornell nicht zu Hause, und sie mußte warten. Was macht denn der Spitzbube?

Er horchte.

Ah, der Schuft zählt jetzt Geld — nur zu — zähle so lang Du willst, Dein Geld wird Dir nichts nützen. Er warf sich in einen Lehnstuhl, dachte an die Kammerjungfer, an die Laborantin, an die Kreuzerkomödie, jammerte im Stillen über seine Verlassenheit, und versank in ein solches Chaos von Gedanken, daß abermals eine Stunde verstrich, ohne daß Hanni wiederkehrte.

Zum Teufel, brummte er, wo mag das Mädl nur bleiben, wer weiß, wohin die mit ihrem Liebhaber gezogen ist? Am Ende haben sie sich vergangen — kusch, Sultan — und finden den Weg nach Hause nicht? Ich weiß gar nicht, was ich mir denken soll? Ich hab' dem Mädl drei harte Thaler gegeben, am Ende läßt mich das Mädl hier warten, und schläft unten im Nest, ohne sich weiter um mich und um Kornelius zu kümmern. Alle Teufel — was

ist das? — Ein Wagen unter'm Fenster — der kommt,
den Kurator zu holen — und Korneli ist noch nicht da?
— Was ist zu thun? Jetzt muß ich den Spitzbuben auf-
halten. Fort darf er um keinen Preis — kusch, draußen
— Donnerwetter, wo bleibt denn die Hausmeisterische?
Der Kukuk soll ihren Liebhaber holen, der trägt gewiß die
Schuld an ihrem Ausbleiben — daß doch überall so ein
Satan dabei sein muß — kusch, draußen, jetzt keinen Laut,
damit Du mir nicht wieder einen Strich durch die Rech-
nung machst, o Hanni, wo bleibt das Teufelsmädl — beim
Nachbar geht die Thür' — jetzt hinaus — jetzt ist's Zeit!

Sechsundzwanzigstes Kapitel.

Ein Strich durch die Rechnung.

Als Wendelin sprach: „Jetzt ist's Zeit!" da war es
auch wirklich an der Zeit, daß er aus der Küche trat, denn
Herr Keil, mit einem anderen Manne zur Seite, wollte
eben vorübereilen.

Der Blondin vertrat ihnen den Weg.

Der ehemalige Kurator sah ihn groß an, und sagte:
Was gibt's, Herr Nachbar?

Spitzbuben! dachte der Blondin, und wich nicht von
der Stelle.

Ich frage Sie, was es gibt? Warum stellen Sie sich
mir entgegen?

Sie fragen mich, Herr Nachbar? Sagen Sie mir, wer hat meinen Hund aus der Küche gelassen?

Trollen Sie sich jetzt mit Ihrem Vieh.

Nein, mein Herr, ich trolle mich nicht mit meinem Vieh, ich bleibe steif und fest beim Vieh, wer hat meinen Hund aus der Küche gelassen? Sie, mein Herr! Kusch, da drinnen! Ich weiß Alles, ich weiß von dem Manöver mit den Fensterscheiben, das ist ein Einbruch in meine Wohnung. Was erwiedern Sie darauf?

Daß Sie mich jetzt nicht aufhalten sollen.

Und warum nicht? Ich habe gerade jetzt Lust und Muße dazu. Um eilf Uhr in der Nacht hat man in der Regel keine Geschäfte mehr zu verrichten, da schläft man, oder wenn man nicht schläft, so macht man seine Hausgeschäfte ab — kusch, da drinnen — die Bestie kann's nicht erwarten, herauszukommen.

Wie unsere Leser sehen, war es dem jungen Stutzer darum zu thun, den Kurator so lange aufzuhalten, bis Kornelius kam.

Was kümmern Sie meine Geschäfte?

Was hat Sie mein Hund gekümmert und meine Fensterscheiben?

Der Hund hat Unruh' im Haus gemacht.

Beleidigen Sie meinen Hund nicht, wer meinen Sultan beleidigt, der beleidiget mich — und wer mich beleidigt, den packt mein Sultan.

Sie sind ein Narr.

Besser ein Narr, als ein schlechter Kerl.

Mein Herr!

Bleiben Sie gelassen, Herr Keil, mengte sich jetzt der Begleiter des Kurators in den Streit, der Herr — auf Wendelin deutend — wird so gütig sein, uns unsere Wege gehen zu lassen.

So gütig werde ich nicht sein.

Und warum nicht?

Weil ich Euch um jeden Preis aufhalten will, dachte Wendelin, aber das mochte er nicht sagen, darum murmelte er: Weil Herr Keil bei mir eingebrochen, weil er mich beleidiget hat, weil —

Sie verhehlen die Wahrheit, fuhr der Dritte gelassen fort, Sie haben irgend einen anderen Grund, uns den Weg zu vertreten.

Und wenn ich ihn hätte?

Dann würde ich Sie ersuchen, mir ihn zu sagen.

Und wenn ich nicht wollte?

Dann würde ich Sie dazu zwingen.

Zwingen? Wodurch?

Wendelin bemerkte, daß Keil's Begleiter seine Rechte in die linke Brusttasche senkte.

Ist's um die Zeit, dachte er, dann heißt es vorsichtig sein und keine Zeit verlieren.

Mit einem Sprunge war er bei der Küchenthüre und riß sie auf.

Der Bullenbeißer stürzte heraus.

Zurück, ruft jetzt der Blondin den beiden Herren zu, oder ein Wort von mir und der Hund zerreißt Euch.

Halten Sie ein! rief der erschreckte Kurator, dem die Wildheit des Thieres bekannt war.

Nur heran! drohte der Dritte, jetzt gilt's, kommen Sie, Herr Keil.

Er faßte dessen Hand, um ihn mit sich fortzuziehen.

Wendelin sah in seiner geschwungenen Rechten einen Dolch.

Sultan, pack' an! ruft er dem Hunde zu.

Der Bullenbeißer springt an die Seite des Kurators, und reißt ihn in einem Augenblicke zu Boden.

Sultan kusch, den Andern pack' an!

Der Hund springt auf den Begleiter los.

Dieser führt einen Stoß nach des Thieres Kehle — der Stahl trifft auf das Parade=Halsband des Bullenbei-

ßers — prallt ab — und schon liegt der Angegriffene auf
dem Boden.

Sein Jammergeschrei zeigt, daß er bereits die Stacheln
des Bandes in seinem Fleische fühlte.

Der Blondin springt hinzu, entreißt ihm den Dolch,
und ruft: Kusch, Sultan — komm her — kusch —
herein da!

Der Hund wedelt seinen Herrn an, und läßt die Beute
am Boden.

Jetzt fort, herrscht Wendelin Keil's Begleiter zu, machen Sie sich aus dem Staube — man wird Sie sonst als
Eindringling in ein fremdes Haus festnehmen.

Der Bedrohte eilte flüchtig die Treppe hinab.

Wendelin kehrte sich jetzt zu dem ehemaligen Kurator, und sagte: Und Sie, Herr Keil, gehen augenblicklich auf Ihr Zimmer, mit dem Durchbrechen ist's nichts, so
lange ich Ihr Nachbar bin. Alle Teufel, wo bleibt nur
der Korneli?

Kornelius? rief Keil, auf's Neue erschreckt.

Er muß jeden Augenblick hier sein — ich habe bereits
nach ihm gesendet —

Sie haben? — Sie kennen ihn?

Diese Erklärung ein anderes Mal — vielleicht vor
Gericht — ah, Gottlob — da kommt er schon! Kusch,
Sultan — das ist ja der Korneli, kennst ihn denn nicht,
dummes Vieh?

Die Tochter des Hausmeisters traf den Gesuchten
wirklich nicht zu Hause an, und mußte dessen Heimkunft
abwarten, daher das verspätete Eintreffen.

Hanni hatte auf dem Wege Zeit und Gelegenheit, dem
jungen Manne das Gehörte mitzutheilen, die angetroffene
Situation überraschte ihn daher nicht.

Kommen Sie, Herr Keil, heischte er dem ehemaligen
Kurator zu, jetzt haben wir mit einander zu sprechen.

Er faßte seine zitternde Hand, und zog ihn mit sich fort in dessen Wohnung.

Bruder Korneli, rief ihm der Blondin nach, wenn Du mich benöthigest, so klopf' nur an die Wand, ich wohne im Nebenzimmer, und werde horchen, auch Sultan bleibt in Bereitschaft. Marsch, in die Küche, Sultan — ah, schöne Jungfer, Sie haben hübsch lang auf sich warten lassen, Sultan hätte indessen bald zwei Spitzbuben zerrissen. Wo blieben Sie so lange?

Ich mußte ja auf den jungen Herrn warten.

Wer's glaubt. Wenn Sie den Liebhaber nicht mitgehabt hätten —

Pfui, Herr Wendelin — wie der Schelm ist, so denkt er.

Ich aber sage: Gelegenheit macht Diebe, im Geld so wie in der Liebe.

Herr Wendelin, werden wir jetzt nicht mehr horchen?

Nein, mein Engel! Was die Zwei mit einander haben, brauchen Sie nicht zu hören. Begeben Sie sich in's Himmelsnamen zur Ruhe, und lassen Sie sich nichts Böses träumen.

Gute Nacht, Herr Wendelin —

Mein Gott, kreischte jetzt eine Weiberstimme, was ist denn das heute für ein Lärm auf diesem Gange', man wird mitten in der Nacht gestört, allmächtiger Schöpfer, die Jungfer Hanni mit Herrn Wendelin!

Die Sprecherin war Fräulein Lucretia in ihrem gespensterhaften Nachtkostüme, und eine brennende Kerze in der Hand.

Jetzt reitet der Teufel die auch heraus, brummte Wendelin.

Jungfer Hanni aber blieb vor der Alten stehen, und sagte: Was thun Sie denn so, als ob Sie sich verwunderten? Früher, so lange der saubere Herr Keil da war, sind Sie nicht herausgekommen, Sie wollten sich wahrscheinlich

kein Herzweh machen. Sie haben es Noth, in Ausrufun-
gen auszubrechen, weil Sie mich da auf dem Gange sehen,
es sind noch nicht achtundvierzig Stunden vorüber, seitdem
ich Sie das letzte Mal zu Herrn Keil schleichen sah, und
ich habe nicht: „Allmächtiger Schöpfer!" gerufen —

Brav, Jungfer Hanni, nur fort so, kusch, da drinnen.

Hab' ich vielleicht etwas Böses gethan, wenn ich hier
stehe, und mit Herrn Taub spreche, mich genirt der Sultan
nicht, ich brech' nicht bei dem Fenster ein, und lasse den
Hund heraus, damit er nicht belle, wenn Eines zu dem
Anderen schleicht —

Brav, liebe Hanni, nur fort in dieser Weise! Kusch,
da drinnen, laß die Jungfer Hanni sprechen — ah, die
Alte geht schon — sie thut, als ob ihr übel wäre — Sultan, komm heraus, und steh' ihr bei.

Kaum hatte Lucretia von dem Hunde gehört, so stieß
sie einen Schrei aus, und stürzte in ihre Wohnung.

Wendelin und Hanni lachten.

Die hat ihren Theil, sagte die Hausmeisterstochter,
die wird gewiß nie wieder: „Allmächtiger Schöpfer!" rufen. Jetzt, Herr Taub, noch einmal gute Nacht!

Gute Nacht!

Hanni ging die Treppe hinab — der Blondin begab
sich in sein Zimmer, um zu hören, wie weit Freund Kornelius in seiner Verhandlung mit dem ehemaligen Kurator
mittlerweile gekommen war.

Lohberg hatte, wie wir bereits erwähnten, Herrn
Keil am Arme gefaßt, und ihn in dessen Wohnung gezogen.

Da angekommen, befahl er ihm, eine Kerze anzu-
zünden.

Nachdem dieß geschehen war, sagte er: Setzen Sie sich.

Keil sank in einen Lehnsessel.

Lohberg's Auge funkelte.

Sie waren also im Begriffe, zu entfliehen? fragte er den Anderen mit dumpfer Stimme.

Keil stotterte eine ausweichende Antwort.

Lügen Sie nicht, man hat Sie belauscht, zwei Personen haben Sie belauscht, von einer Irrung ist also nicht die Rede, es war ein fremder Herr bei Ihnen, den Sie veranlaßten, Ihnen zur Flucht behülflich zu sein.

Als der ehemalige Kurator des fremden Mannes erwähnen hörte, begann auch sein Auge zu leuchten, er erstarkte, gewann seine Zuversicht wieder, und man sah, wie er sich immer kräftiger emporrichtete.

Er antwortete kurz: Was Sie da sagen, ist wahr. Ich wollte entfliehen —

Sie gestehen es, Elender? Erinnern Sie sich nicht des Versprechens, welches Sie mir gaben? Haben Sie mir nicht versprochen, binnen vierundzwanzig Stunden drei Fragen bestimmt zu beantworten?

Ich kam zur Einsicht, daß ich mein Versprechen nicht erfüllen kann.

Der junge Mann bebte vor Wuth.

Sie können nicht, rief er mit zornigem Tone. Sie können nicht, Sie wollen also nichts thun, um das Verbrechen zu sühnen, durch welches Sie eine Familie unglücklich gemacht haben? Sie raubten uns unser Eigenthum, stießen meine arme Mutter in's Elend und in ein frühes Grab, die Folge davon war der Tod meiner Großmutter, auf mir lastet der Makel der Geburt, ohne Verschulden der Mutter bin ich ein Bastard, und dieß Alles haben Sie gethan! haben es gethan, und jetzt nach neunzehn Jahren ist in Ihnen noch kein Funke von Reue zu finden, noch nicht der Drang, die große Schuld in etwas nur zu sühnen! Elender, Sie haben meine Geduld mißbraucht, erschöpft, ich bin mit Ihnen zu Ende.

Was wollen Sie thun? rief Keil erbleichend, denn er sah, daß die Wuth den jungen Mann bemeistert hatte, und daß er in dieser Stimmung von ihm das Schlimmste zu gewärtigen habe.

Sie werden sterben, rief Kornelius, so wahr Sie der Mörder meiner Mutter sind, Sie müssen sterben, noch in dieser Stunde — gleich —

Sie wollen einen Mord begehen?

Sie haben zwei Menschenleben auf dem Gewissen und athmen noch.

Bedenken Sie wohl, was Sie thun?

Bedenke Du, Schurke, daß Deine letzte Stunde geschlagen hat.

Der ehemalige Kurator verlor seine Fassung nicht.

Sie werden mich nicht morden! sagte er kalt.

Wer will mich daran hindern?

Ein Wort von mir.

Sprich es.

Sie haben an mich drei Fragen gerichtet. Geben Sie die zwei ersten Fragen auf und ich beantworte Ihnen die dritte. —

Die Frage nach meinem Vater?

Ich beantworte sie.

Es sei! — Sprich!

So hören Sie denn, Herr Lohberg, jener Mann, welcher vor einer Stunde bei mir war, und mir zur Flucht behilflich sein wollte, jener Mann ist — Ihr Vater!

Kornelius taumelte auf.

Mein Vater! schrie er, oh Gott, mein Vater!

Nach diesem herzerschütternden Ausrufe trat tiefes Schweigen ein.

Der junge Mann ließ den Kopf sinken und blickte starr in den eigenen Schoß.

Seine Wuth gegen Keil war mit einem Male verschwunden. Er dachte gar nicht mehr daran, daß er den Kurator vor sich habe. Das Wort „Vater" versetzte ihn mit Einem Schlage in die Mitte jener Szene, die seine

Mutter ihm so oft geschildert hatte, wenn sie ihm ihre ausgestandenen Leiden recht lebhaft vor die Seele führen wollte. Er sah den jungen Montenegriner in dem phantastischen Gewande, rauh und roh, wie seine Mutter ihn geschildert hatte. Er sah das Gehöfte in der Einöde, das Treiben der Freibeuter, er hörte den Jammer seiner Mutter, und nun, nun war Er da, jener Mann, der seine schuldlose Mutter so oft mißhandelt hatte, der ihm das Leben gab, ein Leben das —

Er vermochte nicht mehr weiter zu denken, der Schmerz preßte ihm seine Brust zusammen, und er rief wieder: Mein Vater — oh — mein Vater!

Der Kurator bemerkte mit Befriedigung den Eindruck, welchen seine Offenbarung auf den jungen Mann machte.

Lohberg ermannte sich, erhob den Blick, sah, wen er vor sich habe, und erinnerte sich der Szene, welche dem Kurator das Geständniß abgezwungen hatte.

Jener Fremde, begann er hierauf traurig und gelassen, ist also mein Vater, und er wollte Ihnen zur Flucht behülflich sein?

Ich hatte ihm, wie Sie von den Lauschern gewiß erfahren haben werden, gedroht, Ihnen seine Anwesenheit in Wien zu entdecken, um dieß zu verhindern, willigte er in meine Flucht.

Er will also, daß ich seine Anwesenheit nicht erfahre, daß ich ihn nicht kennen lerne! Oh, er hat recht, seine Vorsicht ist nicht überflüßig. Das Verdienst, mir das Leben gegeben zu haben, ist zu gering, daß ich darüber die Schmach, die auf meiner Geburt lastet, und den Jammer meiner Mutter vergessen sollte. Und dennoch, dennoch muß ich ihn kennen, muß mit ihm sprechen — Herr Keil, ich habe auf meine ersten zwei Fragen verzichtet, dagegen will ich die dritte vollständig beantwortet erhalten.

Wie, Sie wollen wissen?

Ich muß Alles erfahren — oder ich beginne das

14 *

Spiel von Neuem. Wer ist mein Vater? Wie nennt er sich dermalen?

Herr Lohberg, Sie setzen mich der größten Gefahr aus. Ich befreie mich von Ihren Drohungen und rufe dadurch jene Ihres Vaters in die Schranken — ich kann nicht.

Sie müssen, bei Gott, dem Allmächtigen, Sie müssen, — ich wage Alles, Ihnen das Geständniß zu entreißen.

Herr Lohberg, ich flehe Sie an.

Vergebens! Sprechen Sie, oder — bei Gott — es geschieht das Aeußerste.

Der Kurator, keuchend, leichenblaß, stierte den wüthenden Jüngling an.

Wohlan denn, es sei. Ihr Vater —

Kornelius hing an den Lippen des bösen Menschen, wie ein Lechzender an dem Becher, dessen Inhalt ihm das Leben rettet.

Ihr Vater —

Nun weiter, um's Himmels willen, reden Sie.

Ihr Vater ist jener Mann.

Jener Mann? —

Der sich jetzt — hier Alessandro Cagliostro nennt.

Jesus, mein Heiland! schrie Kornelius entsetzt und sank ohnmächtig auf den Boden.

Siebenundzwanzigstes Kapitel.

Der Sohn des Magiers.

Der Blondin hörte seinen Freund den Schrei ausstoßen, und stürzte besorgt zum Nachbar.

Was gibt's? rief er, was ist geschehen?

Helfen Sie mir, Herr Kornelius ist ohnmächtig geworden.

Wendelin stürzte fort und brachte frisches Wasser.

Kornelius begann sich zu erholen.

Korneli, rief der Blondin, was ist Dir widerfahren, hat sich der Kurator an Dir vergriffen? Soll ich Sultan holen.

Lohberg machte eine verneinende Bewegung.

Bemüh' Dich nicht, lispelte er matt, es war nur eine Schwäche, sonst nichts! Hülf mir, ich werde bei Dir übernachten.

Und Herr Keil?

Laß ihn — er mag thun, was ihm beliebt — ich halte ihn nicht mehr auf. Er hat sein Wort gelöst, fürchterlich gelöst.

Der Blondin geleitete den Freund in seine Wohnung.

Der ehemalige Kurator blieb allein.

Jetzt weiß Kornelius Alles, murmelte er, Alessandro wird toben, gleichviel, ich werde mich nicht morden lassen, so lange ich die Macht besitze, mich zu retten. Was kann er mir anthun? Nichts. Uns belastet eine gemeinsame Schuld, er hat es aus gewissen anderen Gründen noch mehr zu fürchten, als ich, mag er sehen, wie er mit seinem Sohne fertig wird. Allessandro hätte längst trachten sollen, den jungen Mann zu beseitigen, er hat es versäumt, nun wird er die Folgen zu tragen haben. Ich glaube, die Gefahr, die mich bedrohte, ist beseitiget, der Bursche wird mich nicht belästigen, und mein Geld ist sicher.

Diese Betrachtungen beruhigten den alten Sünder dermaßen, daß er wohlgemuth zu Bette ging, und auch bald in den Armen des Schlafes lag.

Nicht so Kornelius.

Er verbrachte eine schlaflose Nacht.

Während Wendelin von Hanni — Sultan — Racine — der Götzin — dem Kurator, bunt durcheinander träumte und manchmal im Schlafe diesen oder jenen Namen ausrief, lag Kornelius wachend da, wälzte sich von einer Seite auf die andere, und beschäftigte sich mit seinem Unglücke.

Der Mann, der sich Allessandro Cagliostro nannte, war sein Vater!

In dieser Thatsache lag mehr Unglück für ihn, als Alles jenes, welches ihn bisher belastet hatte.

Sein Vater hatte seine Mutter betrogen, hatte ihm das Leben gegeben, mißhandelte die Arme, die er wohl zur Mutter, aber nicht zu seiner Frau gemacht, und entfloh.

Dieß Alles war eine große Schuld für den Mann, aber in dem Herzen des Sohnes tauchten doch manchmal Gefühle auf, die für den Vater sprachen, die, wenn auch ihn nicht entschuldigten, so doch seine Schuld durch Milderungsgründe zu verkleinern suchten.

Sein Vater war damals noch ein Jüngling, der Kurator hatte ihn überredet, die Schönheit seiner Mutter blendete seine Sinne, und das Geld verleitete ihn zur Missethat. Seit damals war eine lange Reihe von Jahren verflossen.

Wer weiß, so dachte Kornelius, wie oft mein Vater die schwere Schuld bereut hat. - Er hat schwer gesündiget, wer weiß, ob ihn nicht später Gottes Strafarm schwer traf, um ihn wenigstens einen Theil seiner Schuld hier sühnen zu lassen.

Solche Betrachtungen verhinderten bisher immer, daß sich in seinem Herzen irgend ein Groll gegen seinen Vater regte, die ganze Schwere seines Hasses, seines Rachegefühls lastete auf dem früheren Kurator; es war ein milder, ein versöhnender Zug seiner unglücklichen Mutter, daß sie nie den Vater ihres Kindes, sondern immer nur Denjenigen anklagte, der, statt ihr ein zweiter Vater zu sein, ihr Ver= derber wurde.

So wie sie, wälzte nun auch ihr Sohn die Last der ganzen Schuld auf Keil, hätte er seine Pflicht gethan, seine Mutter wäre nicht in Todor's Gewalt gekommen.

Dieß waren die Gefühle Lohberg's vor der Entdeckung Keil's — jetzt änderten sie sich plötzlich.

Der Mann, welcher sich Alessandro Cagliostro nannte, war sein Vater!

Er war nicht todt, er sühnte nicht drüben, er bereute nicht hier!

Der Räuber von damals, ist jetzt ein Gaukler, ein Betrüger geworden!

Jener Jüngling ist zum Manne herangereift, aber er bereut nicht nur nicht, was er ehedem gethan, sondern häuft noch neue Schuld auf die alte.

Der Verführer seiner Mutter lebt in Gesellschaft einer Frau, die er ihm zu gehorchen zwingt, gerade so, wie er es einst mit seiner Mutter gethan.

Und dieser Betrüger, dieser Gaukler von jetzt ist sein Vater!

Welch' eine Masse von Erniedrigung, Scham und un= verschuldeter Schande lag für den jungen Mann in dieser Betrachtung!

Aber damit war das Maß seines Unglückes noch nicht voll.

Kornelius durchlief in Gedanken alle jene Szenen, welche er mit Cagliostro gehabt hatte, von der ersten beim Glückshafen am Graben, bis zur letzten im Privatlogis der Kammerjungfer, wo der Magier ihn zwang, die Beschützung Seraphinen's aufzugeben. Jetzt ward dem jungen Manne klar, wie der Magier zu dem Porträte kam, daß er seine Verhältnisse kannte u. s. w., er durchlief, wie gesagt, die Szenen mit Cagliostro, aber er erinnerte sich nicht, in dessen Benehmen auch nur eine Spur jener warmen Theilnahme gefunden zu haben, die doch jeder Mann für sein Kind empfinden sollte, und der Magier wußte doch, daß er mit seinem Sohne verkehre, er wußte es, und litt es doch, daß dieser in die Netze der Gräfin gerieth, der Vater sah die Gefahr, die ihm, seinem Sohne, drohte, und sein Herz blieb stumm, über seine Lippen kam kein warnend Wort, aus seinem Auge schimmerte kein warmer Blick — sein Sohn war ihm fremd und gleichgültig wie jeder Andere.

Lastete also in dem Gedanken, daß der Magier sein Vater sei, nicht mehr Unglück für ihn, als Alles, welches sein Leben bisher verbittert hatte?

Jetzt erst war das Unglück mit nie geglaubter Wucht, über ihn hereingebrochen, jetzt erst gestand er sich, daß seine frühere Lage im Vergleich gegen die jetzige eine beneidenswerthe war.

Was habe ich verschuldet, klagte er in seinem Innern, daß das Schicksal mich so hartnäckig verfolgt? Ist es nicht genug, daß meine Mutter ohne Verschulden so unsäglich leiden mußte, warum denn auch ihr Sohn? Ich und sie, wir haben ja nichts verbrochen, warum wird uns das Leben zum Märtyrerthum umgewandelt? Was soll ich nun beginnen? Mein ganzes Sein erhält jetzt eine andere Richtung. Früher war die Züchtigung des Elenden der Zweck, den ich verfolgte, und jetzt — jetzt, nachdem ich den Mann kennen gelernt, der mir das Leben gab, kann ich ihn, den Fremden

verdammen? Wenn die Stimme des Blutes stumm bleibt,
wie kann man mit Jenem hadern, der uns immer ferne
gestanden? Ist der Vater nicht mehr schuldig, als der Andere? Und dennoch, dennoch muß es geschehen — ich habe
es meiner Mutter geschworen — ihrem Verderber zu vergelten, und es wird geschehen. Und der Vater? Soll ich
vor ihn hintreten, und ihm sagen, daß ich Alles weiß, oder
soll ich schweigen und fliehen, um in ihm nicht meine eigene
Schmach und Schande zu schauen? Und wenn ich vor ihn
hinträte, was soll ich ihm sagen? Mit welchem Gefühle
werde ich dem Manne gegenüberstehen, den ich lieben sollte,
den aber zu scheuen mein besseres Gefühl mich zwingt? Oh,
meine unglückliche Mutter, hätte sie geahnt, welche Leiden
ihrem Sohne auf dieser Erde noch beschieden seien, sie
würde mir gewiß die Vergangenheit verschwiegen haben,
um meine Zukunft weniger zu betrüben. Doch, es sei, ich
will tragen, was mir das Geschick auferlegt, das Geschick
hat mir den Vater entgegengeführt, ich will den größten
Schmerz über mich ergehen lassen, und als Sohn vor ihn
hintreten; er weiß, daß ich sein Kind bin, er soll auch erfahren, daß ich in ihm den Vater erkenne!

Der Entschluß faßte immer festere Wurzel — Kornelius gedachte ihn auch schon am anderen Tage auszuführen.

Der Morgen begann bereits heranzudämmern, als der
junge Mann erst entschlief, die Natur forderte ihre Rechte.
Der erschöpfte Körper bedurfte einer Erquickung. Ein angenehmer Schlummer bot sie ihm.

Der Tag, an welchem der Magier und Kornelius sich
als Vater und Sohn gegenüberstehen sollten, brach heran.

———

Achtundzwanzigstes Kapitel.

Der Magier beginnt das Werk der Rache.

Wir haben die Hauptperson unseres Gemäldes durch einige Zeit aus den Augen verloren.

Wir meinen — Alessandro Cagliostro!

Wir sahen wohl Früchte seiner Thätigkeit, es war uns gestattet, einen Blick in sein vergangenes Leben zu werfen, die Welle, um welche sich der Hauptstrom unserer Erzählung dreht, ist er zwar immer, allein ihn selbst sahen wir nicht, denn bei jener Szene in Keil's Wohnung hörten wir wohl, was er sprach, aber ihn zu schauen, war uns nicht gestattet, und wir erfuhren auch erst später, daß er es gewesen sei.

Wir kehren also jetzt zu ihm zurück.

Wir verließen ihn in dem Momente, wo sein Vertrauter mit Seraphinen gemeinsame Sache machte, und seinen Plan auf Regina vereitelte. Alessandro hatte der Mutter des Fräuleins Rache geschworen, und den Plan, Regina zu besitzen, nicht nur nicht aufgegeben, sondern ihn mit noch größerer Energie zu verfolgen beschlossen.

Er wollte, wie er beim Scheiden Regina's Mutter zurief, seine gekränkte Ehre rächen.

Einige Tage später begab er sich zu Seraphine.

Die Dame empfing ihn kalt und gemessen.

Madame, begann er, ich habe Ursache, mit Ihnen unzufrieden zu sein.

Keine Antwort.

Sie widersetzen sich meinen Anordnungen. So wie jetzt, kann es zwischen uns Beiden nicht fortwähren.

Dieser Meinung, gab die Gräfin kalt zur Antwort, bin ich auch.

Ich bitte Sie, Ironie und Hohn bei Seite zu lassen, und mit mir ernstlich zu sprechen. Was wollen Sie eigentlich von mir? Wodurch habe ich Sie so arg verletzt, daß Sie so unversöhnlich zürnen?

Fragen Sie nicht, Sie wissen Alles.

Ich weiß Alles — meinethalben! — Sie haben Kornelius geliebt, der junge Mensch hat Sie verlassen, ein Beweis, daß er Sie nicht liebte —

Weil meine Untreue ihn verscheuchte.

Nur nicht kindisch, liebe Seraphine, wahre Liebe läßt sich nicht so leicht und nicht so rasch verscheuchen. Glauben Sie mir, er hat Sie nicht geliebt, der Schleier wäre, ob einige Tage früher oder später, endlich doch gesunken, und Sie hätten höchstens den Nachtheil gehabt, daß Ihre Leidenschaft noch tiefer eingewurzelt wäre.

Keine Antwort.

Was erwiedern Sie darauf?

Ich entgegne Ihnen auf alle Ihre Einwürfe nichts.

Sie bleiben starrsinnig?

Ich verharre bei meinem Willen.

Und der ist?

Trennung unseres Verhältnisses.

Das ist nicht möglich, ich habe es Ihnen schon gesagt, Sie sind in meine Geheimnisse zu tief eingeweiht.

Sie haben also lieber eine Feindin an der Seite, als in der Ferne?

Sie sind nicht meine Feindin!

Ich bin es, bei Gott, ich bin es!

Der Magier erschrak — ein Gedanke durchfuhr ihn, es war ein Blitz, der die Nacht erleuchtete.

Seraphine, versetzte er knirschend, dieses Mal glaube ich Ihnen, und es will mir bedünken, als wäre ich den Folgen dieser Feindschaft bereits begegnet.

Die Dame zuckte die Schultern und lächelte höhnisch.

Seraphine, rief der Magier, wär's möglich, Sie haben es gewagt, meine Pläne zu kreuzen?

Ich wage nichts mehr, entgegnete die Gräfin kalt, wer Alles verloren hat, der wagt nicht, denn er hat nichts mehr zu verlieren. Ich hatte in der Raserei meines Rachegefühls mit Pietro einen Bund geschlossen, allein er entfernt mich von meinem Ziele, statt mich ihm zu nähern. Mein Ziel ist Kornelius. Darum löste ich jenen Bund und Pietro ist wieder mein strenger Hüter.

Der Graf war außer sich, er — der die Welt betrog, die gelehrtesten und erfahrensten Männer verblüffte, er wurde von einem Weibe und einem Diener hintergangen! Das Mißlingen seines Planes bei Regina war ihm jetzt kein Räthsel mehr, er kannte die Ursache, Pietro hatte ihm entgegen gewirkt, auf welche Weise, war nicht schwer zu errathen.

Die Entdeckung der Gräfin machte ihn bestürzt, er verkannte nicht, daß ihm große Gefahr drohe, wenn er, wie Seraphine sagte, die Feindin an der Seite behalten würde, der Gedanke an eine nothwendig gewordene Aenderung leuchtete daher auch ihm ein.

Um die Dame nicht noch mehr gegen sich zu empören, schlug er, was selten bei ihm der Fall war, den Weg der Güte und Nachgiebigkeit ein.

Madame, sagte er, ich mache die traurige Bemerkung, daß die Leidenschaft Sie bösartig gemacht hat, und daß diese Leidenschaft mir bereits geschadet hat. Ich will Ihnen deßhalb keine Vorwürfe machen, Sie glauben sich schwer gekränkt und dieß entschuldigt Sie. Lassen Sie uns Frieden schließen, einen Frieden gegen Bedingungen, und wenn diese von beiden Seiten erfüllt sind, dann wollen wir ohne

Haß und Groll scheiden, indem wir das — was wir be=
sitzen, theilen.

Die Gräfin sann eine Weile nach, dann sagte sie:
Wenn es Ihnen mit Ihrem Antrage Ernst ist, ich willige ein.

Mein Wort darauf, daß es mir um eine ernste Aussöh=
nung zu thun ist. Sagen Sie, was begehren Sie von mir?

Ich fordere Befreiung von den Besuchen Nowaczky's,
denn nur dann ist eine Versöhnung mit Lohberg möglich.

Ich sage sie ihnen zu.

Ich fordere, daß auch Sie beitragen, den jungen Mann
mit mir auszusöhnen.

Ich verspreche es, ohne mich jedoch für den Erfolg zu
verbürgen.

Ich fordere, daß Sie mich nicht mehr nöthigen, Besuche
zu empfangen.

Auch dieß sei Ihnen gewährt.

Endlich fordere ich, daß Sie — wenn ich Kornelius
wieder gewonnen habe — sich meiner Verbindung mit ihm
nicht widersetzen.

Ich gewähre es.

Ich bin zu Ende.

Ich bedauere, sagte Cagliostro, daß alle Ihre Forde=
rungen eine Leidenschaft zu Grunde haben, bei der ich
fürchte, daß sie nicht mehr befriedigt werden wird.

Halten Sie Ihr Versprechen, ob es gelingen wird oder
nicht, ich thue, was ich nicht lassen kann. Jetzt sprechen
Sie — was fordern Sie?

Ich habe nur Eine Forderung.

Und die ist?

Daß Sie wieder gut machen, was Sie verdorben.

Erklären Sie sich deutlicher.

Sie haben meinen Absichten auf Regina entgegen ge=
wirkt, Sie müssen jetzt dieselben wieder befördern.

Ich willige ein.

Beginnen Sie Ihre Aufgabe, ich gehe auch bei der meinen unverzüglich an's Werk.

Die Unterhaltung war zu Ende.

Eine namenlose Anzeige von Seite Cagliostro's genügte, das Verbrechen des jungen Grafen zu enthüllen, worauf er eingezogen und Seraphine von seinen ferneren Besuchen befreit war.

Wegen Kornelius wollte der Magier sein Versprechen auch erfüllen, und er sann auf ein passendes Mittel, ihn wieder in sein Haus zu locken. Man wendete sich an Justine, allein diese war mit Wendelin entzweit; jene Gartenszene, wo der Blondin von seiner Geliebten und seiner Freundin zu gleicher Zeit verlassen wurde, hatte eben stattgefunden, man fand also in der ehemaligen Kammerjungfer keine Gehülfin. Cagliostro mußte auf ein Mittel sinnen — da kam der Abend mit Keil — eine neue Gefahr für den Magier, denn er fürchtete die Entdeckung. Lohberg sollte in ihm nie den Vater erkennen.

So wie Alessandro, hatte auch Seraphine an der Erfüllung ihrer Zusage zu arbeiten begonnen.

Der Weg, den sie einschlug, war gut gewählt.

In einem einfachen, aber äußerst reizenden Aufzuge fuhr sie bei der Familie Zahlheim vor.

Mutter und Tochter waren erstaunt, von einer vornehmen, liebenswürdigen Dame besucht zu werden, die sie nicht kannten.

Die Gräfin nannte sich vor dem Fräulein nicht, sondern bat die Mutter um eine Zwiesprache unter vier Augen.

Diese wurde natürlich nicht versagt, und Beate und Seraphine begaben sich in's Nebengemach.

Madame, begann die schöne Gräfin, mich führt die Pflicht der Dankbarkeit zu Ihnen.

Dankbarkeit? — Ich erinnere mich nicht —

Seraphine unterbrach sie: Ich bin Ihnen unbekannt, gleichviel, Ich werde Ihnen nur meinen Namen nennen, und meine Angabe wird Ihnen erklärt sein — ich bin die Gemalin des Grafen Cagliostro.

Ah — Frau Gräfin.

Madame, Sie sehen eine arme, oft gekränkte Ehefrau vor Ihnen, — wenn sie es nicht neuerdings wurde, so verdankt sie dieß Ihnen, Ihrer Strenge, Ihrer Sorgfalt —

Frau Gräfin, ich that nur, was meine Pflicht als Mutter erheischte.

Oh, wie viele Mütter gibt es, die ihre Pflicht nicht erfüllen, sei es aus Fahrläßigkeit oder aus Eigennutz oder aus Uebermaß an Mutterliebe.

Sie wissen also, Frau Gräfin —

Vor ein paar Tagen erfuhr ich die Gefahr, in der Ihre Tochter geschwebt und die kraftvolle Weise, in welcher Sie dieselbe abwendeten — da dacht' ich sogleich Sie zu besuchen und Ihnen für den Dienst, den Sie damit auch mir erwiesen, zu danken.

Den Vorwand des Besuches hatte die Listige geschickt gewählt — er gewann ihr das Vertrauen der Matrone, und hatte Sie dieses, so war die Aufgabe, auch jene des Fräuleins zu erringen, ein Leichtes.

Regina wurde zwar durch die gespenstische Erscheinung und die darauffolgende, dringende Warnung der Mutter von dem Magier zurückgeschreckt, die Nachricht, daß er bereits vermält sei, erfüllte ihre Seele mit brennendem Schmerz, allein in manchen Augenblicken erwachte doch die Sehnsucht in ihr, und was auch ihre Vernunft dagegen einwenden mochte, was auch der Aberglaube ihr von unreinen Geistern und schwarzer Magie vorspiegelte, manchmal wünschte sie doch, ihn wieder zu sehen. Von Gedanken, an die man sich durch lange Zeit gewöhnt hat, vermag man sich nicht plötzlich loszureißen. Vor der Mutter verbarg sie jetzt ihre Hoffnungen und Wünsche — der grelle Eindruck verschwand nach und nach — sie söhnte sich mit manchem Gedanken aus, der sie früher gewaltig erschreckt hatte, und so schwand nach

und nach die Furcht vor dem Unhold und dem Seelenver-
derber, und Cagliostro erschien ihr wieder in einem freund-
licheren Lichte. Bei dem Fräulein zeigte es sich deutlich, wie
die Liebe sich nach und nach über den Aberglauben empor-
rang und wie sie ihn endlich ganz besiegte.

In dieser Gemüthsstimmung fand die Gräfin Santa
Croce das Fräulein. Die kluge Frau erschaute bald den
Grund des jungfräulichen Herzens, und bequemte sich, der
Mutter und der Tochter gegenüber zu einer Doppelrolle,
deren Theile einander ganz entgegengesetzt waren.

Dort tadelte sie den Grafen, hier lobte sie ihn — dort
klagte sie über seine Leichtfertigkeit, hier pries sie seinen zau-
berischen Einfluß — dort warnte sie, hier lockte sie — dort
klagte sie ihn an, hier schwärmte sie für ihn.

Wer Menschenherzen gewinnen will, muß so sprechen,
wie sie im Stillen wünschen — Seraphine gewann Mutter
und Tochter. Schon beim dritten Besuche lud sie die Damen ein, sie auf ihrer Spazierfahrt zu begleiten, und beim
vierten bereitete sie ihnen die Ueberraschung, sie, ohne
daß sie es wußten, nach ihrem Landsitze zu führen.

Die Matrone wurde ganz betroffen, als sie vernahm,
daß hier die Behausung des Wunderdoktors sei, allein Seraphine beruhigte sie mit der Nachricht, daß der Graf verreist sei und erst in einigen Wochen wiederkehren werde.
Die Damen wurden durch die einfache, bürgerliche Einrichtung der Gräfin — wie Lohberg sie schon einmal vorfand, noch
mehr für sie eingenommen, und so errang Seraphine in
kürzester Zeit eine Freundschaft, die um so leichter zu be-
thören war, je wärmer sie wurde.

Vor acht Tagen einander noch fremd, standen sich die
drei Frauen jetzt schon freundschaftlich gegenüber; die Mutter sah in der Gräfin eine unglückliche Gattin, die in ihrer
Freundschaft Ersatz für die kalte Behandlung des Gemals
suchte, das Fräulein liebte in der Gräfin das Echo ihrer
Gefühle, die Vertraute ihres Kummers und ihrer Neigung.

Eines Morgens kam die Gräfin, die beiden Frauen nach Währing abzuholen.

Es war ein lieblicher Frühlingstag, den die Damen im Garten zuzubringen gedachten, in jenem Garten, den Kornelius vor mehreren Wochen schon so zauberisch geschmückt fand, der aber jetzt im natürlichen Frühlingsschmucke prunkte, nicht künstlich, nicht magisch.

Die Bäume hatten sich mit dem grünen Blättergewande angethan, die Natur deckte mildthätig ihre Blöße, um sie durch Schattennacht vor Sonnenbrand zu schützen. Ach, wie duftig wallt es von den Gipfeln herab, als hätt' eine Jungfrau gesalbt ihr seidenes Lockenhaar, die Zweige wiegen sich kaum im sanften Winde und die Blätter beben schon, so wird der Schwache oft von dem erschüttert, was den Kräftigen kaum zu bewegen vermag. Die Rasenplätze dehnen sich wie Teppiche von Sammt aus, die Farbe saftig und grün, mit weißen, gelben und blauen Blümchen durchwirkt. Oh, wie mild ist die Luft, wie warm der Sonnenstrahl, wie rein die Azurdecke oben, hinter welcher die Geheimnisse der Ewigkeiten schlummern.

Fleuch zurück, Du trunkenes Auge, verliere Dich nicht im Unermeßlichen, bleib' lieber an der Erde haften, dort bieten sich Deinem Blicke nur Räthsel — hier siehst Du, was Du begreifst, fassen und anzustaunen vermagst, ohne daß der Verstand schwindlig, die Seele trunken wird.

Welch' ein Leben in dem Garten!

Unten die kleinen Flügelthiere, die mit dem Frühlingsscheine aus der Verborgenheit hervorkriechen, sich auf den Gräserspitzen wiegen und die Blumen umschwärmen, oben die Schaar der gefiederten Virtuosen, deren Schlagen, Zwitschern, Schreien, Pfeifen und Singen die Luft erfüllt, die sich mit ihrem Lärm aufdringen, ohne daß man sie sucht, ohne daß man sie ruft, oft auch, ohne daß man sie wünscht, die aber trotzdem noch die abscheuliche Eigenschaft besitzen, daß sie unsere Blumen umschwärmen, unsere Fruchtbäume in Kontribution setzen und unsere Ruhe stören.

Die drei Frauen ergehen sich in den schattigen Baumgängen — Regina ist entzückt, Beate vergnügt, und Seraphine beobachtet und ordnet Alles mit Sorgfalt.

So naht die Mittagsstunde.

Es war beschlossen, die Tafel im Garten zu serviren.

Jenes Gartenhaus, in dem Lohberg vor Seraphinen kniete, hatte seinen phantastischen Schmuck verloren, dagegen strotzte es von frischem Grün, und umwehte die Stirne des Gastes mit duftiger Kühle. Dort wurde die Tafel gedeckt.

Die Frauen waren traulich, unbeengt durch die Gegenwart eines Mannes.

Seraphine verstand es, das Mahl durch angenehme Plaudereien zu würzen, die Zeit verstrich, ohne daß man es wahrnahm.

Frau Beate hatte den obersten Platz auf einem schwellenden Divan. Rechts und links saßen Seraphine und Regina.

Frau Gräfin, sagte die Matrone, Ihre Gesellschaft macht mich glücklich, sie schafft mir viele Stunden, die mich meinen Kummer, wenn auch immer nur auf kurze Zeit, vergessen lassen.

Oh, gelänge es mir, Ihren Trübsinn auf immer zu verscheuchen, ich würde es für die schönste Aufgabe meines Aufenthaltes allhier ansehen.

Beate lächelte, und Regina sagte: Auch mich freut Ihre gute Laune, Mütterchen, doch bemerke ich, daß sie etwas im Abnehmen ist, Sie scheinen sich nach Ruhe zu sehnen.

Ich fühle mich in der That etwas erschöpft —

Dann, bat die Gräfin, thun Sie sich keinen Zwang an, benützen Sie den Divan, auf dem Sie sitzen, der Schlummer im kühlen Schatten wird Ihnen wohlthun.

Beate, deren Augenlider schwer wie Blei wurden, vermochte sich nicht mehr sitzend zu erhalten, und folgte gleichsam unwillkürlich dem Zureden der Dame.

Seraphine lispelte zu Regina: Mütterchen schläft, ich werde die Dienerin beauftragen, sie zu überwachen, wir aber wollen uns indessen die Zeit nicht lange werden lassen.

Das Fräulein — die schlafende Mutter unter der Obhut einer Dienerin zurücklassend — durchwandelte am Arme der Gräfin den Garten.

Plötzlich hielt Seraphine stille.

Liebe Freundin, sagte sie, ich habe einen köstlichen Einfall. Ich will Sie, während die Mutter schläft, das magische Zimmer sehen lassen —

Ah, welch' ein Gedanke —

Nur die Abwesenheit des Grafen setzt mich in den Stand, es zu thun, wär' er hier, ich dürfte es nicht wagen, denn er duldet nicht, daß eine Dame das Gemach betrete. Wollen Sie —

Ich fürchte —

Ohne Furcht, ich bleibe ja an Ihrer Seite — es sieht nicht so unheimlich aus, als Sie wähnen, ich habe mich schon einmal in seiner Abwesenheit eingeschlichen, kommen Sie —

Ich möchte wohl, aber —

Fort mit allen Bedenken, wir sind ja gleich zurück —

Die eigene Neugierde unterstützte das Zureden der Gräfin, Regina willigte ein, und die Damen begaben sich in das Landhaus.

———

Neunundzwanzigstes Kapitel.

Das magische Gemach.

Die Gräfin von Santa Croce und Regina traten in das magische Gemach.

Die Einrichtung dieses Gemaches, in welchem jüngst der Empfang der sieben Masken bei Gelegenheit der Inkognito-Aufwartung stattfand, war eine ganz andere.

Der Boden und die Wände waren mit grünseidenen Teppichen bedeckt und behangen. Das Licht strömte von oben — jedoch nicht frei, sondern wie durch ein bläuliches Glas, wodurch Alles das Ansehen erhielt, als ob es mit Reif überlegt wäre und eine matte, durch Wolken gedämpfte Herbstsonne es beschiene.

An der Wand, der Thüre gegenüber, hing oder stand vielmehr ein riesiger Spiegel, von dem jedoch nur der vergoldete Rahmen sichtbar war. Das Glas bedeckte ein Schleier, an dessen Seite eine herabhangende Schnur zeigte, daß es nur eines Zuges bedurfte, um den Spiegel von der Hülle zu befreien.

Rechts und links vor dem Spiegel standen zwei prismenförmige Gestelle von Marmor, jedes derselben trug eine herzförmige Vase, aus welcher eine bläuliche Flamme loderte. Die Mitte des Gemaches war leer, dagegen sah man rechts und links zwei von rosenfarbigen Baldachinen überwölbte Divans, weiß wie die Federn des Schwans, der eben aus der Flut taucht. Am Fußende einer jeden dieser Ruhestätten lag majestätisch ausgestreckt, mit züngelndem Rachen ein Löwe, bei dem man in Zweifel gerieth, ob er lebe oder todt sei; war das Letztere der Fall, dann hatte der Magier den todten König der Wüste vor Zerstörung gesichert und hier in zwei Exemplaren mit der täuschendsten Lebensähnlichkeit aufgestellt.

An den beiden Seitenwänden bemerkte man zahlreiche kleine Spiegel, Figuren, Bilder, Schnitzwerke, die in solcher Masse angebracht sind, daß sie jeder der Wände ein mosaik= artiges Ansehen geben.

Der Eindruck, den der erste Anblick des Gemaches her= vorbringt, ist — was gewiß eine Wirkung des bläulichen Lichtreflexes ist — ein trüber. Alles hatte ein winterliches, düsteres Ansehen.

Regina drückte sich fest an die Gräfin und lispelte: Mein Gott, wie es hier kalt ist.

Das dünkt Ihnen nur so, meine Liebe, weil wir aus der Sonnenluft gäh hereinkommen.

Die Gräfin fühlte, wie das Fräulein zitterte.

Kindisches Mädchen, sagte sie, wovor beben Sie? Hier gibt es keine Skelette, keine Todtenköpfe oder sonstige Em= bleme der gewöhnlichen Charlatanerie, hier ist Alles traulich, Alles angenehm und doch ist es ein magisches Gemach —

Was sind das für zwei Flammen? fragte die Jung= frau schüchtern.

Das sind die ewigen Feuer des Magiers. Eine Materie, die immer brennt und sich nie verzehrt, so wie die Liebe im Menschenherzen, Sie werden deßhalb auch bemerken, daß die Vasen herzförmig sind, weil die Flammen eigentlich nichts Anderes, als ein Symbol der Liebe sind.

Was ist das für ein Bild zwischen den Vasen?

Das ist kein Bild, meine Liebe, sondern ein Spiegel, ein Zauberspiegel.

Oh, ein Zauberspiegel.

Er zeigt, je nachdem die Vorbereitungen geschehen, die Vergangenheit oder Zukunft, das Ferne oder Nahe.

Und der Schmuck an den Wänden?

Das sind unbedeutende Kleinigkeiten, ohne Zweck und ohne Sinn.

Die beiden Divans?

Das sind keine Divans, meine Liebe, sondern es sind himmlische Betten, haben Sie noch nicht gehört von diesen wunderbaren Ruhestätten, die Jeden, der sie besteigt, mit namenloser Wonne durchfluten, mit himmlischem Entzücken erfüllen. Was man da fühlt, läßt sich nicht beschreiben. Es fleußt wie Honig und Milch in den Adern, das Auge sieht Engelgestalten, das Ohr hört himmlische Harmonie. Eine Luft, geschwängert mit dem Odem des Paradieses durchdringt unsere Poren, wir glauben die Seele vom Körper getrennt und dennoch ist der Leib keine unbewegliche Masse, er hebt sich leicht, ätherisch, wonnig. Die Ruhe auf diesen Stätten ist ein Stück Himmelsleben.

Bei dieser einladenden Schilderung horchte das Fräulein mit großer Aufmerksamkeit, dann fragte sie: Und wozu dienen diese Betten?

Sie bereiten den Jünger, der nach magischer Ausbildung strebt, zur Seherei vor, sie steigern seine Stimmung, und versetzen ihn in Extase. Wollen Sie es nicht versuchen? —

Nein, nein — ich fürchte —

Sie sind eine kleine Taube, wer wird sich denn vor Wonnen fürchten. Warten Sie, ich will Ihnen beweisen, daß es ungefährlich ist, die Stätte zu besteigen.

Seraphine näherte sich dem einen Divan und ließ sich malerisch auf demselben nieder.

In dem Momente, als dieß geschah, wechselte die Beleuchtung des magischen Gemaches. Statt des bläulichen Lichtes floß jetzt ein Rosaschein durch den Raum und verlieh

dem ganzen Bilde einen erhöhten Reiz. Zu gleicher Zeit ertönte eine leise Harmonie, deren Wohlklang das Ohr mit
unaussprechlicher Wonne erfüllte. Es war eine Sphären-
musik, wie jene, die Kornelius im Garten gehört hatte.

Regina bebte, sie wußte selbst nicht, ob vor Angst oder
vor Wonne.

Ihr Auge war stier auf die Gräfin gerichtet — deren
verklärtes Antlitz und malerische Bewegungen das Entzücken
verriethen, welches sie früher geschildert hatte.

Die Jungfrau hing an dem Anblicke der herrlichen
Frau, die wie von einer Morgenröthe angehaucht, gleichsam
verjüngt und verschönt dalag.

Regina, flüsterte Seraphine, kommen Sie, oh, welch'
ein Taumel, wie süß, wie zauberisch —

Das Fräulein war wie angeheftet, sie vermochte nicht,
die Stelle, auf der sie stand, zu verlassen.

Die Gräfin, als ihre Einladung kein geneigtes Ohr
fand, erhob sich von dem Divan und trat wieder zu ihr.

Ihre Schüchternheit, sagte sie etwas mißgestimmt, ist
mir unerklärlich, es müßte denn sein, daß Ihre Gedanken
anderswo weilen, daß Ihre Seele mit Jemand beschäftigt
ist, der in der Ferne weilt und Ihren Geist dahinlockt.

Das Fräulein erröthete.

Ich hab' es errathen, fuhr die Gräfin, einen munteren
Ton annehmend, fort, Sie kleiner Schelm haben Ihr Herz-
chen bereits verschenkt —

Frau Gräfin! bat die Jungfrau.

Nicht doch, leugnen Sie es nicht, nur fein die Wahrheit gestanden, Sie fühlen sich zu einem Manne hingezogen.

Sie täuschen sich —

Ich täusche mich nicht und ich werde Sie gleich von
der Wahrheit meiner Vermuthung überzeugen.

Das ist nicht möglich.

In einem magischen Gemache ist Alles möglich. Der
Zauberspiegel wird seine Dienste thun.

Der Spiegel?

Ja, meine Liebe. Der Spiegel wird uns den Mann zeigen, der Sie interessirt.

Halten Sie ein, was wollen Sie thun?

Das Glas von der Hülle befreien.

Halten Sie ein, ich will nicht — ich will fort — ich flehe Sie an —

Aber schon war die Gräfin hingeeilt, hatte die Schnur erfaßt, der Schleier fiel und aus dem Spiegel strahlte Cagliostro's Bild — nein, nicht sein Bild — er selbst stand in Lebensgröße im Rahmen.

Regina stieß einen Hülferuf aus, sank auf ihr Knie und bedeckte ihr Antlitz.

Eine kurze Pause.

Sie fühlt sich sanft an der Hand erfaßt.

Sie schrickt zusammen.

Regina, erheben Sie sich, bat er mit weichem Tone.

Allessandro's Ton dringt einschmeichelnd in ihr Ohr.

Sie läßt die Häude sinken — erhebt sich und blickt umher.

Ein Schauer durchrieselt ihren Körper.

Ihr Auge sucht Seraphine — umsonst.

Sie sieht sich allein mit Allessandro.

Dreißigstes Kapitel.

Fortsetzung.

Der Magier hielt die Hand der Jungfrau gefaßt.

Regina wagte es nicht, ihn anzublicken; ein unbestimmtes Gefühl sagte ihr, daß eine Gefahr sie bedrohe, sie wollte um Hülfe rufen, aber sie fand nicht den Muth dazu — das arme Mädchen war in diesem Momente hülflos.

Regina, begann der Magier wehmüthig, mein Erscheinen hat Sie überrascht, ich war weit von hier entfernt, da erhielt ich die Kunde, daß Sie und Ihre Mutter in meinem Landhause zu Besuche seien, und ich eilte heim, und kam zu rechter Zeit, um aus dem Zauberrahmen heraus vor Sie hinzutreten und Sie zu empfangen, wie man einen lieben Gast empfängt. Regina, was hat Ihnen der Arzt gethan, daß Sie ihn so erbarmungslos verstießen, haben Sie nie bedacht, daß der Magier die Unbill rächen könnte, die Sie Ihrem Retter, dem Arzte zugefügt?

Herr Graf — Sie werden doch nicht? —

Erschrecken Sie nicht, es ist ferne von mir, Ihnen nur mit einem harten Worte entgegenzutreten, Sie sind unschuldig an der Beleidigung, die Ihre Mutter mir angethan — obwohl ich ihr Rache schwur — vergebe ich ihr doch, weil sie Ihre Mutter ist.

Wenn Sie wüßten, Herr Graf, was in unserer Wohnung vorfiel. —

Ich weiß Alles! Ein böser Geist hat die Formen Ihres Bruders angenommen und Sie vor mir gewarnt; ich wußte es, und ließ Sie gewähren. Ich wollte mich überzeugen, ob Ihr Herz, wenn ich einige Zeit von Ihnen ferne geblieben, ob es sich von mir wenden würde? Wäre dieß geschehen, ich wäre Ihnen niemals mehr erschienen, es kam jedoch, Dank den guten Geistern, welche ihren Einfluß auf Sie nicht verloren, es kam anders. Wenn auch ferne von mir, dachten Sie doch immer an mich, weilten mit Ihren Gedanken bei mir, diese zarte Anhänglichkeit rührte mich, ich erbarmte mich Ihrer, und Sie stehen wieder vor mir, Ihrem Arzte, Ihrem Retter.

Kommen Sie, Herr Graf, fort, fort —

Wohin wollen Sie? —

Zu meiner Mutter —

Gönnen Sie der erschöpften Greisin die Ruhe, deren sie sich eben erfreut —

Zur Gräfin.

Die Gräfin Santa Croce weilt bei Ihrer Mutter und überwacht ihren Schlummer, — doch, warum fliehen Sie mich? Haben Sie es in der kurzen Zeit unserer Trennung verlernt, Vertrauen zu mir zu haben?

O kommen Sie, Herr Graf!

Warum nennen Sie mich nicht wie früher, Allessandro?

Ich darf nicht —

Sie dürfen nicht? Wer kann es Ihnen verwehren, wenn Ihr Herz Sie drängt, mich bei dem vertraulichen Namen zu nennen? Wer kann es Ihnen verbieten? Sind Sie noch ein Kind, das sich von der Mutter am Gängelbande leiten läßt? Regina, theure Regina, werfen Sie doch das kindische Wesen ab, und erheben Sie sich zur Höhe, die Sie einzunehmen berufen sind.

Ich verstehe Sie nicht, Allessandro.

Oh, Sie werden mich schon verstehen, wenn Sie mich nur anhören mit Liebe und Vertrauen, so wie ehedem. Der

Augenblick ist günstig. — gehorchen Sie Ihrer Mutter, das
gebeut Ihre Kindespflicht, aber widerstreben Sie auch nicht
mir, ich will heute meine einstige Zusage erfüllen — Sie
einführen in das Reich der Geister, Sie sollen schauen die
Herrlichkeiten einer bisher kaum geträumten Welt, einer
magischen Schöpfung — Regina, — geliebte Regina —
kommen Sie. —

Nein, nein, Allessandro, lassen Sie mich —

Regina, wozu das vergebliche Sträuben, Sie besitzen
nicht die Kraft, mir zu widerstehen, Ihr Herz hängt an dem
meinen, ich fühle selbst den Schmerz, den auch Sie empfinden, indem Sie sich von mir loszureißen streben. Wozu
also mir und Ihnen diese Qual?

Die Jungfrau glaubte in der That das zu fühlen, was
der Magier sagte. Sie zitterte — die Angst machte sie jetzt
erbleichen — der Sturm des Blutes ließ sie im nächsten
Momente erröthen — ihr Blick flog wirr umher, als suche
er Rettung und doch zeigte er zugleich ein Entzücken, das zu
bannen sie eben so wenig vermochte, wie die frühere Furcht.
Sie hielt den Grafen von sich entfernt und hätt' ihn doch
gern umschlungen — eine Thräne begann das zarte Aug'
zu feuchten und doch jubelte es in ihrem Herzen.

Dieser Kampf — dieser unerklärbare Widerspruch zehrte
alle ihre Kraft auf.

Allessandro, flehte sie, lassen Sie mich, ich bin nicht
stark genug, die Schrecken des Jenseits zu schauen — ich
flehe Sie an —

Sie lieben mich also nicht?

Lassen Sie mich — ja — ja — ich liebe Sie — unendlich — aber eben deßhalb — wollen Sie mich tödten
durch Angst und Schrecken —

Du wirst nicht sterben, heißgeliebtes Wesen, Du wirst
vielmehr erstarken, neu aufleben unter dem Odem meines
Kusses, in der Gluth meiner Umarmung.

Er umschlang den zarten Leib, und preßte ihn mit

Liebesgluth an sich — Regina ließ ihr Haupt wie bewußt-
los auf seine Schultern fallen; so senkt die Blume ihre
Krone, wenn um Mittag der Sonnenstrahl niederbrennt
und ihre Kraft aufzehrt.

Jetzt, Geliebte, komm'! flüsterte der Magier —

Er fühlte, daß bei der Jungfrau jede Kraft zum Wi-
derstande geschwunden war, und schon leuchtete die Gewißheit des Sieges, das Gelingen seiner Rache, aus dem gie-
rigen Blick — da flog plötzlich die Thüre auf.

Cagliostro schrak auf, und trat betroffen drei Schritte
zurück.

Regina glitt auf den Boden.

Kornelius Lohberg stand dem Magier gegenüber.

Der junge Mann war plötzlich und rasch eingetreten.

Er glaubte nur den Magier zu finden, die angetroffene
Situation überraschte ihn daher — er blieb erstaunt
stehen.

Sein Auge drohte zu vergehen.

Oh, mein Gott, rief er, auch dieß noch.

Der Magier trat ihm mit zornfunkelnden Augen entgegen.

Was suchen Sie hier? herrschte er ihm zu, in diesem
Flügel wohnt die Gräfin nicht. Begeben Sie sich hinüber, Seraphine erwartet Sie, und wünscht mit Ihnen zu
sprechen.

Der junge Mann sah den Magier mit einem verächtlichen Blicke an, und erwiederte: Mein Besuch gilt Ihnen
und nicht der Gräfin —

Mir? Was wollen Sie von mir?

Viel, mein Herr, sehr viel! Doch entfernen Sie früher
diese Dame.

Regina hatte indessen ihr Bewußtsein wieder erlangt,
und begann sich emporzurichten. Wie fragend blickte sie
umher und gewahrte nun nebst dem Magier einen fremden
jungen Mann. Sie schien sich des Vorgefallenen zu ent-

finnen, sprang auf, und rief: Meine Mutter — um Got,
teswillen — wo ist meine Mutter?

Von außen herein drang eine Frauenstimme, welche den
Namen: „Regina!" rief.

Kornelius eilte zur Thüre, öffnete sie, und Frau Beate
stürzte herein.

Beim Anblicke des Wunderdoktors schrie die Matrone
auf; er, den sie ferne glaubte, war da!

In ihrem Geiste begann es sich zu enthüllen; sie ahnte
was man hier vor hatte.

Die Anwesenheit eines Dritten ließ sie jedoch hoffen,
daß die schändliche Absicht noch nicht gelungen war und ein
Blick auf Regina bestärkte sie in dieser Meinung.

Sie eilte auf ihr Kind los, und rief: Regina —
komm — von hier — wir wurden getäuscht — betrogen —
komm — laß uns fliehen von dem Orte des Unheils.

Sie zog die Jungfrau mit sich fort — Cagliostro
wollte ihr nacheilen — allein Lohberg trat ihm in den
Weg, und sagte ernst und gebieterisch: Bleiben Sie, mein
Herr, bleiben Sie!

Zurück! Welch' ein Dämon hat Sie hieher geführt.

Kein Dämon war's, sondern mein guter Geist; ich
kam — wie ich wahrnahm — zu rechter Zeit, um zu verhindern, daß nicht noch ein armes Mädchen, so wie einst
Marie Lohberg, ihr Lebensglück verliere.

Bei dem Namen „Marie Lohberg" wurde der Magier
bleich wie ein Gespenst.

Kornelius wußte jetzt, daß er sein Vater war, Keil
hatte den Verräther gespielt.

Alessandro athmete tief auf, sein Blick ruhte finster
auf dem jungen Manne.

Vater und Sohn standen sich gegenüber.

Mein Herr, begann Kornelius nach einer langen Pause,
das Gaukelspiel ist zu Ende. — Ich habe stets gefürchtet,
jenem Manne zu begegnen, der mir dieß unglückliche Leben

gab, der Himmel hat es anders gewollt, er ließ mich Sie finden, indem ich, ohne es zu wollen, der Retter eines Mädchens wurde, welches so wie meine Mutter zur Beute Ihrer Leidenschaft bestimmt ward, Sie sehen, wie wohlerwogen stets die Fügungen der Allmacht sind. Damals hatten Sie einen Bösewicht zum Genossen, dessen Geiz und Eigennutz Ihren Plan begünstigte, heute steht Ihnen ein Weib zur Seite, ein Weib, deren Leidenschaften eben so groß und mächtig sind, wie die Ihren, sie verdarb, was Sie schufen, und darum mißlang Ihnen heute, was damals Ihnen glückte.

Wozu diese Betrachtungen, nahm jetzt der Vater barsch das Wort, was willst Du hier? Du bist mein Sohn, ich weiß es, ich wußte es, als ich Dich zum ersten Male sah, ich bin also durch Dein Erscheinen gar nicht überrascht, wozu also dieser Kanzelton? Mein Ohr verträgt dergleichen nicht. Geh' Du Deine Wege und laß mich meine gehen. Was von jeher getrennt war, läßt sich nicht mit einem Male zusammenfügen.

Sie haben Recht, mein Herr, ich bin auch gar nicht gewillt, Gefühle zu fordern, die Ihrem Herzen fremd sind, es widersteht ja auch mir, Sie Vater zu nennen, und wenn Sie mir auf diese Weise, wie es geschah, hundertmal das Leben gegeben hätten. Ich werde meine Wege gehen, so wie Sie die Ihren — ich trage kein Verlangen, mit Ihnen Hand in Hand zu wandeln. Sie fragen mich jedoch, was ich hier wolle? und darauf muß ich Ihnen antworten: Sie haben meine Mutter elend gemacht, Sie haben sie mißhandelt, getreten, gestoßen, und der Verzweiflung preisgegeben, und dennoch hat meine Mutter Ihnen nicht geflucht; Sie waren der Vater ihres Kindes, das vergaß die Arme selbst auf dem Sterbebette nicht. In den Augen meiner Mutter war Ihr Helfer, der Kurator, der Hauptschuldige, auf ihn übertrug sie ihren ganzen Haß, ihre ganze Rache. Ihnen hat sie vergeben, ihr Elend jenem Schurken zu vergelten, habe ich jedoch schwören müssen. Hätte meine Mutter Sie so gekannt, wie ich Sie jetzt kenne, hätte sie gewußt, wie Sie an ihrem Kinde, welches ja auch das Ihre ist, handeln würden, sie hätte wahrscheinlich dem Fremden weniger und Ihnen mehr gegrollt, sie that es nicht, so geschehe, was sie gewollt, — ich verstumme, denn es steht mir nicht zu, den Mann zur Rechenschaft zu fordern, den Vater zu nennen mich die Natur verurtheilt hat. Hören Sie mich also an. Sie wollten die Flucht des ehemaligen Kurators begünstigen, ich verhinderte es, und Keil, um sich zu retten, verrieth mir, daß Sie mein Vater seien. Ich habe beschlossen, gegen Keil bei den Gerichten einzuschreiten, die Angelegenheit ist jedoch verjährt, und Sie allein sind im Stande anzugeben, daß und wie er meine Mutter betrogen hat. Diese Angabe fordere ich von Ihnen —

Wie, ich sollte?

Ja, mein Herr, Sie werden gegen den Elenden zeugen, der meine Mutter unglücklich gemacht hat, Sie werden dadurch auch einen Theil dessen sühnen, was Sie verschuldet.

Nimmermehr!

Sie weigern sich?

Hältst Du mich für so thöricht, daß ich mich selbst in Gefahr begebe? Meinst Du, Keil werde mich schonen, wenn er sieht, daß ich ihn verderbe?

Auch daran habe ich gedacht — Ich begehre von Ihnen kein mündliches Zeugniß — Sie geben mir ein schriftliches Dokument, in welchem Alles enthüllt ist, von Ihrer Hand gerechtfertiget, und mit Beweisen, die Keil nicht leugnen kann, belegt.

Der Magier dachte eine Weile nach, darauf sagte er: Geh', ich werde über die Sache nachdenken.

Ich wünsche eine bestimmte Antwort.

Geh', sage ich, und fordere nicht mit Ungestüm, was ich Dir zu gewähren ohnedem geneigt bin. — Geh' — und vergiß nicht — daß jener Elende auch mich herausge-

fordert hat, indem er Dir verrieth, was Du ohne ihn niemals erfahren haben würdest.

Kornelius folgte der Weisung seines Vaters und entfernte sich aus dem Gemache.

Seraphine, bestürzt über die Vorgänge, die ihren Plan
vereitelten, harrte nach der Entfernung der beiden Frauen
mit Ungeduld des Augenblickes, wo Kornelius das Gemach
verlassen würde.

Eine Zofe hatte den Auftrag, den jungen Herrn zur
Dame des Hauses zu bescheiden.

Er nahm die Einladung nicht an, sondern eilte aus
dem Hause.

Er mußte vor dem Fenster der Gräfin vorüber.

Seraphinen's flehender Blick hielt ihn auf.

Kornelius, bat sie, haben Sie keine Minute mehr für
eine unglückliche Frau.

Sie verzeihen, Madame, sagte er mit eisiger Kälte, der
Sohn Alessandro's kann mit der Gräfin Santa Croce nicht
mehr verkehren.

Was sagen Sie?

Ich bin der Sohn jenes Mannes, der Ihr Herr und
Gebieter ist, dessen Werkzeug Sie sind. Leben Sie wohl.

Seraphine taumelte vom Fenster weg, und sank in
Ohnmacht.

Kornelius Lohberg eilte gegen die Stadt.

Einunddreißigstes Kapitel.

Ein Wiedersehen.

Kornelius Lohberg lenkte seine Schritte gegen das Palais der ungarischen Garde.

Auf dem Antlitze des jungen Mannes malten sich Kummer und Trauer. Die Ereignisse der letzten Zeit waren auf sein Gemüth nicht ohne Eindruck geblieben.

Von dem Momente an, da wir ihn kennen lernten, bis zu dem jetzigen Augenblicke, was hatte er nicht Alles erlebt!

Von dem einen Herzen riß er sich los — von dem anderen verscheuchte ihn die Untreue — hier fand er den Verderber seiner Mutter, dort seinen Vater — und überall litt sein Herz, nirgends fand sein Gefühl einen angenehmen Ruhepunkt, er hatte mit Ausnahme Wendelin's keinen Freund, keine Freude.

Wir haben erwähnt, daß Lohberg sich in das Palais der ungarischen Garde begab, sein Weg führte ihn zu Aurelie.

Der junge Mann fand das Fräulein in schwarzen Gewändern, mit bleichem Antlitze und verweinten Augen.

Sein Besuch überraschte.

Fräulein Aurelie, begann er mit einem Tone, aus dem die herzlichste Theilnahme sprach, eine Theilnahme, wie sie nur Derjenige dem Unglücklichen gegenüber offenbaren kann, der selbst unglücklich ist, Sie werden mir nicht zürnen, wenn ich trotz der letzten Szene zwischen Ihnen und mir dennoch die Schwelle Ihres Hauses übertrete. Nur der Unglückliche vermag das Unglück zu ermessen, weisen Sie mich nicht zurück, ich biete Ihnen meine Theilnahme, meine Hülfe, Alles, was ich Ihnen zu bieten vermag.

Ich danke Ihnen, Herr Lohberg, antwortete Aurelie unter Thränen, ich bedarf keines Mannes Hülfe, keiner Theilnahme —

Sie vermochte vor Schluchzen nicht weiter zu sprechen.

Ihre Thränen, sagte Kornelius, bezeugen gerade das Entgegengesetzte von Dem, was die Lippen sprechen. Welcher Unglückliche bedürfte nicht der Theilnahme? Und sind Sie nicht unglücklich? Unglücklich ohne Ihr Verschulden, so wie ich es bin? Fräulein Aurelie, wenn Sie wüßten, was ich in den letzten Tagen Alles erlebt habe!

Gewiß nichts Schmerzlicheres, wie ich, entgegnete Aurelie, von der Höhe eines reinen, makellosen Familienrufes plötzlich hinabzustürzen in die Klasse der Verworfenen, Ehrlosen — oh, Herr Lohberg, das Marternde dieses Gefühls läßt sich nicht beschreiben, es kann einen verletzenderen Schmerz geben, aber einen grausameren gibt es nicht.

Die Nachricht traf mich wie ein Donnerschlag aus heiterem Himmel.

Wer hätte das Entsetzliche nur ahnen können? Der unglückliche Greis verschloß Alles in seiner Brust — er vertraute Niemandem seine Lage, und ließ sich von Betrügern an den Abgrund leiten, in den er stürzte. Herr Lohberg, zürnen Sie nicht, daß ich einen Bund, dem auch Sie angehören, verdamme, aber kann ich anders? War es nicht die Rosenkreuzerei, die meinen greisen Onkel in's Verderben stürzte? Sie raubte ihm die Zeit, die er seinem Dienste hätte widmen sollen, sie verschlang in nutzlosen, chemischen Versuchen Summen, und brachte ihn so dem Sturze immer näher, bis endlich ein Elender ihn vollends niederwarf.

Da der junge Mann sie fragend anblickte, so fuhr Aurelie fort: Ich sehe, Sie wissen nicht, wen ich meine? Mein Onkel hat mir es ebenfalls erst nachdem er eingezogen wurde, anvertraut, daß seine wirkliche Schuld erst mit dem Ankaufe des philosophischen Goldsalzes beginne, und dazu verleitete ihn jener Betrüger, der in Währing —

Lohberg fuhr empor.

Cagliostro? rief er in der höchsten Bestürzung.

Aurelie sah ihn befremdet an, und bejahte durch eine Kopfbewegung seine Frage.

Der junge Mann schaute mit einem schmerzvollen Blicke nach oben.

Allmächtiger Gott, flehte er, indem er seine Hände emporhob, hast Du des Unglückes noch nicht genug über mich gesendet, soll die Last mich ganz zermalmen? Hat er des Elendes noch nicht genug gesäet? Und ich — ich muß das Alles wissen, muß es hören und darf nicht — darf nicht —

Was haben Sie, Herr Lohberg? fragte Aurelie besorgt.

Ach, wenn Sie die Verkettung zwischen Ihnen und meinem Unglück wüßten! Jener Mann, den Sie anklagen, den klage auch ich an. Ihnen hat er den Onkel in's Verderben gelockt, und mir — oh Aurelie, Sie kennen das unglückliche Verhältniß meiner Geburt, ich habe es Ihnen einmal vertraut; damals ahnte ich freilich nicht, daß ich in so kurzer Zeit darauf meinen Vater finden würde.

Ihren Vater?

Ja, meinen Vater; es ist jener Mann, den Sie einen Elenden, einen Betrüger schalten.

Aurelie erbleichte wo möglich noch mehr.

Kornelius ließ sich auf einem Sessel nieder, bedeckte seine Augen und fing an zu schluchzen — der Gedanke, daß sein Vater auch jener Person, die ihm nebst Wendelin die Theuerste auf dieser Erde war, Unglück brachte, dieser Ge-

16 *

danke goß einen so glühenden Schmerz in die Seele, daß er wie ein Kind zu weinen begann.

Das Fräulein blickte ihn mit Wehmuth an, sie fühlte mit ihm, sie bedauerte ihn.

Herr Lohberg, sagte sie mit einer Stimme, aus welcher ihre Liebe hervorleuchtete, ich wollte Ihnen nicht wehe thun, der Himmel weiß es, es war nicht mein Wille!

Wozu diese Entschuldigung? Sprachen Sie nicht wahr? Steht er nicht vor aller Welt als Gaukler und Betrüger da? Hat er nicht auch meine Mutter betrogen? Meine arme, unglückliche Mutter, was hat sie nicht von diesem Manne zu leiden gehabt, der ihr Glück so verschlang wie einen Theil ihres Vermögens.

Ist die Gräfin Santa Croce jetzt seine Gattin? fragte Aurelie schüchtern.

Kornelius erröthete.

Nein, sie ist nichts, als sein Werkzeug; Jene, die seine Magie nicht blendet, Jene verführt seine Genossin. Scham=bedeckt stehe ich vor Ihnen, die Verirrung bereuend, zu welcher ich mich durch ein reizendes Frauenantlitz verleiten ließ, die Schönheit hat mich einen Augenblick geblendet, doch kaum erkannte ich die Schlange unter den Rosenblättern, so rang ich mich los; ich habe mir keinen Vorwurf zu ma=chen, ich bin nicht gestrauchelt, ich habe mich nur verirrt, und dann wieder den rechten Weg gefunden.

Aurelie blickte ihn unter Thränen an.

Nur verirrt, sagte sie wehmüthig lächelnd und ohne Vorwurf, Sie haben aber nicht gedacht, daß bei dieser Ver=irrung auch andere Menschen mit leiden, Sie haben nicht erwogen, daß diese Verirrung Anderen vielleicht Tausende von Thränen kostet —

Aurelie, was sagen Sie?

Ach, Herr Lohberg, ich habe viel gelitten, doch wozu diese Worte, es soll, es kann nicht sein.

Lohberg faßte die Hand des Fräuleins.

Aurelie, sagte er, was das Unglück verbindet, hält fe=
ster zusammen, wie das, was Glück vereinet; das Unglück
ist ein schmerzvoller Kitt, aber er überdauert Zeit und Leid;
uns hat das Glück getrennt, das Unglück führt uns zusam=
men; meine Pflicht ist, nie zu vergessen, daß mein Vater
es war, der einen Theil der Schuld an Ihrem Unglück
trägt. „Zwei Scheidewände, so sagten Sie jüngst, trennen
uns von einander: die Gräfin und Ihre Geburt!" die er=
stere dieser Wände ist verschwunden, und über die andere
wird uns das Geschick hinwegführen — ich wage die Hoff=
nung, daß der Himmel in seiner Allgerechtigkeit dem unver=
schuldeten Kummer die Freude folgen lassen wird.

Aurelie antwortete nicht, die Thräne in ihrem Auge
und ihr leises Erbeben zeugte, daß sie Kornelius verstand
und in ihrem Herzen dieselbe Hoffnung nährte.

Der junge Mann nahm Abschied, dießmal warm und
innig; er erkannte die Neigung Aurelien's und freute sich
ihrer, denn er fühlte auch in seinem Herzen das Zunehmen
jener Zuneigung, die schon einmal erwacht und von ihm
fast mit Gewalt verscheucht worden war.

Zweiunddreißigstes Kapitel.

Herr Wendelin Taub ist noch nicht am Ende seiner Abenteuer.

Der Blondin war allein.

Kornelius, nachdem er, wie wir wissen, die Nacht bei ihm zugebracht, hatte ihn verlassen.

Was fange ich heute an? dachte der Blondin, wohin soll ich gehen? Mit oder ohne Sultan? Wer sich einige Zeit gewöhnt hat, zwischen zwei Rosen umher zu flattern — der verspürt einen bedeutenden Katzenjammer, wenn er auf einmal, ohne Charakter in den Ruhestand getrieben, zwischen zwei Stühlen auf den Boden zu sitzen kommt. Und was waren das für zwei Stühle! Das waren keine gewöhnlichen Stühle, sondern gepolsterte Sessel, oh Gott, dergleichen findet man nicht alle Tage. Justine, die Barbarin! Nein, keine Barbarin, sie hat Recht, ich hätte die Preußin meiden sollen, dieß war meine Schuldigkeit als halber Bräutigam und als ganzer Patriot — von nun an werde ich sie aber auch meiden, mit ihr ist's aus, auf ewig aus! — Entweder die Jungfer Hanni, die Mamsell Wurzel wollt' ich sagen — verdammt, jetzt steigt mir diese Hausmeisterische auch schon wieder in dem Kopf herum — also entweder die Wurzel, oder eine Andere, aber die Preußin nicht mehr, nie, nie!

Nach einer Pause: So halt' ich's nicht aus; ich habe gefehlt, ich will den ersten Schritt thun, ich muß wissen, woran ich bin? Mich, so mir nichts, Dir nichts abzudanten, ohne „Behüt' Gott," ohne „Lebe wohl," das ertrag' ich nicht — ich thue also den ersten Schritt, ich will der Racine schreiben. Komm' her, Sultan — ah so — kusch — ich werde schreiben.

Wendelin setzte sich an den Tisch und schrieb nach einigem Nachdenken folgenden Brief:

„Angebetete Racine!"

„Sie haben mich verstoßen, Sie hatten Recht, denn das Glied, das mich ärgert, das reiß' ich ab, so steht geschrieben, und ich habe Sie geärgert. Aber es gibt gewisse Dinge, die heute recht sind und morgen nicht — dazu gehört auch Ihr Zorn. Die Preußin hat Ihnen gegenüber eine sehr zweideutige Rolle gespielt, wenn sie aufrichtig ist, wird sie Ihnen gestehen, daß sie auch bei mir nicht sehr eindeutig gewesen ist, uns Beiden bleibt daher nichts übrig, als die Arme zu bedauern, welche ihrem angestammten Geschicke erlag; aber uns hassen, uns fliehen? — Oh, Racine — das heißt, unser besseres Selbst mit Füßen treten! Es ist zwar angenehm, von einem lieben Fuß getreten, und dann bei der Versöhnung mündlich geküßt zu werden, allein noch angenehmer ist es, sich nie zu treten und immer zu küssen. Ich bekenne meine Schuld, und bitte Sie um Vergebung, kann ich mehr thun? Was wollen Sie noch? Was soll ich thun, um meinen Fehltritt zu sühnen? Ich kann ohne Sie nicht leben, Sie wissen es und martern mich doch, das ist nicht schön von Ihnen, so handelt keine Wienerin, wenn sie auch einen französischen Namen hat. Justine, wie lange werden Sie mir noch zürnen? „Kusch Sultan!"" —

Ah so, verdammte Geschichte, jetzt schreib' ich in dem Brief „kusch Sultan" hinein, was soll ich jetzt thun? Soll ich die Dummheit ausstreichen oder ausradiren? Nein, die Zigeunerfarbige würde über Nichtachtung klagen, wenn sie einen radirten Brief erhielte, sie weiß leider Gottes nur zu gut, was Anstand ist, von Ausstreichen oder Ausradiren darf daher keine Rede sein, es bleiben also nur zwei Wege übrig, entweder den Brief nochmals abschreiben, oder das „Kusch Sultan" bleibt stehen. Ich wähle das Letztere, Justine soll sehen, daß ich an meinem Briefe nicht geklügelt habe, sondern daß er aus der Fülle meines Herzens geflossen ist. Also weiter:

„Wie lange werden Sie mich noch aus Ihrer Nähe verbannen? Ist es gerecht, das Sie mich um einer einzigen Preußin halber so viel leiden lassen? Racine, göttliche Racine, lassen Sie Gnade walten; Gnade einem Armen, dessen erste Dummheit, die Rosenkreuzerei, eine Menge andere Dummheiten nach sich zog. Leben Sie wohl, denken Sie an den armen Sultan — Wendelin wollt' ich sagen und seien Sie überzeugt, daß er nur an Sie denkt und von Ihnen träumt. Ich verbleibe Ihr Sie innig, ewig und aufrichtig Liebender

Wendelin Taub."

Nachdem der Brief vollendet war, überlegte der Blondin, auf welchem Wege er ihn der Ex-Kammerjungfer zumitteln sollte? Er hatte ihn bald gefunden.

Der Blondin kleidete sich an, pfiff seinem Sultan, und verließ mit ihm das Haus.

Herr und Hund spazierten selbander gegen die Alservorstadt.

Wendelin war in seine Gedanken so vertieft, daß er den Weg bis zu Justinen's Wohnung zurückgelegt hatte, ohne eigentlich recht zu wissen, wie er so schnell dahingekommen war.

Da stand er nun vor dem Hause, in welchem sie wohnte, sie, nach der er sich sehnte, ohne die er, wie er schrieb, nicht leben konnte.

Er hütete sich, das Haus zu betreten, sondern rief Sultan zu sich, wickelte den Brief in ein frischgewaschenes weißes Schnupftuch, welches er zu diesem Zwecke eigens mitgenommen hatte, gab das Tuch dem Bullenbeißer in den

Rachen, und sagte zu ihm: „Marsch, Sultan, trag' das hinauf!"

Der Vierbeinige, als hätte er im Voraus gewußt, was er zu thun haben würde, war in einigen Sätzen im Hofe und verschwand in der Thüre.

Wendelin harrte des Erfolges. Er war überzeugt, daß Sultan seine Mission auf's Trefflichste ausführen würde, in dieser Beziehung hatte er daher gar nichts zu besorgen; nicht so ruhig blieb er jedoch in Bezug auf die zweite sehr zusammengesetzte Frage: Wie wird Justine den Brief aufnehmen? Wird sie antworten oder nicht? Und wenn sie antwortet, was wird sie antworten?

Der Blondin spazierte ungeduldig auf und nieder. Sein Herz pochte heftig, er vermochte nicht eine vollkommene Versöhnung zu erwarten, aber was er mit aller Bestimmtheit erwartete, war Nachgiebigkeit von Seite der Erzürnten, ein Entgegenkommen auf halbem Wege.

Wendelin durfte nicht lange harren, nach kaum fünf Minuten, kam der vierfüßige Liebesbote, oder eigentlich Versöhnungs-Vermittler zurück.

Sultan flog daher, als ob er seinem Herrn das größte Glück dieser Welt überbrächte. Der Blondin sah schon aus der Ferne, daß er das Tuch abermals zwischen den Zähnen trug.

Sollte er eine Antwort mitbringen? dachte der Stutzer, er kommt zu schnell zurück, in so kurzer Zeit schreiben Frauen keine Antwort, doch vielleicht sind es ein paar Worte: „Komm', mein Lieber!" oder: „Ich erwarte Dich!" u. s. w.

Er nahm das Tuch und schlug es auseinander.

Alle Teufel! Das ist ja mein Brief wieder. Hat sie ihn gar nicht geöffnet? Doch, doch, das Siegel ist erbrochen. Ah, ich merke, sie hat wahrscheinlich ihre Antwort gleich darunter geschrieben — er öffnet rasch den Brief — was seh' ich? Der Brief entsiegelt, sie hat ihn also gelesen, und keine Antwort! Doch halt, da da, — ach Gott — da steht die Antwort — gräßliche Antwort — ich vergeh' vor Gram und Scham — es bleibt mir kein Mittel, als mich selbst umzubringen — kusch, Sultan, verdammte Bestie, kannst Du nichts Klügeres herabbringen — diese Antwort, so einfach und doch so zermalmend, ein Kreuz — ein Kreuz über meinen unterschriebenen Namen, das heißt, durch Worte erklärt: „Ich mache über Wendelin Taub das Kreuz, denn bei ihm ist Hopfen und Malz verloren!" Oh, mein armes Herz, Hopfen und Malz, kusch, Sultan, komm', wir gehen in's Bierhaus.

Die Verzweiflung trieb den gekränkten Stutzer in die Arme „des Königs von Brabant, der zuerst das Bierbrauen erfand," aber es gibt Kränkungen, die sich durch Flüssigkeiten nicht so leicht wegwaschen lassen, Wendelin merkte, daß sein Kummer mehr Kraft hatte, als das Horner- und Luftbier, kehrte wieder heim, und sann auf andere Mittel, sich der Unbarmherzigen zu nähern.

Am anderen Tage erschien Wendelin Taub ganz festlich gekleidet in Justinen's Wohnung. Dieses Mal hatte er den Hund zu Hause gelassen.

Die Dame empfing ihn so, wie man einen Fremden empfängt.

Der Blondin blieb vor ihr stehen, und sagte mit feierlicher Stimme: Mamsell Justine, wollen Sie mich anhören?

Ich höre Sie an, aber ich sage Ihnen im Voraus, daß ich Ihnen nicht glaube, was Sie sagen werden.

Sie sind unversöhnlich?

Ich lasse mich nicht betrügen.

Sie glauben dennoch der Preußin mehr, wie mir?

Frau Götz hat keine Ursache mich zu belügen.

Hat sie Ihnen auch gesagt, durch welche Veranlassung ich sie kennen lernte?

Ich weiß Alles. Mit Rosenkreuzerei hat es angefangen, und in Liebelei ist es übergangen.

Liebelei — kusch, Sultan — ah so — die Preußin ist eine Verrätherin —

Wenn man eine Verrätherin sein kann, muß es etwas zu verrathen geben, Sie sehen, Sie haben sich selbst verrathen.

Wendelin kratzte sich hinter dem linken Ohre und murmelte: Die Schamlose!

Justine hörte es, und entgegnete: Schamlos ist man dann, wenn man mit Hartnäckigkeit leugnet, was klar wie die Sonne ist.

Hol' der Kukuk diese Sonne! Ich bin also verstoßen?

Racine verzog spöttisch den Mund, und sagte: Nicht verstoßen — nur verabschiedet.

Und mein Herz?

Was geht mich Ihr Herz an.

Es wird brechen.

Dazu ist es zu elastisch.

Racine!

Herr Wendelin!

Sie haben ein Kreuz über meinen Namen gemacht.

Ich hoffe, Sie verstanden, was ich damit sagen wollte.

Sie treiben mich in den Tod.

Sagen Sie lieber, in die Arme einer Anderen.

In die Arme einer Anderen? Kusch — ah so — Woher nehmen und nicht stehlen? Es müßte nur Jungfer Hanni sein.

Jetzt fiel die Kammerjungfer aus der künstlichen Eisgrube, welche sie um sich her aufgeführt hatte, heraus. Sie fuhr auf, und rief: Jungfer Hanni? Wer ist diese Jungfer Hanni?

Dem Blondin entging die Wirkung dieser zufällig hingeworfenen Worte nicht, und er beeilte sich, die Schwäche seines Feindes zu benützen.

Er versetzte, Jungfer Hanni ist ein braves Mädchen — Vielleicht auch eine Preußin?

O nein, sie ist ein Landeskind.

Es war vorauszusehen, daß Sie bald Ersatz finden würden.

Der Stutzer zuckte mit den Schultern, als ob er sagen wollte: Wer kann dafür, daß ich so liebenswürdig bin?

Racine's Augen funkelten, sie bezwang sich jedoch, und antwortete kalt: Ich gratulire, mein Herr —

Danke recht schön —

Sie kehrte ihm den Rücken.

Mamsell Justine!

Was wollen Sie noch?

Sie gehen unversöhnlich von mir?

Ja, mein Herr.

Racine, ich flehe Sie an!

Gehen Sie, gehen Sie.

Der Blondin sah sie mit einem verzweifelnden Blicke an, und sagte dann entschlossen: Gut denn, ich gehe, was auch immer geschehen wird, Sie haben es auf der Seele.

Die Kammerjungfer lachte höhnisch auf.

Wendelin eilte fort.

Warte nur, rief er, ich will Dir es schon vergelten. Ich habe Deine verwundbare Ferse erforscht, ich werde meine Entdeckung benützen. Jungfer Hanni muß mir beistehen, warte nur, Barbarin, Du glaubtest mich zu quälen, jetzt werde ich Dich in die Enge treiben.

Die Kammerjungfer ihrerseits war nach Wendelin's Entfernung nicht so ruhig, als man ihrem kalten Benehmen nach hätte vermuthen sollen. Ein Selbstgespräch wird uns über ihre Stimmung Aufschluß geben.

„Er geht wirklich, sagte sie, ich hätte ihn nicht so streng behandeln sollen. Er hat für seine Untreue genug gelitten. Wer mag nur diese Jungfer Hanni sein? Sollte er wirklich ein Mädchen dieses Namens kennen? Ob sie wohl hübsch ist? Mein Gott, wenn er Ernst machte? Wenn er in seiner Narrheit wirklich eine Andere nähme? Es wäre abscheulich!

Ich darf mir's nicht verhehlen, er ist's im Stande, ich muß vorsichtig sein. Wenn ich nur wüßte, was es mit dieser Jung-fer Hanni für ein Bewandtniß hat? Wenn diese Person hübsch ist, dann ist Gefahr im Verzuge, er heiratet sie mir zum Troß, und ich kann für meine Härte büßen. Ich muß Gewißheit haben, ich will einen Vertrauten senden; er muß dem jungen Herrn auf allen seinen Wegen folgen, und wir werden bald erfahren, ob er wieder eine neue Flamme hat, wer sie ist, und was er im Schilde führt."

Justinen's Entschluß kam nicht zur Ausführung. Wen-delin selbst überhob sie der Mühe und der Kosten, welche die Späherei ihr verursacht hätte.

Am nächsten Vormittage, die Kammerjungfer war noch im leichten Morgenanzuge, erschien Wendelin an der Seite eines sehr einfach, aber nett gekleideten Mädchens bei ihr.

Racine wurde bleich, das Mädchen war jung und hübsch. Die Kammerjungfer zitterte zum Theile vor Zorn, zum Theile aber — und vielleicht zum größeren — vor Angst.

Mamsell Racine, begann Wendelin freundlich, Sie ver-zeihen, daß ich Sie noch einmal belästige, ich komme bloß, von Ihnen Abschied zu nehmen, und will Ihnen bei dieser Gelegenheit meine künftige Gattin vorstellen —

Ihr — re — Gat — tin?

Ja, göttliche Racine. Jungfer Hanni — wendete er sich zu seiner Begleiterin — Sie sehen, daß ich nicht lüge. Mamsell Justine ist, was ich Ihnen gestand, eine reizende Dame, sie war meine Braut, zwang mich wegen preußischen An= und Ungelegenheiten, die Sie ebenfalls kennen, sie zu verlassen, und da ich ohne Liebe nicht leben kann, so hei-rate ich Sie. Sie kennen meine Vergangenheit und Gegen-wart, meine Zukunft hängt von Ihnen ab. Sie sind ein armes Mädchen, ich besitze 30,000 Gulden — Sie haben schon einen Liebhaber gehabt, ich eine Geliebte, vielleicht auch mehrere — kusch, ah so — aber daran liegt nichts — ich kümmere mich um die Vergangenheit nicht, was hinter mir liegt, macht mir nicht heiß, nur was v o r mir ist, kostet viel Schweiß. Nicht wahr, göttliche Racine, ich habe Recht?

Die Kammerjungfer spielte bei dieser Auseinandersetzung verschiedene Farben.

Als Wendelin schwieg, fragte sie, aber ohne Spott: Dieß also ist Jungfer Hanni?

Jetzt noch Jungfer Hanni, in acht Tagen Madame Taub.

Sie betreiben Ihre Angelegenheiten sehr eilig.

Sie leiden keinen Aufschub.

Ich gratulire Ihnen, und auch Ihnen, schöne Jungfer.

Die Tochter des Hausmeisters knixte, und erwiederte: Küß' die Hand. Ich werde gewiß sehr glücklich sein. Herr Wendelin ist zwar etwas leichtfertig, allein er ist gut, sanft und nachgiebig. Eigenschaften, die aller Ehre werth sind.

Kennen Sie Ihren Zukünftigen schon lange?

Ich kenne ihn schon sehr lange — habe jedoch erst gestern zum ersten Male mit ihm gesprochen.

Sie wissen also?

Ich weiß Alles, seine Liebe zu Ihnen, sein Verhältniß mit der Preußin — aber was liegt daran? Wer sich von uns frei von dergleichen Herzensangelegenheiten weiß, der werfe den ersten Stein auf die Anderen.

Justine dachte: Sie ist nicht nur jung und hübsch, sondern auch pfiffig, meine Lage ist eine entsetzliche.

Der Stutzer merkte den peinlichen Eindruck, welchen die Situation bei der Kammerjungfer machte und sagte: Ueberzeugt, daß Sie an meinem Glücke den innigsten Antheil nehmen, wünsche auch ich Ihnen nur Angenehmes und Liebes —

Sie wollen schon gehen?

Der Zweck meines Besuches ist erfüllt.

Das heißt, platzte die Kammerjungfer, die dem Sturm ihrer Gefühle nicht mehr Einhalt thun konnte, heraus, Sie wollen mir sagen: „Sehen Sie, Justine, wenn Sie unversöhnlich bleiben, so heirate ich diese da!"

Täuschen Sie sich nicht, göttliche Racine, ich kam bloß, um Ihnen meine künftige Gattin zu zeigen. Zur Versöhnung war es gestern noch Zeit, heute ist es bereits zu spät.

Zu spät?

Ja, Mamsell Justine — ich habe die Schiffe hinter mir verbrannt.

Die Kammerjungfer auf's Höchste bestürzt, wußte nicht, was sie im Drang des Augenblickes erwiedern sollte.

Wendelin spielte seine Rolle so ausgezeichnet und Hanni ging in dieselbe so vortrefflich ein, daß die arme Wurzel die Wahrheit der Angabe nicht mehr bezweifelte.

Sie wendete sich in der Aufregung an Hanni und sagte: Jungfer Hanni, bevor Sie mich verlassen, ersuche ich Sie, mir eine Unterredung unter vier Augen zu gönnen.

Halt, rief Wendelin, dagegen thue ich entschiedenen Einspruch. Unter vier Augen wird nichts mehr verhandelt. Wollen Sie mir heute die Jungfer auch wieder abwendig machen, wie neulich die Preußin, nichts da, kommen Sie, liebe Hanni —

Er faßte die Hausmeisterische an der Hand, und begann, sie mit sich fortzuziehen.

Justine warf ihm einen flehenden Blick zu, und rief in einem Tone, in dem ihr ganzer Schmerz sich abspiegelte: „Wendelin, Sie gehen also wirklich?"

Das Eis war gebrochen.

Der Blondin blieb stehen, blickte sie an und sagte: Ich habe hier nichts mehr zu suchen.

So gehen Sie, gehen Sie.

Die Thränen stürzten ihr aus den Augen.

Jetzt näherte sich Hanni der Weinenden, ergriff ihre Hand und sagte mit Innigkeit: Mamsell Justine, hören Sie mich an. Ich habe versprochen, die Gattin des Herrn Wendelin zu werden, jedoch nur dann, wenn Sie ihn nicht lieben, und ihn wegen einer, im Grunde mehr leichtfertigen als bösen Handlung grausam von sich stoßen; wie ich jedoch merke, scheint meine Voraussetzung sich nicht zu bewahrheiten, wenn dem so ist, dann sprechen Sie, und Herr Wendelin ist wieder fort.

Keine Antwort.

Hanni fährt fort: Mamsell Justine, reden Sie, der Augenblick ist da, und kehrt vielleicht nicht wieder, lieben Sie Herrn Taub?

Das war es ja, versetzte die Andere schluchzend, was ich Ihnen unter vier Augen sagen wollte.

Wendelin eilte zur Kammerjungfer, stellte sich kerzengerade vor sie hin und sagte: Das müssen Sie mir und nicht der Jungfer sagen. Racine, göttliche Racine, lassen Sie uns Beide vergessen, was geschehen ist, und ich will freudig rufen: „Kusch Sultan!" ah so — nein — das heißt, ich will rufen: „Racine, sei wieder mein!"

Die Zigeunerfarbige sank dem Blondin in die Arme.

Das Versöhnungsfest war zugleich das Verlobungsfest; Hanni, als die glückliche Vermittlerin, zählte von nun an zu Justinen's Freundinnen.

Im Grunde genommen, sagte die Kamerjungfer bei Gelegenheit einer Unterhaltung unter sechs Augen, habt Ihr mich doch nur erschreckt, ich war zu nachgiebig, ich hätte den Treulosen noch länger quälen sollen. Wendelin, sag' mir, was hättest Du angefangen, wenn ich nicht nachgegeben hätte?

Der Blondin dachte ein wenig nach, und antwortete dann: Ich wäre in den Türkenkrieg gezogen, und hätte mich dort um einen Privat-Serail beworben, da braucht man doch keine Angst zu haben, daß man zwischen zwei gepolsterten Sesseln auf die Erde zu sitzen kommt. Jetzt aber kein Wort mehr davon, ich habe es schon einmal gesagt, und dabei bleibe ich: „Was hinter mir liegt, macht mir nicht heiß, nur was vor mir liegt, kostet mich viel Schweiß!"

Dreiunddreißigstes Kapitel.

Wieder auf dem Hohen Markte.

Und wieder herrscht in der Residenz Kaiser Josef des Zweiten eine ganz ungewöhnliche Bewegung.

Was ist denn wieder los?

Die Menschenwogen wälzen sich wieder durch die Stadt und zwar abermals gegen den Hohen Markt.

Gibt es etwa wieder eine Hinrichtung, so eine Räderung mit zweimaligem Zwicken, wie jene vor ungefähr drei Monaten, wo es dem unglücklichen Zahlhelm galt?

Nein, heute hibt es keine Exekution, es ist nur ein Prangerstehen, welches das verehrungswürdige Publikum auf den genannten Platz lockt.

Nur ein Prangerstehen? Und dennoch dieses Laufen, Rennen, diese Eile und Neugierde?

So ist es! Das heutige Schauspiel ist kein gewöhnliches, es gilt keinem unbekannten armen Teufel, der mit der Gerechtigkeit in Kollision gerieth, oder irgend einem Weibe, welches mit den Lastern Anderer Handel trieb, das heutige Schauspiel war ein absonderliches, das ist ein Prangerstehen, wie es die Wiener selten zu schauen bekamen — ein — doch bevor wir die folgenden Szenen schildern, ist es nothwendig, in Kürze nachzuholen, was den Lesern zu wissen nothwendig ist.

Die Rosenkreuzer in Wien. II.   17

Seit den letzten von uns erzählten Vorfällen sind Wochen verflossen.

Der greise Szekely hatte, wie der Monarch ihm befahl, den Kassa-Abgang angezeigt und wurde eingezogen. Sein Prozeß wurde in Anbetracht der Wichtigkeit des Falles beschleuniget und der Spruch des Kriegsrechtes lautete auf sechsjährige Gefangenschaft in einer Festung. Dieses Urtheil wurde von Seite des Hoftkriegsrathes, dem es der bevorstehenden Vorschrift gemäß zur Revision vorgelegt ward, verschärft, und die Strafdauer auf acht Jahre festgesetzt. Nun kam das Urtheil zum Kaiser, und die Allerhöchste Resolution lautete:

„Szekely ist ohne weiters zu kassiren, des Militärstandes unfähig zu erklären, und dem Civile zur Bestrafung zu übergeben, wo er nachher in loco delicti, nämlich in Wien, drei Tage nacheinander, alle Tage zwei Stunden auf der Bühne auf dem Hohen Markte, zum erspiegelnden Beispiel zu stehen hat. Die ihm zuerkannte achtjährige Arreststrafe will Ich ihm aus Gnaden wegen seines Alters bis auf vier Jahre vermindern, diese hat er in dem Civil-Strafort Szegedin, der für Hungarn besteht, mit der gewöhnlichen Atzung wie andere Delinquenten auszuhalten."

Diese Sentenz verfehlte nicht, bei den betreffenden Stellen gehöriges Aufsehen zu erregen, welches so weit ging, daß im Interesse Szekely's ein zweiter Vortrag an den Monarchen erstattet ward, in welchem auseinandergesetzt wurde, daß diese Strafe gar nicht Platz greifen könne, weil der Inquisit einen Diebstahl in Abrede stelle, und man ihm nicht beweisen könne, daß er das Geld entwendet habe.

Diese Vorstellung blieb erfolglos, die hierauf erfolgte Allerhöchste Entschließung lautete wörtlich:

„Ein jeder unrichtige Kassabeamter kann, wie Szekely, sagen, er wüßte nicht, wo das Geld hingekommen ist, wenn er es auch gestohlen hätte. Sobald als Geld, besonders eine so ansehnliche Summe, wie diese von 97,000 Gulden, in der Kasse sich nicht befindet, so stehet es nicht mehr dem Richter zu, ihm zu beweisen, daß er es entwendet hat; sondern ihm steht zu, zu beweisen, daß er es nicht entwendet hat, und sobald er dieß nicht beweisen kann, ist er ein Dieb. Es ist also ohne weiters die Sentenz gegen ihn, sobald er kassirt ist, folglich aufhöret, Militär zu sein, zu vollziehen, und ihm das Zettel als untreuer Beamter anzuhängen."

Der Spruch wurde nun vollzogen, und Szekely stand heute als „untreuer Beamter" auf der Bühne.

Auf dem Hohen Markte ist wieder das Drücken, Drängen und Treiben, wie am zehnten März.

Die Sonne brennt herab auf die Häupter der Tausende, diese halten nichtsdestoweniger aus, denn das Spektakel, einen siebzigjährigen Greis auf der Schandbühne zu sehen, war für den Haufen zu lockend, als daß er es nicht hätte genießen sollen.

Welch' ein Anblick!

Der Platz ist gefüllt, die offenen Fenster strotzen von Neugierigen, man schreit, lärmt, unterhält sich, wie vor dem Beginne eines Schauspieles, man harrte mit Bangen des Moments, wo man den Unglücklichen aus der Schranke heraus, auf das Bühnengerüste schleppen würde.

Sapperlot, rief ein ehrsamer Meister aus der Vorstadt, ist das ein Gedräuge! Ich bitt', meine Herren, Sie zerquetschen mich!

Wer einen solchen Bauch hat, soll bei dergleichen Gelegenheiten zu Hause bleiben —

Freilich, sonst nichts? Etwa deßwegen, damit dann die Häringe um so mehr Platz haben?

Wenn's Euch hier zu eng ist, stellt Euch auf die Bühne hinauf, dort ist schon noch Platz für Einen.

Dank recht schön, ich bin ein ehrlicher Handwerker und kein untreuer Beamter —

17 *

Herr Nagel, hören Sie auf, mir auf den Fuß zu treten, sonst treff' ich Sie auf den Kopf.

Guten Morgen, Herr Bittling — war das ihr Fuß? Was machen die Frösch?

Kommen Sie heut' zum goldenen Lämmel?

Vielleicht.

Aber meine Herren, rief Herr Daminger, der dickstimmige Weinausrufer dazwischen, was geht denn da vor? Warum denn? Wie so denn? Wann denn? Wie lang denn?

Diese Fragen werden wir Euch Abends beantworten, jetzt laßt uns in Ruh'!

Wer drängt sich denn da so heran?

Aufg'schaut, es krabbelt uns ja zwischen den Füßen hindurch.

Donnerwetter, wer ist's denn?

Ist's möglich? Herr Kanzellarius Kurz —

Ihr kommt unterirdisch hergekrochen —

Ich sah Euch aus der Ferne, und suchte mich durchzuwinden.

Ehrliche Leute kommen überall durch.

So sagt auch mein Rath.

Ihr Rath? Was hat er gesagt? Warum denn? Wie so denn?

Herr Kanzellarius, der Szekely. muß also richtig auf die Schandbühne? Vielleicht bekommt er noch Pardon?

Der kleine Schreiber machte ein pfiffiges Gesicht, und antwortete: Keine Spur von Pardon, er wird drei Tage nacheinander alle Tage zwei Stunden lang Pranger stehen, davon wird ihm keine Minute geschenkt, das hat mein Rath gesagt, und der weiß es.

Was meint Ihr, geschieht dem Alten kein Unrecht?

Das Schreiberlein wollte einen Luftsprung machen, woran ihn jedoch die Enge des Raumes verhinderte, trat

dabei einigen Nahestehenden auf die Beine, was diese ver=
anlaßte, ihn etwas unsanft fortzustoßen.

Was, schrie er, Unrecht, wem soll Unrecht geschehen?
Dem Szekely Unrecht, warum? Fehlt das Geld? Ja! —
Wohin ist es gekommen? Er weiß es nicht, oder will es
nicht sagen, ergo muß er es büßen. Ihm geschieht sein
Recht, aber uns, uns geschieht Unrecht —

Euch?

Wie so denn? Warum denn? Wofür denn?

Hört an: Der Szekely kommt auf die Bühne als
„untreuer Beamter"; war der Szekely ein Beamter? Nein!
Man bürdet also uns Beamten eine Schande auf, die kei=
ner von uns begangen hat!

Das ist wahr!

Freilich ist es wahr, denn mein Rath hat es gesagt,
und d e r ärgert sich gewaltig und wir anderen Beamten
auch, man wasche die schmutzige Wäsche dort, wo sie
schmutzig gemacht worden ist, so sagt mein Rath und d e r
versteht es.

Es war ja gar nicht nothwendig, daß man den alten
Mann an den Pranger stellte.

Freilich war's nicht nothwendig, aber das hat seine
eigenen Gründe.

Wie? Eigene Gründe?

Eigene Gründe? Wie so denn? Welche denn? Warum
denn? Weßhalb denn?

Redet, Herr Kanzellarius, laßt hören.

Ihr wißt, pro primo, daß der Szekely ein Rosen=
kreuzer ist.

Ich hab' was läuten hören.

Die Rosenkreuzer und die Maurer haben sehr hochge=
stellte Personen unter sich, und es hieß, daß diese Verbrü=
derungen durch sie Alles auszuwirken vermöchten, was sie
wünschen; der Kaiser wollte nun zeigen, daß dieß nicht der
Fall sei, deßhalb blieb er unerbittlich, der Szekely muß auf

die Schandbühne, weil er ein Rosenkreuzer ist. Ein Stück
der Schande fällt also auch auf die Kreuzer und Maurer,
und das war ein Theil der Absicht. So sagt mein Rath.
Pro secundo ist auch zu bedenken, daß der Ausgestellte bei
der ungarischen Garde war.

Aha, ich merke —

Ihr wißt, daß die Ungarn und unsere Regierung
keine gute Seide spinnen; pro tertio ist der Szekely ein
Adeliger, die ungarischen Adeligen sind aber die erbittert-
sten Gegner des Kaisers, weil er ihre Vorrechte abschaffen
will, ein Stück der Schande fällt also auch auf sie zurück,
das sind — wie mein Rath sagt — vier Fliegen mit Einem
Schlage —

Euer Rath versteht es, das muß wahr sein —

Oh, mein Rath ist ein kluger Herr — er weiß immer
wo es läutet, wenn er nur die Glocke hört — dem Szekely, sagt er, geschieht Recht, aber —

Nun weiter —

Was kam hinter dem Aber?

Aber? Was denn? Wie so denn?

Hört auf, mit Eueren Fragen, das Uebrige ist ein
Geheimniß, und dergleichen verrath' ich nicht mehr, seit
damals — Ihr wißt schon, ich habe mehrere Tage lang
Todesangst ausgestanden, 's ist übrigens gut abgelaufen,
das ist noch ein Glück.

Ist das Alles, was Ihr wißt?

Bewahre, ich weiß noch eine Neuigkeit. Der Szekely
hat in Ungarn Anverwandte, und diese haben sich beeilt,
einen großen Theil des Kassa-Abganges zu ersetzen.

Nicht möglich! —

Für den Rest, meinten sie, solle der Monarch das
Geheimniß eines Rosenkreuzerischen Arkanums kaufen, um
es zum Besten des Landes zu verwenden.

Auf diese Weise wäre der Abgang ersetzt?

Aber zu spät.

Und er wird dennoch bestraft?

Dieß geschieht von wegen des öffentlichen Exempels, sagt mein Rath, und der hält viel auf gute Exempel.

Alle Wetter, ist das auf einmal ein Drücken und Drängen.

Was gibt es denn?

Ruhig! Bst! Stille!

Man bringt ihn schon!

Wenn man nur etwas hören könnte.

Ist das ein Gesumme.

Das Volk kann das Maul nicht halten.

So ging es fort.

Das Urtheil war indessen verkündet — der Greis schwankte auf die Bühne.

Da stand nun die hohe Gestalt — gebeugt — zusammengebrochen — fahl und bleich wie ein Todter — die Sonne beschien den greisen Scheitel — sie erwärmte den morschen Leib, die Schande drückte ihm das Haupt darnieder — die Schmach schüttelte ihn wie ein Fieberfrost — an seiner Brust hing die Tafel mit den inhaltsschweren Worten: „Untreuer Beamter!"

Wir wenden das Auge betrübt von dem Schauspiele, daß wir in seiner ganzen Gräßlichkeit zu malen keine Nothwendigkeit einsehen.

„Ich will nun nichts weiter sagen," bemerkt eine gleichzeitige Broschüre, „als mich über das niederträchtige Betragen des Publikums bei Vollziehung der Strafe an Szekely beklagen. Welch' eine herrliche Augenweide war dieses jammervolle Spektakel dem gaffenden Pöbel! Da stand er nun versammelt um die Bühne, starrte ihn an, den zitternden Greis, wie eine leblose Bildsäule, und begnügte sich nicht, ihn mit einigen Blicken zu fassen; nein! stundenlang verweilten sie, die neugierigen Wiener, um ihn her, und zürnten vielleicht noch im Herzen, wenn die Glocke die Stunde seiner Erlösung von dem Bühnenstehen läutete.

Ein Beweis, wie viele Müßiggänger Wien in seinen Mauern einschließe, die ihre Zeit nicht anders zu tödten wissen, als durch den vergnügenden Anblick eines unglücklichen bestraften Verbrechers. Ein Beweis, wie wenig die Wiener feines Gefühl und wahres Mitleiden für den Elenden haben u. s. w."

Zur selben Zeit, als Szekely das erste Mal die Bühne betrat, ereignete sich in der Nähe dieses Schauplatzes eine andere Szene.

Unter den Tuchlauben in seinem Gewölbe im Seitzerhofe finden wir wieder den privilegirten Groß- und Buchhändler Georg Philipp Wucherer.

Der finstere Mann steht in der Thüre seines Ladens und beschaut den Menschenstrom, der eben vorüberwogt, um das Schauspiel auf dem Hohen Markte mit anzusehen.

Jetzt tritt ein Mann in das Gewölbe.

Er ist klein, höckerig, und trägt um das rechte Auge eine schwarze Binde.

Der Buchhändler hatte mit dem Zahlheimschen „Beweis" ein zu gutes Geschäft gemacht, als daß er sich dieses Mannes nicht hätte erinnern sollen.

Erinnern Sie sich noch meiner Wenigkeit? fragte der Buckelige lächelnd.

Herr Graf belieben zu scherzen, wessen Gedächtniß wird so schwach sein, sich Ihrer nicht zu entsinnen, wenn man Sie im Leben auch nur einmal gesehen hat. Womit kann ich Ihnen dienen?

Ich komme wieder mit einem Geschäftsantrage.

Sie finden mich bereit.

Meine erste Broschüre hat Effekt gemacht —

Sie können zufrieden sein.

Hoffentlich sind Sie es auch?

So ziemlich — es könnte besser sein. Der Buchhandel ist nicht so profitabel als man glaubt —

Sie scheinen zu vergessen, daß Sie nicht nur kein Honorar gezahlt haben, sondern daß Sie sogar von mir noch welches erhielten?

Ich erinnere mich dessen sehr wohl, so etwas vergißt Unsereins nicht so leicht.

Das Geschäft, welches ich Ihnen heute proponire, ist ähnlicher Art.

Freut mich. Also wieder eine Broschüre?

Ja, Herr Wucherer.

Darf ich fragen, welchen Inhaltes?

Der Inhalt ist sehr interessant.

Das Thema?

Das Thema steht in diesem Momente am Pranger auf dem Hohen Markte.

Der Buchhändler wurde freudig überrascht.

Von welchem Standpunkte behandeln Sie den Gegenstand? fragte er.

Vom Standpunkte der Opposition.

Recht gut.

Szekely wird vertheidiget, der Kaiser wird angegriffen, die Strafe wird als eine ungerechte bezeichnet.

Wie ist die Broschüre betitelt?

Der Höckerige zog ein Manuskript aus der Brusttasche und las:

„Freimüthige Bemerkungen über das Verbrechen und die Strafe des Garde-Oberstlieutenant Szekely. Von einem Freunde der Wahrheit."

Der Buchhändler nahm das Manuskript in die Hand und begann in demselben zu blättern.

Haben Sie, fragte er, erwähnt, daß Szekely auch persönlich Geld aus der Kasse nahm, um ein Arkanum zu kaufen, wie man hört, soll er es gethan, jedoch nicht eingestanden haben.

Dieses Umstandes erwähnt in absichtlich zweifelhafter dunkler Weise folgende Stelle.

Der Graf zeigte dem Buchhändler einen Passus, welchen dieser laut las.

„Es kann zwar auch sein, daß Szekely die Unordnung bei der Garbekasse mag wahrgenommen und einen Defekt befürchtet haben, was ihn vielleicht, und — da er auf die, bei desselben Entdeckung, zu befahren habende schändliche Bestrafung rechnen konnte, verleitet hat, all sein Studium der Chemie zu widmen, um vielleicht durch eine glückliche Erfindung sich aus dem Labyrinthe und der Gefahr, die ihm drohte, heraus zu helfen. So kindisch dieses immer bei Männern klingen mag, so ist es doch auch eine Leidenschaft, die er um so weniger bezwingen konnte, als er in selber allein Hülfe suchte und hoffte."

Brav, rief Wucherer, das Manuskript zuschlagend, aus dieser einzigen Stelle sehe ich die vortreffliche Behandlung des Ganzen. Sie haben die gefährlichste Klippe sehr gewandt umschifft — es wird damit etwas gesagt, und doch keine Beschuldigung gegen Szekely ausgesprochen. Ich denke, die Broschüre —

Vergessen Sie nicht — daß der Inhalt sehr heftig gegen den Kaiser ist.

Daran liegt nichts. Die Broschüre wird heimlich gedruckt und unter der Form, als ob sie weiß Gott woher gekommen wäre, verkauft.

Wir sind also in Ordnung. Ich hoffe, daß Sie dieses Mal von dem Autor nicht noch ein Honorar fordern werden.

Der Buchhändler besann sich und sagte: Es sei, ich verzichte für dieses Mal auf eine Hülfszahlung von Ihrer Seite. —

Die Broschüre wird wohl so rasch als möglich erscheinen?

Das soll meine Sorge sein!

Der Mann mit der schwarzen Binde empfahl sich.

Wucherer war mit dem Geschäfte zufrieden und am Abende desselben Tages befand sich das Pamphlet in der heimlichen Druckerei unter den Händen der Setzer.

———

Vierunddreißigstes Kapitel.

Die beiden Füchse.

Der ehemalige Kurator hatte die Wirkung, welche seine Entdeckung auf den Magier hervorbrachte, richtig vorausgesehen.

Alessandro wird toben, hatte er gesagt, gleichviel, ich werde mich nicht morden lassen, so lange ich die Macht besitze, mich zu retten.

Um sich vor Kornelius zu retten, verrieth Keil seinen alten Genossen, er lud dadurch zwar dessen Zorn auf sich, allein er tröstete sich, wie wir wissen, mit den Worten: „Was kann er mir anthun? Nichts! Uns belastet eine gemeinsame Schuld, er hat aus gewissen anderen Gründen noch mehr zu fürchten, als ich."

Urban Keil kannte also seinen Gegner, und war auf einen hereinbrechenden Sturm gefaßt. Dieser ließ auch nicht lange auf sich warten.

Alessandro erschien in der Wohnung des Kurators.

Es war am Abende.

Keil war eben im Begriffe fortzugehen.

Der stürmische Eintritt des Magiers, so wie die bräuende Haltung verriethen seine Gemüthsstimmung. Er blieb vor dem ehemaligen Genossen kerzengerade stehen, blitzte ihn mit seinen schwarzen Augen an, und murmelte: Elender! Verräther!

Gemach, mein Herr, versetzte der Kurator, ebenfalls eine trotzige Miene annehmend, mäßigen Sie Ihren Zorn und verurtheilen Sie Niemanden, bevor Sie die Gründe hören, die ihn so und nicht anders handeln ließen.

Es gelüstet mich nicht, Ihre Gründe zu hören —

Hätte ich mich etwa von Ihrem Sohne morden lassen sollen?

Der Magier sah ihn finster an.

Er wollte mich tödten, fuhr der Andere fort, seine Wuth kannte keine Grenzen —

Leere Drohung —

So sprechen Sie jetzt, wären Sie Zeuge der Szene gewesen, Sie sprächen anders.

Sie brachen Ihren Eid —

Besser einen Eid brechen als das Genick —

Sie sind ein Feigling —

Ich lebe gerne, so wie Sie und jeder Andere —

Leben? Und wie lange gedenken Sie, noch zu leben?

Keil wurde bei dieser Frage betroffen, er sammelte sich jedoch und sagte: Jedenfalls so lange, als Sie.

Der Magier lächelte höhnisch über die versteckte Drohung.

Daß Sie sich nur nicht verrechnen.

Ich habe gottlob das Rechnen noch nicht verlernt, entgegnete der Kurator trocken.

Nach einer Pause: Allessandro, hören Sie mich an, bezähmen Sie Ihren Zorn, und lassen Sie sich zu keiner voreiligen Handlung hinreißen, die Ihnen nur Unheil bringen könnte. Wir Beide sind von einer und derselben Gefahr

bedroht — sie trifft entweder Beide oder Keinen. Korne=
lius ist mein Feind so wie der Ihrige — ich habe den
Blitz von meinem Haupte abgeleitet, weil ich wußte, daß
Sie ihm mehr Widerstand bieten können, indem der Sohn
dem Vater gegenüber doch einige Rücksicht nehmen würde,
die er einem Fremden niemals angedeihen ließe. Die Ge=
fahr des Augenblickes ist beseitiget — wir haben also jetzt
Gelegenheit zum gemeinsamen Handeln.

Der Magier horchte.

Da Keil sah, daß Jener keine Miene machte, das Wort
zu ergreifen, fuhr er fort: Kornelius muß für Sie und für
mich unschädlich gemacht werden —

Alessandro veränderte keine Miene.

Sie hätten den jungen Menschen schon längst beseitigen
sollen, Ihr Versäumniß ist nicht zu entschuldigen — Sie
mußten ja wissen, daß er früher oder später gegen mich als
Kläger auftreten und damit auch Sie bedrohen würde —
denn wenn es einmal dahin kommt, daß ich in den Händen
der Gerichte bin, dann würde ich keine Schonung kennen.
Meine Sicherheit ist auch die Ihre.

Cagliostro schwieg noch immer.

Nun, mein Herr, Sie geben mir noch keine Antwort?

Ich wünsche, daß Sie früher Ihren Plan vollkommen
auseinander setzen.

Ich habe bis jetzt noch keinen Plan entworfen; ich
bin vor der Hand nur von der Nothwendigkeit durchdrun=
gen, daß Lohberg unschädlich gemacht, daß er beseitiget wer=
den muß.

Diese Nothwendigkeit leuchtet mir nicht ein.

Wie? Nicht?

Kornelius, fuhr Alessandro langsam fort, hat Eine
leicht erfüllbare Bedingung gestellt, wird diese gewährt, so
will er von jeder weiteren Verfolgung abstehen.

Und welches ist diese Bedingung?

Wir erſetzen ihm das Geld, welches wir bei dem damaligen Handel an uns gebracht.

Zwanzigtauſend Gulden?

Eine Kleinigkeit für Sie.

Mein Herr —

Die Größe der Summe ſcheint Sie zu erſchrecken, und doch iſt es für Sie, der Sie fünf Mal ſo viel erwuchert und zuſammengeſtohlen haben, eine Bagatelle.

Und wenn ich dieſe Bagatelle verſagte?

So erhält Kornelius ein ſchriftliches Dokument von mir, mit Ihren Briefen von damals belegt, und Ihren Betrug vollkommen enthüllend.

Und Sie?

Ich, lächelte der Magier, ich gehe in die Welt, und bin längſt über alle Berge, wenn man Sie feſtnimmt.

Keil blickte finſter zur Erde, in ſeinem Kopfe gohr es von Plänen und Gedanken.

Sie haben, lieber Herr Keil, vergeſſen, daß unſere Partie ſehr ungleich und zwar zu Ihrem Nachtheile ſteht. Ich beſitze von Ihnen Dokumente, Sie von mir nicht —

Und meinen Sie, daß ich Sie ohne Dokumente nicht verderben kann?

Etwas ſchwer — man könnte mich höchſtens als Landſtreicher über die Grenze bringen, und ſo etwas iſt leicht verſchmerzt.

Der Kurator verbarg ſeine innere Unruhe; um ſeine wahren Gedanken und entſtehenden Pläne nicht zu verrathen, ſtellte ſich, als erkenne er das Mißliche ſeiner Lage, und ſei deßhalb geneigt, die Forderung des Magiers zu erfüllen.

Ich ſehe ein, ſagte er, gleichſam reſignirt, nach kurzer Stille, daß unter uns nur Friede herrſchen muß, Sie ſind mir überlegen, Sie ſind im Vortheil.

Es freut mich, daß Sie zur Einſicht gelangen.

Sie verwerfen meinen Plan, Kornelius zu beſeitigen?

Ich denke nicht daran. In diesem Lande gelingen dergleichen Unternehmungen selten.

Es bleibt mir also nur übrig, mich in Ihre Forderung zu fügen?

Sie beseitigen dadurch jede Gefahr, die über unseren Häuptern schwebt.

Ich willige ein, jedoch unter der Bedingung, daß ich Ihrem Sohne persönlich das Geld einhändige.

Der Magier war damit zufrieden.

In seinem Plane lag es, die genannte Summe zu erhalten, dann die Residenz und das Land schleunigst zu fliehen und den Kurator der Rache seines Sohnes zu überlassen. Um aber das Geld in seine Hände zu bekommen, hatte er einen eigenen Plan ersonnen. Er wollte seinem Sohne die verlangten Dokumente nur unter der Bedingung einhändigen, daß dieser die genannte Summe von Keil empfange, und ihm überliefere. Er zweifelte nicht, daß Kornelius darein willigen werde.

Was den Kurator betraf, so hatte er ebenfalls seinen Plan. Seine Nachgiebigkeit war nur scheinbar, und das Mittel, um Zeit zu gewinnen; hatte er diese, und waren es auch nur einige Tage, so hoffte er, seinem Gegner durch eine gut maskirte Bewegung in die Flanke zu fallen, und einen Kampf aufzunehmen, der dann, mit gleichen Kräften geführt, für ihn in jedem Falle vortheilhafter werden mußte, als es jetzt der Fall gewesen wäre.

Alessandro und Keil waren zwei einander sehr würdige Gegner — List und Trugsinn waren bei ihnen in gleichem Maße vertheilt, die Gewandtheit des Ersteren war zwar überwiegend, dafür stellte wieder die Kaltblütigkeit des Letzteren das Gleichgewicht her. Es waren zwei Füchse, die miteinander im Kampfe lagen — wir werden sehen, welcher von ihnen den Sieg davon tragen wird.

Der ehemalige Kurator hatte, als er seinen Plan entwarf, an eine Stütze gedacht, und diese war die — Gräfin Santa Croce.

Er kannte die Verhältnisse des Magiers; als sein ehemaliger Genosse lag es ja in Allessandro's Interesse, sobald er in Wien auftrat, den Mann, der ihn aus früherer Zeit her kannte, in sein Vertrauen zu ziehen; auf diese Weise erschien Keil mehrmals in Währing, versteht sich als Patient, ganz bescheiden, ohne daß das nähere Verhältniß, in welchem Beide zu einander standen, verrathen worden wäre.

Keil wendete daher jetzt in der Bedrängniß sein Auge auf Seraphine, sie wollte er gewinnen, sie sollte ihm beistehen und ihm ausführen helfen, was er vorhatte.

Hier klopfte er nun an die rechte Pforte.

Die Gräfin Santa Croce glaubte sich von Cagliostro abermals betrogen. Sie hatte ihre Zusage erfüllt und ihm Regina in die Arme geführt, daß der Angriff mißlang, war nicht ihre Schuld, er aber hielt sein Versprechen nicht, statt zu ihrer Aussöhnung mit Lohberg mitzuwirken, und sie demselben näher zu bringen, sah sie sich von ihm weiter als je entfernt. Kornelius war Allessandro's Sohn! Daß dieser Umstand seine Kälte auf einen noch höheren Grad steigern mußte, war natürlich, und an all' dem trug abermals Allessandro die Schuld.

Die leidenschaftliche Frau gab nun dem Grolle in ihrem Herzen unbegrenzten Spielraum.

Er allein, sagte sie für sich, trägt die Schuld an meinem ganzen Unglücke. Vom ersten Momente an, da ich Kornelius kennen lernte, hat er Alles gethan, um mich in seinen Augen herabzuwürdigen — er wußte, daß der junge Mann sein Sohn sei, und wollte nicht, daß er sich mit mir verbinde. Er wußte es, und verschwieg es mir — der Elende, er sah das Wachsen meiner Leidenschaft und blieb stumm, um mich ganz unglücklich zu machen.

Diese Betrachtung stachelte ihren Haß erneuert auf—

die jüngste Aussöhnung war von kurzer Dauer. Seraphine haßte den Magier stärker als je.

In dieser Gemüthsstimmung näherte sich ihr der ehemalige Kurator.

Er erschien in dem Landhause zu einer Tagesstunde, da er den Magier abwesend wußte.

Die Gräfin, für welche sein abstoßendes Aeußere wenig Anziehendes hatte, empfing ihn sehr kalt; unser Mann ließ sich jedoch nicht abschrecken.

Sie wünschen mit dem Grafen zu sprechen? fragte sie den Finsteren.

Nein, gnädige Frau, lispelte dieser mit geheimnißvoller Wichtigkeit, mein Besuch gilt Ihnen.

Mir, was wollen Sie von mir?

Was kann ein sehr alter Bekannter Allessandro's von der Gräfin Santa Croce wollen?

Ich verstehe Sie nicht —

Sind Sie geneigt, mich anzuhören?

Sprechen Sie.

Werden wir nicht behorcht — es gilt Ihr Glück.

Mein Glück?

Seraphine dachte an Kornelius.

Kommen Sie, sagte sie und führte Keil in ein Gemach, wo sie sich sicherer glaubte.

Gnädige Frau, begann Keil leise; nachdem sich Beide nahe bei einander niedergelassen hatten, bevor ich beginne, erlauben Sie mir eine Frage.

Ich erlaube sie.

Fühlen Sie sich in Ihrem Verhältnisse mit Allessandro glücklich?

Warum fragen Sie?

Es geschieht nicht aus Neugierde.

Warum also?

Ich bin bereit, Ihnen zu helfen.

Sie, mir? Ich kenne Sie nicht!

Die Rosenkreuzer in Wien. II.   18

Der Graf aber kennt mich sehr gut, er würde zittern, wenn er wüßte, daß ich hier bin.

Seraphine wurde mißtrauisch.

Sind Sie vielleicht, sagte sie verächtlich, einer seiner Sendlinge, um mich auf irgend welche Probe zu stellen?

Sein Spion? Bei der Hölle und ihrem Fürsten, ich würde eher dem Teufel dienen, als ihm —

Was wollen Sie also?

Ich will Sie glücklich machen und mich rächen.

Rächen! rief die Gräfin freudig bewegt, denn dieß Wort klang wie Cagliostro's Sphärenharmonie wollüstig in ihren Ohren, Sie wollen sich rächen! Warum? Hat Alessandro auch Sie um Ihr ganzes Lebensglück betrogen? —

Herr Keil triumphirte. Das Benehmen der Gräfin ließ ihn erkennen, daß sein Antrag ein sehr williges Ohr finden werde; auch sie — das sah er deutlich — war eine Feindin seines Feindes.

Frau Gräfin, begann er nach kurzer Pause, ich kenne Ihren Gatten länger und besser, als Sie glauben — ich war einst sein Vertrauter, ich kenne seine Geheimnisse von damals, so wie Sie jene von jetzt —

Ein Gedanke durchfuhr die Gräfin.

Sie kennen seine früheren Geheimnisse, rief sie, dann müssen Sie auch wissen, welch' ein Bewandtniß es mit dem jungen Lohberg und dem Grafen hat?

Keil lächelte.

Ich weiß es.

Erzählen Sie — verhehlen Sie mir nichts — es wird Sie nicht reuen.

Der Kurator erfüllte das Begehren der Dame. Der Schlaue erkannte leicht, daß die Theilnahme der Gräfin nicht dem Magier, sondern dessen Sohn galt, und war gewandt genug, diese Wahrnehmung nicht außer Acht zu lassen. Seine umstndliche Mittheilung erwarb ihm das Vertrauen Seraphinen's.

Als er zu Ende war, sagte sie: Ich habe Ihnen anfangs nicht getraut, aber jetzt sehe ich, daß Ihre Angaben Glauben verdienen; Sie haben Ursache, den Elenden zu hassen, der Sie einst benützte und Sie jetzt dafür verderben will. Doch, Sie sagten vorhin, Sie seien gekommen, um mich glücklich zu machen.

So sagte ich.

Worin soll das Glück bestehen?

Ich überlasse die Wahl Ihnen; sagen Sie mir, was Sie wünschen, und wenn es erreichbar ist, so sollen Sie es besitzen.

Seraphine erglühte.

Sprechen Sie nicht mit solcher Zuversicht; Sie dürften nicht im Stande sein, mir das zu verschaffen, was ich verlange.

Sprechen Sie es aus, Frau Gräfin.

Bevor wir weiter verhandeln, eine andere Frage. Sie wollen mich glücklich machen und sich rächen. Bei dieser Rache soll ich Ihnen behülflich sein. Nicht wahr?

Ja, Frau Gräfin.

Womit?

Ich leiste, was ich Ihnen verspreche, und fordere von Ihnen als Gegendienst nichts als Papiere.

Was für Papiere?

Keil brachte seine Lippen in die Nähe von Seraphinen's Ohr, und lispelte: Allessandro ist ein Illuminat —

Sie wissen —

Er ist ein Sendling dieses geheimen Bundes und besitzt geheime Papiere, die ihn als solchen bezeichnen. Diese Papiere müssen Sie mir verschaffen und ich erfülle Ihnen dafür Ihren heißesten Wunsch.

Wer weiß, ob Sie dieß im Stande sind?

Ich bin es.

Können Sie den Herzen Anderer befehlen?

18 *

Das vermag ich nicht; aber ich kann Hindernisse beseitigen, welche Herzen trennen.

Sie vermöchten?

Ich verspreche nie, was ich nicht zu halten vermag.

Sie sollen die Papiere haben.

Hier meine Adresse.

Die Gräfin erhob sich.

Der Kurator that dasselbe.

Bis wann darf ich hoffen? fragte er.

Vielleicht schon morgen.

Je eher desto besser — erhalte ich morgen die Papiere, so ist übermorgen Ihr Wunsch gewährt.

Keil entfernte sich.

Nur diese Papiere, murmelte er mit fieberischer Gier, und Allessandro wird verschwinden — ich bin von ihm befreit, ohne daß ich dann weiter seine Rache zu fürchten habe. Ist er beseitigt, dann ist Kornelius ohnmächtig und ich kann wieder ruhig sein, ganz ruhig.

Der Kurator rieb sich vergnügt die Hände.

Es scheint fast, als sei er unter den beiden Füchsen der Schlauere.

Fünfunddreißigstes Kapitel.

Die Papiere.

Es ist das Los aller Gaukler — sie mögen auf der Bühne, im Salon, auf offenem Markte, oder wo immer ihr Wesen treiben — daß sie, sobald eines ihrer Kunststücke mißlingt, gewöhnlich die ganze Vorstellung hindurch Unglück haben, und sich nicht mehr zurecht finden können.

So erging es auch dem Magier.

Seitdem Seraphine und Pietro seinen Plan bei den Zahlheim'schen kreuzten, wollte nichts mehr — wie man im Leben sagt — zusammengehen. Es klappte nicht mehr.

Die Flucht Keil's mißlang, trotzdem, daß er seine Hände mit im Spiele hatte — Kornelius erfuhr, wer sein Vater war — der Plan mit Regina mißlang — der Konflikt mit dem Kurator drohte zu seinem Nachtheile zu enden.

Alessandro fühlte dieß Alles recht gut, allein er vermochte nichts dagegen zu thun — wenn einmal der kontraire Wind zu blasen anfängt, dann bleibt selbst dem gewandtesten Lootsen nichts übrig, als zu laviren, laviren so lange, bis das Fähnlein sich wendet und man wieder mit vollen Segeln vorwärts steuern kann.

Das that denn auch der Magier. Er lavirte, weil er

in diesem Momente Kornelius nicht fand, es war eben
wieder ein Versagen der Gaukelmaschine, er — der früher
so Vieles wußte, vermochte jetzt nicht, den Aufenthalt seines
Sohnes zu erfahren.

Des Magiers bemeisterte sich eine gelinde Entmuthi-
gung, selbst der gewandteste Spieler wird verzagt, wenn
mehrere seiner Berechnungen nacheinander fehlschlagen.

Wir finden ihn in einem seiner Gemächer, sinnend und
mißgestimmt.

Es ist Abends und eine Lampe mit einem Milchglase
überwölbt, erhellt das Gemach.

Seine Gedanken kreuzen sich. Bald weilen Sie bei
Regina, dann bei Kornelius, dann wieder bei dem Kurator.

Der Eintritt der Gräfin störte ihn.

Cagliostro und Seraphine hatten sich seit jenem Nachmittage, wo Beate und Regina in dem Landhause waren,
nicht gesprochen. Sie vermieden es, sich anzureden, er aus
Besorgniß, sie würde ihn an sein Versprechen erinnern, sie
aus Haß.

Die schöne Dame tritt mit der Miene einer stillen
Dulderin ein. Sie verbarg ihre wirklichen Gefühle, und
nahm die Maske einer entsagenden Demuth vor.

Cagliostro sah sie nicht an, sondern blieb regungslos in seiner Stellung und hatte das Auge auf den Boden
gerichtet.

Alessandro, begann Seraphine, wir haben uns neulich
ausgesöhnt — was ich Ihnen bei dieser Gelegenheit versprach, habe ich gehalten.

Mein Plan ist trotzdem mißlungen.

Ohne mein Verschulden.

Ich klage Sie nicht an, — dieß Alles wäre aber nicht
nothwendig gewesen, hätten Sie nicht den ersten Verrath
geübt.

Ich erkenne meine Schuld und wollte das Uebel wieder gut machen.

Denken wir nicht mehr daran.

Sie sagen dieß wahrscheinlich, um auch an ihr Versprechen nicht mehr denken zu müssen.

Peinigen Sie mich nicht! Sie sehen ja, daß mir Alles mißlingt.

Ich habe demnach gar keine Hoffnung.

Ich denke, in einer Situation, wie die unserige jetzt ist, hat man an Wichtigeres, wie an Herzensangelegenheiten zu denken.

Das Glück meines Lebens ist mir das Wichtigste.

Wenn Sie dieses nur in Lohberg's Besitz finden, dann bedauere ich Sie.

Die Augen der Gräfin vergrößerten sich.

Ich habe mit Kornelius gesprochen —

Nun, was sagte er?

Er war nicht zu bewegen, Sie zu besuchen.

Lügner! dachte Seraphine.

Ich muß also jede Hoffnung auf ihn aufgeben?

Es ist das Beste, was Sie thun können.

Und Sie? Haben Sie auch auf Regina verzichtet?

Für jetzt, ja!

Haben Sie das Fräulein seitdem nicht gesehen?

Wie sollte ich?

Sie hätten doch einige Entschuldigungen versuchen sollen.

Sie sind fruchtlos, so lange die Mutter da ist. Könnte ich mit Regina allein sprechen. —

Warum versuchen Sie es nicht? Das Fräulein liebt Sie. —

Ich weiß es, und dennoch wage ich nicht vor sie zu treten, ich bin entmuthiget, ermüdet —

Wünschen Sie, daß ich das Fräulein wieder aufsuche?

Wozu die vergebliche Mühe?

Regina erzählte mir, daß sie oft zu dem Musikmeister Mozart komme, bestellen Sie bei diesem eine Kom-

position und Sie haben dann einen Vorwand, ihn öfters
zu besuchen.

Der Magier faßte diese Idee gierig auf.

Sie haben recht, entgegnete er, ich will's versuchen.

Die Absicht der Gräfin war erreicht.

Sie hatte die Leidenschaft Alleffandro's wieder aufge=
stachelt, sie lenkte seine Aufmerksamkeit nach außen hin, und
war überzeugt, daß er nun die halb und halb aufgegebene
Idee wieder erfassen werde. Sie beschäftigte ihn nach
außen, um zu Hause desto ungestörter zu sein.

Der Magier verließ noch an demselben Abende das
Haus. —

Seraphine befand sich in ihrem Gemache und lauschte
jedem Geräusche im anderen Flügel des Landhauses.

Als sie Alleffandro sich entfernen hörte, jubelte ihr
Herz auf, sie hatte erreicht, was sie wünschte.

Ungefähr eine halbe Stunde, nachdem er das Land=
haus verlassen, schlich die Gräfin unbemerkt hinüber, öffnete
eine Thüre, und befand sich in dem ersten Gemache.

Hier zündete sie das Licht in einer kleinen Laterne an,
deren Flügel sie vorsichtig schloß, damit das Licht ihre An=
wesenheit nicht verrathe. Nun öffnete sie noch eine Thüre,
und befand sich dann in einem Kabinet, in welchem sich
das Schreibepult des Magiers befand.

Seraphine gab sich keine Mühe, die Papiere auf die=
sem Pulte zu durchstöbern, denn hier — das mußte sie —
war das, was sie suchte, nicht zu finden.

Sie eilte zu einem Schranke, der in einer Ecke stand,
und mit Kleidungsstücken gefüllt war; dieser Schrank, dessen
Thüre offen war, hatte innen, an seiner oberen Fläche einen
schwarzen Punkt, an den sie drückte — wodurch in der Ecke
eine Klappe aufsprang.

Es entstand eine kleine Oeffnung, durch welche man in
ein verborgenes Fach greifen konnte.

Dieß that die Gräfin, und zog aus demselben ein

kleines Packet, mit dem sie — nachdem die Klappe wieder geschlossen war — zum Tische eilte, um sich beim Licht der Laterne zu überzeugen, daß die Papiere dieselben seien, welche sie schon einmal bei einer ähnlichen Durchspähung in Händen gehabt.

Sie schlug den Umschlag auseinander, nahm das erste Dokument und las: „Im Namen des Lichtes, der Freiheit und der Brüderlichkeit!"

„Allessandro Todor — jetzt Xenophontis genannt — aufgenommen im heiligen Bunde der Illuminaten am 10. des Wonnemondes im Jahre 5773" u. s. w.

Das zweite Dokument enthielt eine Abschrift der auch von Allessandro beschworenen „Konstitution der Illuminaten."

Ein drittes Dokument legitimirte ihn als einen Abgesandten von Seite des Großmeisters, um im Interesse des Ordens zu wirken.

Noch einige Dokumente würdigte sie keiner Durchsicht, sondern schloß das Packet wieder, verbarg es unter ihrem Busentuche, und wollte sich entfernen, da gewahrte sie auf dem Pulte einen Brief, den der Magier erst erhalten haben mußte.

Er war offen — doch ohne Adresse.

Die Gräfin schlug den Brief auseinander und las:

„Bruder Xenophontis!"

„Sei auf der Hut. Die Brüder sind mit Dir sehr unzufrieden. Man legt Dir Vieles zur Last, was ich nicht zu wiederholen brauche — Deine Unvorsichtigkeit könnte dem Orden Gefahr bringen — man hat Bevollmächtigte abgesendet, die Dich überwachen — sei auf der Hut — ich darf nicht mehr verrathen."

Seraphine legte den Brief wieder an die vorige Stelle, verließ das Gemach, und kam mit ihrer Beute unbemerkt in ihr Zimmer.

Sie hatte keine Ruhe, um jeder Gefahr von Seite Alleſſandro's zu entgehen, — ſie raffte, was ſie an Koſt= barkeiten beſaß, zuſammen, und verließ, bevor der Magier noch heimkehrte, durch den Garten das Landhaus.

Sie wußte, daß ihr Verrath dieſes Mal den Magier in ſeinem Lebensnerv verletze; darum wich ſie dem Sturme aus, der unbarmherzig über ſie losgebrochen wäre, ſobald Alleſſandro nur eine Ahnung von dem Geſchehenen hätte.

Meines Bleibens, ſagte ſie, iſt nicht mehr bei ihm — er hat mich bis zum letzten Momente unſeres Beiſammen= ſeins belogen und mißbraucht; ich will ihm vergelten, was er an mir verſchuldet.

Urban Keil gelangte in derſelben Nacht in den Beſitz der gewünſchten Papiere.

Sechsunddreißigstes Kapitel.

Die heiligen Drei.

Der Magier langte spät in der Nacht zu Hause an. Er ahnte nicht, was vorgegangen war.

Am anderen Tage verließ er wieder das Landhaus, ohne sich um Seraphine zu kümmern.

Die Dienerschaft glaubte, die Dame ruhe noch, und Allessandro ging fort, ohne nach der Gräfin zu fragen.

Am Abende kehrte der Graf zurück und erfuhr — was man im Laufe des Tages entdeckt hatte — daß die Dame sich wahrscheinlich zeitlich am Morgen, oder gar in der Nacht aus dem Landhause entfernt habe, und seitdem nicht zurückgekehrt sei.

Bis gegen Mittag hatte man es nicht gewagt, ihr Schlafgemach zu betreten, da sie aber auch da nicht kam, so öffnete man die geschlossene Thüre mit Gewalt, und fand das Kabinet leer.

Der Magier war betroffen — er eilte in die Gemächer der Gräfin, ihre Kleider waren da, aber der Schmuck war fort.

Sie ist entflohen!

Allessandro täuschte sich nicht, er gab sich keine Mühe, sich mit leeren Vermuthungen zu trösten.

Sie ist entflohen, sagte er bei sich, das ist gewiß, aber wohin, warum, was wollte sie durch die Flucht erreichen?

Das waren die Fragen, die er an sich stellte.

Der Zorn des Magiers drohte zu entbrennen — er bezwang sich — er fühlte, daß er in diesem Momente seine ganze Geisteskraft benöthigte, und daß er sich von keiner Leidenschaft zu einem unbedächtigen Schritte verleiten lassen durfte.

Ich war unvorsichtig, murrte er mit sich selbst, ich hätte diese Frau, sobald ich wahrnahm, daß die Leidenschaft ihrer Herr wurde, aus meiner Nähe entfernen sollen, es kam, was nicht ausbleiben konnte. Wohin mag sie nur sein? Zu Lohberg? Er liebt und duldet sie nicht! Und warum floh sie jetzt, gerade jetzt? Sollte sie — ich kann mir ihr Verschwinden in diesem Momente gar nicht enträthseln.

Der Magier war sehr unruhig — seine Besorgniß steigerte sich von Minute zu Minute — da durchzuckte ihn ein Gedanke —

Er eilte in sein Kabinet und durchmustert die Papiere in seinem Pulte, er findet Alles in Ordnung —

Hier, sagte er, war sie nicht, vielleicht dort — oh, sie kennt den Versteck nicht — wozu also die unnöthige Sorge?

Er wendet seine Gedanken nach einer anderen Seite, sie kehren aber immer wieder zu jenem Punkte zurück, wo er sein Wichtigstes, sein Geheimstes, sein Gefährliches verborgen hat.

Gleichsam um sich des drückenden Zweifels zu entledigen, stürzt er zu dem Schranke hin — ein Druck — die Klappe springt auf — er greift in das Fach — er erstarrt — er stößt einen Schrei des Entsetzens aus — das Fach ist leer.

Noch einmal sucht er, es ist umsonst! —

Er stürzt todtenbleich in einen Lehnstuhl, und murmelt: „Jetzt weiß ich Alles!"

Eine Weile lag er da, wie betäubt, wie sinnlos.

Er sah nichts — er hörte nichts — er dachte nichts! Wozu auch? Er wußte ja Alles!

Das Fehlen dieser Papiere enträthselte ihm, was er früher nicht begriff.

Der Angriff galt dieses Mal nicht dem Manne, nicht dem Magier, sondern dem — Illuminaten!

Der erste Schreck begann zu weichen — Alessandro kam nach und nach zu sich — seine Sinne kehrten wieder, die Gedanken fanden sich ein, wie eine Schaar Vögel, die der Geier aus ihrem Neste scheucht, und die nach entwichener Gefahr einzeln wieder zurückkehren.

Die Elende will mir an's Leben!

Das waren seine ersten Worte; sie bewiesen, daß er seine Lage durchschaute, Seraphinen's Absichten erkannte.

Sie will mich verrathen und ganz vernichten. Ihre Aussöhnung, ihre gestrige Ergebenheit waren bloß Verstellung, um mich sicher zu machen, und mir zu entwenden, was mir Verderben bringt, wenn es in die Hände meiner Feinde geräth. Es ist ihr gelungen — ich war nicht mißtrauisch genug — ich hätte die Elende überwachen sollen, wie einen bösen Feind, einmal hat sie schon meine Plane vereitelt, ich war also gewarnt und ließ mich dennoch durch den äußeren Schein täuschen, oh, ich Thor!

Diesem ersten Ausbruche einer ohnmächtigen Wuth folgte eine lange Pause, die der Magier stumm aber mit großer Aufregung verbrachte, dann begann er wieder: Ich darf mir's nicht verhehlen, die Gefahr ist im Anzuge, ich bin bedroht von allen Seiten. Wohin ich blicke, stehen Wetter — dort die Unzufriedenheit der Oberen, hier die Justiz, da Cornelius, Keil — ha, welch' ein Gedanke? Keil und Seraphine! Sollten sie sich zu meinem Verderben verbunden haben?

Die Gefahr wäre um so größer. Was habe ich nur diesem Weibe gethan, daß es mir so feindlich entgegen tritt? Habe ich die Kreatur nicht aus dem Staube zu mir empor gehoben, und ihr ein sorgloses Leben verschafft, voll von Genuß und Freude? Und wie vergilt sie es mir? Glaubt die Thörin, Kornelius hätte sie geliebt, wenn sie Nowaczky auch nicht begünstiget hätte? Was soll ich thun, um mich zu retten? Ich habe keine Zeit zu verlieren. Meine Feinde sind in voller Thätigkeit, ich darf nicht müssig bleiben. Was also beginnen?

Eine Weile vergeht — dann springt er auf — will zum Pulte, und beginnt die Papiere zu ordnen.

Ich muß vertilgen, was gegen mich zeugen könnte, und dann fort aus diesem Landhause — wo möglich fort von Wien!

Das war sein Entschluß.

Die Nacht war vorgeschritten, und der Magier war noch immer mit dem Sichten der Papiere beschäftiget.

Plötzlich ertönte an der Thüre seines Gemaches ein Schlag.

Er horcht.

Noch ein Schlag.

Was ist das?

Ein Dritter.

Sein Blut begann zu erstarren.

Ein Vierter, Fünfter, Sechster —

Er zittert — glotzt die Thüre an — und vermag kaum zu athmen.

Ein Siebenter.

Dann bleibt's stille.

Der Magier ist entgeistert.

Sie sind's! murmelt er sich erholend, und schwankt zur Thüre, um sie zu öffnen.

Drei Männer — die Gesichter vermummt — treten ein.

Alessandro hat sie kaum erblickt, schreckt er neuerdings auf.

Die drei Männer blieben vor dem Magier stehen, und der Mittlere von ihnen sprach mit dumpfer Stimme: „Im Namen der Freiheit, des Lichtes und der Brüderlichkeit."

Cagliostro stammelte: Ich grüße die Brüder aus dem Orient.

Brüder und Meister! sprach wieder der Erstere.

Der Magier kreuzte seine Hände über die Brust. —

Der Sprecher unter den Dreien streckte ihm die Rechte entgegen, an deren Mittelfinger ein breiter schwarzer Ring steckte.

Als der Magier diesen gewahrte, taumelte er zurück und stammelte: Ich bin bereit.

Erkennst Du in uns Deine Richter?

Ja!

Sahst Du das Zeichen, welches uns ermächtiget, über Dich zu Gericht zu sitzen?

Ich sah es.

Unsere Sendung beginnt.

Die Männer ließen sich auf drei Stühle nieder — der Magier blieb gesenkten Hauptes vor ihnen stehen.

Der Sprecher begann: Im Namen des Lichtes, der Freiheit und der Brüderlichkeit! Der Paragraph Dreizehn der Konstitution der Illuminaten bestimmt, daß ein Meister und zwei Brüder, wenn sie von einem vollständigen Kapitel ausgesendet werden, hinreichen, einen Angeklagten zu richten — in welchem Falle der Meister von dem General-Großmeister den schwarzen Ring erhält, zum Zeichen, daß er und die zwei Brüder absprechen können, über Leben und Freiheit des Angeklagten, und daß sie dafür niemals dürfen zur Rechenschaft gezogen, oder von irgend einem Bruder verrathen werden an den weltlichen Arm, und wäre der Verurtheilte auch sein Bruder, sein Sohn oder sein Vater. Zu einem Todesurtheile ist Stimmeneinheit der Dreizahl erforderlich. Haft Du, Bruder Xenophontis, diesen Paragraph beschworen?

Ja! hauchte Allessandro.

So vernimm die Anklage. Du bist beschuldiget des Hochverrathes an dem Orden.

Der Magier ward bleich.

Hochverrath, stotterte er, wo soll ich den begangen haben?

Sechszehnmal hat die Erde ihren Lauf um die Sonne vollendet, seitdem Du eingetreten bist in den heiligen Orden. Du wurdest in dem untersten Grade als Minervale aufgenommen, und erfülltest Deine Pflichten gewissenhafter als andere junge Männer, welche in dieser Vorbereitungs-schule des Lichtordens den Wissenschaften obliegen. Während Andere bloß als tauglich in irgend eine Freimaurerloge gesteckt wurden, worin sie vegetiren, ohne irgend welche Auf-schlüsse zu bekommen, erhieltest Du den Rang eines Illu-minaten, den Du auch verdientest zum Lohne Deines Fleißes, Deiner Kenntnisse, Deiner Treue. Als solchem wurde Dir das System des heiligen Ordens enthüllt, Du lerntest mehrere Mitglieder und Obere kennen, was Dir früher ein Geheimniß war, so wie Dir jetzt noch die erlauchten höchsten Oberen ein Geheimniß sind. Du hast alle Religionsvor-theile abgelegt, denn kein Religionär wird in höhere Grade aufgenommen. Jahre vergingen. Der Augenblick der Ehre kam, man vertraute Dir eine Sendung an. Die Länder Kaiser Josef des Zweiten waren der Schauplatz, den Du betreten solltest, und deren Stand zur Kenntniß der Ober-sten zu bringen, war Deine erste Aufgabe: Deine weitere Pflicht gebot Dir, im Interesse des Ordens zu wirken, und zur Verwirklichung seiner Devise beizutragen, damit das Banner des Lichtes, der Freiheit und der Brüderlichkeit in allen Landen zugleich aufgepflanzt werde, an der Seine und an der Donau, am Rheine, an der Tiber und an der Newa. Du wurdest zu diesem Behufe ausgerüstet mit Macht und mit Geld. Mit Macht, denn hundert Minervalen, zerstreut in den Ländern dieser Monarchie, wurden Dir untergeordnet und als Helfer beigegeben. Mit Geld, denn Du erhieltest Anweisungen auf Summen, die Du jeden Augenblick erheben konntest, und auch erhoben hast. Du hast die Macht und das Geld verwendet, und anfangs eifrig im Interesse des Ordens gewirkt, bald aber änderte sich die Sachlage. Dir genügte das stille Wirken nicht, Du fandest für gut, plötzlich die Rolle Cagliostro's zu übernehmen, Aufsehen zu erregen und Wien von Dir reden zu machen. Warum Du dieß gethan, wissen wir nicht, eine Nothwendigkeit war nicht vorhanden, es sei denn, die Eitelkeit hätte Dich überkommen, mit Deinem Wissen glänzen zu wollen, und die Welt, die betrogen sein will, zu betrügen. Dein Aufwand verschlang Summen, welche Das, was Du für den Orden leistetest, weit überwogen, Du schufest Dir zwar eigene Einnahmsquellen, allein alle diese Quellen verschwanden in dem Kostenstrome Deiner Zauber-Manöver, sie — mit denen Du bei einer zweckmäßigeren Gebahrung für den Orden Zehnfaches hättest wirken können — wurden aufgezehrt. Deine Eitelkeit hat Dich also zu einem Fehltritte verleitet, der zuerst zur Kenntniß der geheimen Oberen gelangte, und ihr Mißfallen erregte. Was vermagst Du darauf zu erwiedern?

Cagliostro athmete tief auf, und antwortete: Ich erkenne als wahr, was die nicht zu leugnenden Thatsachen anbelangt — ich stelle jedoch entschieden in Abrede, daß Eitelkeit das Motiv war, welches mich die Rolle Cagliostro's spielen ließ. Ich glaubte meine Sendung ungefährdeter zu vollziehen, wenn ich meine wirklichen Tendenzen hinter dem Zaubermantel verbarg, ich wähnte ergiebigere Einnahmen zu erzielen, und dem heiligen Orden Summen zu ersparen; ich habe, begünstigt durch die Maske des Wundermannes, manches Geheimniß erfahren, welches uns von Nutzen ist, und das mir sonst verborgen geblieben wäre.

Dieß sind die Gründe, die mich so handeln ließen, wie ich handelte; ich hatte das Beste des Ordens im Auge, und folgte keinem eiteln Gelüste. Wenn ich mich in meinen Berechnungen irrte, so ist dieß ein Los, dem jeder Sterbliche mehr oder weniger ausgesetzt ist, und ich finde es zu strenge, wenn man mir als Hochverrath anrechnet, was ich zum Besten des heiligen Ordens unternommen hatte.

Bis jetzt, begann der frühere Sprecher, war nur von einem Fehltritte, und von keinem Hochverrathe die Rede — die Thatsachen, welchen diesen belegen, sollen gleich zur Sprache kommen.

Also dennoch? rief Allessandro.

Ja, Bruder Xenophontis, Du bist angeklagt des Hochverrathes, den Du zwar nicht unmittelbar an dem heiligen Orden begangen, der aber durch Deine Schuld hervorgerufen wurde und großes Unheil über uns bringen wird. Du wirst bereits von den Verfolgungen gehört haben, welchen unsere Brüder im Baierlande ausgesetzt sind. Die Illuminaten hatten sich dort im hohen Grade vermehrt und in Ansehen gesetzt, die Maurer, Rosenkreuzer und andere Orden haben nur schwachen Zuwachs erhalten, während unsere Brüder immer mächtiger wurden. Da plötzlich tauchten aus ihrer Mitte Verräther empor, der Hofkammerrath Utzschneider, der Professor Cosandry, Renner und Grünberger verfaßten geheime Anklagen und beschworen sie. Den Verfolgungen waren Thür und Thor geöffnet. So wie dort, wird es auch hier zu Lande werden, und zwar durch Deine Schuld —

Durch meine Schuld?

Ja, Verräther! Wisse, die Papiere, welche Dir abhanden gekommen, befinden sich bereits in den Händen des Kaisers.

Allessandro taumelte auf,

Allmächtiger, rief er, wär' es möglich?

Deine Sehergabe war schwach, wenn Du das nicht

wußteſt! Du ſiehſt, der Orden beſitzt noch außer Dir Agen=
ten in Wien, die ihm beſſer und gewiſſenhafter dienen.
Durch Jene biſt nicht nur Du bloßgeſtellt, ſondern auch alle
jene Minervalen, die in den Provinzen als Deine Helfer
zerſtreut waren, und deren Namen und Aufenthaltsort dort
aufgezeichnet iſt. Sie haben von uns bereits die Weiſung
erhalten, die kaiſerlichen Länder ſchleunigſt zu verlaſſen, da=
mit ſie ſchon lange jenſeits der Grenze ſind, wenn die Re=
gierungsbefehle, die ihre Freiheit bedrohen, dort anlangen.
An dieſem Unglücke trägſt Du die Schuld — Du haſt, un=
eingedenk Deines Eides, Deinen Leidenſchaften Gehör gege=
ben, und während Du ihnen folgteſt, die Sicherheit des
Ordens gefährdet. Privatverhältniſſe, denen Du hätteſt aus
dem Wege gehen ſollen, brachten Dich in unangenehme
Konflikte, ſchufen Dir Feinde, und während Du ausgingſt,
um mit einem Mädchen, das Du liebſt, zuſammenzutreffen,
wurden Dir zu Hauſe von einer racheſüchtigen Frau die
Papiere geſtohlen, und das Verderben heraufbeſchworen. So
lautete eine namenloſe Zuſchrift, die wir heute Morgens er=
hielten, und deren Richtigkeit ſich bei näherer Erkundigung
herausſtellte. Die Papiere befinden ſich bereits in den Hän=
den des Kaiſers. Was vermagſt Du darauf zu erwiedern?

Der Magier hatte die Lippen krampfhaft geſchloſſen,
ſeine ſchwarzen Augen waren aus den Höhlen getreten, ſein
ſüdlicher Teint war fahl, faſt aſchgrau geworden.

Nach einer Pauſe: Bruder Xenophontis! Ich frage
Dich noch einmal: Was vermagſt Du darauf zu erwiedern?

Alleſſandro antwortete nicht, eine Pantomime drücte
jedoch eine Verneinung aus. Auf dieſe Anklage vermochte
er nichts zu erwiedern

Der Sprecher wendete ſich zu ſeinem rechten und lin=
ken Nebenmanne, und unterredete ſich leiſe mit ihnen.

Dann wendete er ſich wieder zu Alleſſandro:

Dein Schweigen beſtätiget die Wahrheit der Anklage.

19 *

Wurde durch Entwendung der Papiere die Sicherheit des Ordens gefährdet?

Ja! hauchte der Magier.

Wurden die Papiere durch Deine Schuld entwendet?

Ja!

Hast Du Deinen Leidenschaften Gehör gegeben, und das Wohl des Ordens gefährdet?

Ja!

Hast Du dadurch die beschworne Konstitution verletzt, Deinen Eid gebrochen?

Allessandro zögerte.

Antworte!

Ja!

Der Sprecher wendete sich wieder zu seinen beiden Mitrichtern, und sprach leise mit ihnen.

Dann sagte er laut: Im Namen des Lichtes, der Freiheit und Brüderlichkeit, erkennt Dich die heilige Dreizahl einstimmig für schuldig.

Gnade, Erbarmen! rief Cagliostro, und sank in die Knie.

Bitte nicht, denn Dein Bitten ist vergebens. Eine Gesellschaft, die so weit umfassende, gefährliche Zwecke verfolgt, darf, wo es Verrath gilt, keine Gnade üben, kein Erbarmen fühlen. Du kennst unsere Satzungen: „Ein Illuminat muß den Tod sich eher anthun, als die Gesellschaft verrathen", ferner: „Wenn die Natur uns eine allzuschwere Bürde auflegt, so muß der Selbstmord uns davon befreien." Du bist der erbärmlichsten aller Leidenschaften, der Sinneslust, erlegen, und hast dadurch die Gesellschaft verrathen.

Um des Allmächtigen Willen, rettet Ihr mich — wer seid Ihr — die Ihr mich zu richten kommt —

Wir sind Deine Brüder, sonst nichts. Wir dürfen Dich nicht retten, und ein Anderer kann Dich nicht retten, Du kennst unsere Satzung: „Kein Regent ist im

Stande, Denjenigen zu schützen, der uns ver-
räth!" Komm, Bruder, komm!

Um's Himmels Willen! was wollt Ihr mit mir beginnen? Wohin soll ich?

Frage nicht, sondern gehorche. Dein Spiel ist aus.

Die beiden Brüder hingen sich in Allessandro's Arm.

Laßt mich — laßt mich —

Verhalte Dich ruhig, und folge uns ohne Aufsehen,
sonst erwarten Dich die gräßlichsten Martern.

Der Magier stöhnte — doch wagte er es nicht, an
Widerstand zu denken.

Die beiden Vermummten kamen mit ihm auf die Straße.

Da harrte ein geschlossener Wagen.

Allessandro wollte sich loswinden.

Laßt mich — ich will nicht fort — ich will nicht —

Du mußt —

O, nur einen Tag gönnt mir, ich will meinen Sohn —
Er schrie auf —

Von rückwärts ward ihm ein dreifaches Tuch um den
Kopf geworfen.

Der Schrei klang nur dumpf unter der dichten Hülle
hervor.

Die Anderen hoben ihn trotz seines Sträubens in den
Wagen, stiegen ebenfalls ein, und fort ging es im scharfen
Trabe durch die Nacht.

———

Siebenunddreißigstes Kapitel.

Eine günstige Wendung.

Wo Leidenschaft und verschmißte Schlechtigkeit sich paaren, dort bleibt der Erfolg selten aus. Seraphine und Keil haben es verstanden, den Magier an seiner verwundbaren Stelle zu fassen. — Beide hatten nun von dem Manne keine Enthüllungen mehr zu fürchten, was besonders dem ehemaligen Kurator sehr willkommen war, denn nun hatte er auch den jungen Lohberg nicht mehr zu scheuen, und was Gewalt von dessen Seite betraf, so wollte er sich schon dagegen sicher stellen.

Herr Urban Keil machte es sich also in seiner Wohnung wieder bequem, die reisefertigen Koffer wurden ausgeleert und die Gelder wieder verborgen — er athmete leichter und sorgloser.

Von Kornelius sah und hörte er einige Tage nichts, der junge Mann war abwesend von Wien, und die Ursache davon war einfach folgende:

Das Unglück des greifen Szekely traf Aurelie sehr schwer — das Fräulein vermochte nicht in Wien zu bleiben und das Fingerdeuten der zahlreichen Bekannten zu ertragen. Sie beschloß, sich zu einer alten Verwandten nach Preßburg zu begeben, und auf dieser Reise begleitete sie Kornelius.

Diese Abwesenheit war die Ursache, warum Alessandro — wie wir bereits erwähnten — seinen Sohn nicht fand, als er ihn suchte.

Er verweilte einige Tage in Preßburg in Aurelien's Nähe, und kehrte dann zurück, um zu hören, was sein Vater für ihn erwirkt oder vorbereitet habe.

In der Residenz angekommen, begab er sich nach Währing.

Das Landhaus lag in der üppigen Pracht des beginnenden Sommers da.

Schwermuth erfaßte den jungen Mann, als er sich dem Hause näherte, wo er so viele wonnige und schmerzliche Augenblicke verlebt, und so große Täuschung erfahren hatte.

Er trat ein — gleich in der Vorhalle vermißte er die Diener, welche hier gewöhnlich die Besuchenden zu empfangen pflegten — alle Thüren waren verschlossen. —

Ein alter Mann kam über den Hof, Kornelius fragte ihn nach dem Grafen, der Alte lächelte, und sagte: Der ist fort —

Der Graf fort?

Plötzlich — über Nacht, früher die Gräfin — dann er, wie es bei dergleichen Leuten gewöhnlich zu sein pflegt. Die Nachbarschaft meint zwar, es habe ihn der Teufel geholt, ich glaub' aber an derlei Märchen nicht, und meine, der Herr Graf ist ganz einfach durchgegangen.

Lohberg verließ in stürmischer Aufregung das Landhaus.

Sein Vater war fort, ohne seine Zusage erfüllt zu haben — er hatte ihn wieder getäuscht, und Keil — war er etwa mit dem Magier einverstanden, war er etwa auch fort? —

Der junge Mann eilte auf die Wieden, in die Wohnung des Kurators.

Zu seinem Erstaunen fand er den alten Bösewicht ruhig in seinem Armsessel.

Herr Keil grüßte den in Hast Eingetretenen freundlich und erwartete, ohne sich von seinem Sitze zu erheben, dessen Anrede.

Diese Ruhe des Alten imponirte dem jungen Manne, er wußte nicht, was er denken sollte.

Herr Keil, begann er endlich mit düsterem Ernste, ich komme, Sie zu fragen, wo sich der Graf Cagliostro befindet?

Der Kurator antwortete: So weit ich mich erinnere, glaube ich gelesen zu haben, daß er jetzt in London ist. Er begab sich nämlich von Paris, nachdem er aus der Bastille entlassen wurde, nach England.

Sie scherzen, ich spreche von jenem Manne, der sich hier unter diesem Namen aufhielt.

Ah, Sie meinen Allessandro Tobor, Ihren Vater? Was kümmere ich mich um diesen.

Sie haben sich aber vor Kurzem noch sehr um ihn gekümmert.

Die Zeiten ändern sich. Was war, ist nicht jetzt.

Herr Keil!

Herr Lohberg!

Sie vergessen, wen Sie vor sich haben?

Einen jungen Herrn, der sich Kornelius Lohberg nennt, und von dem ich hoffe, daß er mich nicht weiter belästigen wird.

Der Sohn des Magiers fuhr auf.

Welche Sprache, dachte er, was ist hier vorgegangen, daß dieser Mensch es wagt, mir gegenüber eine solche Sprache zu führen.

Sie wissen also nicht, wo sich Allessandro befindet?

Nein!

Ich werde also wieder mit Ihnen sprechen.

Thun Sie das, versetzte Keil, und machte sich zurecht, so wie Jemand, der sich bereit hält, seinen Gegner zu empfangen.

Ich werde von Ihnen Rechenschaft fordern.

Worüber?

Fragen Sie nicht, denn Ihre Impertinenz reizt meinen Zorn.

Was liegt mir an Ihrem Zorn? Ich fürchte ihn gottlob nicht mehr. Ich kenne Sie nicht, ich weiß nichts von Ihnen. Haben Sie von mir etwas zu fordern, so wenden Sie sich an die Gerichte, belegen Sie Ihre Anklage mit Dokumenten, und Sie werden Recht erhalten, können Sie dieß nicht, dann geben Sie Ihre Pläne auf, und lassen Sie mich in Ruhe. Sollte es Ihnen gelüsten, mir Gewalt anthun zu wollen, so wie neulich, so diene Ihnen zur Kenntniß, daß ich mich dagegen vorgesehen habe.

Kornelius sah den Schurken starr an, er traute seinen Ohren nicht.

Welche Frechheit, rief er, Sie wagen zu trotzen, zu leugnen, Alles zu leugnen. Haben Sie vergessen, daß Zeugen da sind, welche Ihr Gespräch mit Allessandro behorcht, welche Ihre Flucht im Vereine mit mir verhindert haben!

Meine Flucht? Ich wollte nicht fliehen, sondern Allessandro wollte mich entführen, weil er fürchtete, daß ich Ihnen die Anwesenheit Ihres Vaters verrathen würde.

Schändlicher! Welch' eine neue Lüge.

Ich lüge nicht. Beweisen Sie mir, daß ich lüge.

In dem Kopfe des jungen Mannes wirbelte es wie ein Mühlrad, ihm schwindelte vor der listigen Bosheit dieses Menschen, der sich hinter einer dreifachen Verpallisadirung von Lügen so verschanzte, daß jeder Angriff ohne das schwere Geschütz von schriftlichen Dokumenten vergeblich war.

Dem Kurator entging die Wirkung seines Manövers nicht, er glaubte den Augenblick gekommen, wo der verblüffte Feind sich zu einem Ausgleiche bewegen lassen werde.

Herr Lohberg, begann er, lassen Sie uns wie Män-

ner von Erfahrung und Verstand miteinander sprechen.
Die Vergangenheit liegt hinter uns — sie ist mit dem
Schleier einer langen Reihe von Jahren bedeckt, und wer
diesen Schleier zu lüften versuchte, würde sich in eine
Staubwolke hüllen, ohne daß es ihm gelänge, seine Zwecke
zu erreichen. Gewöhnen Sie sich an den Gedanken, daß
Geschehenes sich nicht ungeschehen machen läßt, und daß
man ohne vollgültige Beweise nicht prozessiren kann. Sie
treffen mich heute anders als neulich, staunen Sie nicht
darüber, ich bin Herr der Verhältnisse geworden, während
ich neulich noch ihr Sklave war. Gestehen Sie sich's
offen, Sie können mir im Wege des Rechtes nichts anhaben, und einen Anderen werden Sie nicht betreten. Wir
wollen also in Güte miteinander verkehren. Sie sind durch
Verhältnisse um das Vermögen Ihres Großvaters gekommen, wenn Sie klug sind, sollen Sie bald im Besitze einer
noch größeren Summe sein. Sie sind ein junger, hübscher
Mann, ich kenne eine reizende Dame, die Ihrer in heftiger
Liebe gedenkt und des Augenblickes harrt, wo Sie zu ihr
zurückkehren würden.

Kornelius horchte. Der Weg, den der Kurator jetzt
einschlug, war ihm noch überraschender, als sein früheres
Benehmen, er wollte ihn jedoch ganz aussprechen lassen,
um zu hören, wohinaus er eigentlich zu streben gedenke.

Da er Herrn Keil nicht unterbrach, so fuhr dieser
fort: Ich halte Sie für klug genug, um ein solches Glück
nicht von sich zu weisen. Die Gräfin von Santa Croce ist
eine reizende Dame —

Die Gräfin von Santa Croce! rief Lohberg.

Sie kennen die liebenswürdige Dame, Sie wissen —

Schweig', Elender, meine Geduld ist erschöpft, kein
Laut von diesem schändlichen Antrage komme mehr über
Deine Zunge — die Gräfin ist also Deine Genossin, ich
fange an, die Wahrheit zu durchschauen. Ihr habt Euch
verbündet — Jene, um mich zu besitzen, Du, um mich

neuerdings zu hintergehen. Und der Graf — Alleſſandro
— wo iſt Alleſſandro — Ihr müßt es wiſſen —

Sie raſen, mein Herr, die Gräfin hat das Landhaus
früher verlaſſen wie Alleſſandro, ſie that es um Ihretwil-
len, weil ihre heftige Liebe zu Ihnen ſie in der Nähe
jenes Mannes, den Sie Vater nennen, nicht mehr duldete.
Sie weiß eben ſo wenig als ich, wohin der Magier gekommen.

Die Angabe des Kurators ſtimmte mit der Auskunft
überein, die er von dem alten Manne im Landhauſe erhalten. Auch dieſer hatte ihm geſagt, daß die Gräfin ſich früher entfernt habe, Kornelius hatte alſo keine Urſache,
daran zu zweifeln; wie ſollte er aber in dieſer Dunkelheit
Licht erhalten? Wie aus dieſer Verwirrung ſich heraus-
finden?

Sie leugnen alſo Ihr Einverſtändniß mit der Gräfin?
fragte er.

Was nennen Sie ein Einverſtändniß? Ich habe die
Gräfin einige Male geſehen und einmal geſprochen.

Ich weiß genug. Sagen Sie der Dame, daß ich mich
ihr nie mehr nähern werde, daß ich bereue, mich ihr genähert zu haben. Sie hat mich einſt um Schutz angefleht,
als ob Damen ihres Gleichen noch eines Schutzes bedürf-
ten! Ich war ein Thor, daß ich ihr damals glaubte. Jetzt
iſt Alles vorüber, der Schleier iſt fort, ich ſehe klar. Ich
hoffe, daß ſie noch Schamgefühl genug beſitzt, und daß ſie
mich nicht zwingen wird, ihre Anträge abermals zurück zu
weiſen Und Sie, mein Herr, mit Ihnen werde ich noch
weiter ſprechen. Wähnen Sie nicht, daß ich Verſprechen,
die ich meiner unglücklichen Mutter auf dem Todtenbette
leiſtete, ſo leicht vergeſſe oder unerfüllt laſſe.

Der junge Mann eilte fort.

Sollte ſein Vater aus eigenem Antriebe Wien verlaſſen haben? Oder ſollte er, von einer Gefahr bedroht,
dazu gezwungen worden ſein? Seraphine und Keil waren

jetzt verbündet, sollte Allessandro dabei im Spiele sein? Ober entfernte sich der Vater, um ihm — dem Sohne — aus dem Wege zu gehen?

Diese und noch viele andere Fragen warfen sich dem Sohne des Magiers auf, ohne daß er sie zu beantworten vermochte.

Er eilte noch einmal nach Währing, hoffend, doch etwas Näheres zu erfahren. Er forschte nach der Dienerschaft, diese hatte sich in der Stadt zerstreut, wo sollte er sie suchen?

Der Tag verstrich unter Handeln und Denken — aber jede Mühe war vergeudet, er fand keine Spur, die ihm irgend eine Aufklärung verschafft hätte.

So nahte die Nacht.

Lohberg langte ermüdet in seiner Wohnung an, er wollte eben zur Ruhe gehen, als ein Pochen an seiner Thüre noch einen Besuch ankündigte.

Vielleicht ist Er es, dachte er und eilte, die Thüre zu öffnen.

Ein fremder Mann, das Gesicht vermummt, trat ein.

Der junge Mann war betroffen.

Sind Sie Herr Kornelius Lohberg?

Ich bin es, mein Herr.

Kannten Sie einen Mann, Namens Alleffandro Todor?

Ja! hauchte Kornelius.

Ich bin beauftragt, Ihnen dieses Packet zu übergeben.

Von ihm? Wo ist er?

Sie werden die Auskunft in einem Schreiben finden, welches in diesem Packete liegt.

Und Sie, mein Herr, warum sendet er Sie? Warum kam er nicht selbst?

Ich ersuche Sie, keine Fragen an mich zu richten, denn — ich kann sie Ihnen nicht beantworten. Geben Sie

mir zu meiner Legitimation einen Schein über den richtigen
Empfang dieses Packetes, und bemerken Sie darin ausdrücklich, daß dasselbe — wie Sie sich überzeugen können —
mit dem Siegel Tobor's geschlossen war.

Kornelius fertigte den verlangten Schein aus; da er
auf alle ferneren Fragen keine Antwort erhielt, so gab er
sich weiter keine Mühe, und der geheimnißvolle Vermummte
verließ das Gemach.

Der junge Mann öffnete das Packet.

Es enthielt Schriften.

Obenauf lag ein ungesiegelter Brief, mit der Adresse:

„An meinen Sohn Kornelius.“

Lohberg las:

„Ich fühle, daß ich die Aufgabe, welche ich mir gesetzt,
nicht zu lösen im Stande bin. Ich habe mich eine Höhe
hinangerungen, von wo aus ich nicht mehr weiter kann,
und auf welcher ich mich auch nicht weiter zu behaupten
vermag. Ein unausbleiblicher Sturz grinst mich an, —
diesem entgehe ich, indem ich freiwillig einem Leben
entsage, welches mir von nun an nur Schande und Schmach
bieten würde. Mein Sohn! Wenn Du die Zeilen liesest,
bin ich nicht mehr unter den Lebenden — ich nehme von
Dir schriftlichen Abschied, weil ich Dich in den letzten
Tagen vergebens in Wien gesucht habe. Ich habe Dir
und Deiner Mutter viele trübe Stunden bereitet; in dem
Augenblicke, wo man auf der Grenze zwischen hier und
dort steht, beginnt man dergleichen erst recht zu fühlen.
Ich bereue, was ich gethan, verzeihe mir! Beiliegend fin-
dest Du Dokumente, welche Dich als meinen Sohn legiti-
miren, und den Betrug des Kurator Keil beweisen. Die
drei, damals von ihm eigenhändig geschriebenen Briefe werden Dir gute Dienste leisten. Ich halte mein Dir gege-

benes Versprechen, es ist wenig, was ich für Dich thun kann, mein Geschick hat es jedoch nicht anders gewollt. Ich sterbe, weil ich muß; die bittere Nothwendigkeit erheischt es und ich gehorche. Meine Leidenschaften von ehedem und jetzt tragen Schuld an meinem Mißgeschicke, meine alte Schuld rächt sich. — Auch Du, mein Sohn, bist — ohne daß Du es mußtest oder wolltest — zum Theile Ursache am meinem Falle. So kreuzen sich oft die Fäden, welche die Parzen spinnen und kein Mensch weiß im Voraus, wohin sie auslaufen. Lebe wohl, Kornelius, ich setze Dich in die Lage, Dein Versprechen, welches Du der Mutter gegeben, zu erfüllen — räche sie, mein Sohn, denn indem Du dieß thust, rächst Du auch mich. Lebe wohl, recht wohl, denke an Deinen unglücklichen Vater, der seinem Geschicke unterliegt, unterliegen muß.

Allessandro Todor."

Kornelius hielt die Zetlen in der zitternden Hand — seine Augen begannen sich zu nässen, und bald perlten Thränen über seine Wangen.

Der Unglückliche, klagte er, er war muthig genug, die gefährliche Höhe zu ersteigen, aber ihm fehlte der Muth, den Fall zu ertragen. Sein Leben war kein beneidenswerthes; könnte ich sühnen, was er verschuldet, ich würde ihm die Strafe jenseits erleichtern, aber drüben muß Jeder selbst seine Last tragen; ich kann nichts, als ihn bedauern, daß er die Irrpfade gegangen, die ihn zu einem solchen Ende führten.

Der junge Mann durchsuchte jetzt die übrigen Papiere im Packete, und durchlas sie mit Aufmerksamkeit.

Dank Dir, mein Vater, rief er, beim letzten Dokumente angelangt, Du hast mir einen großen Dienst erwiesen — diese Papiere werden mir Gerechtigkeit verschaffen. Der Elende ahnt nicht, daß ich sie besitze, sein heutiges Be=

nehmen zeigt mir es deutlich; der Schlag wird ihn also um so unvorbereiteter treffen.

Der Augenblick ist gekommen — jetzt geh' ich zum Kaiser!

Achtunddreißigstes Kapitel.

Fernere Begebenheiten.

Die „Freimüthigen Bemerkungen über das Verbrechen und die Strafe des Garde-Oberstlieutenants Szekely" waren erschienen.

Das Schicksal des greisen Mannes hatte im Publikum eine unendliche Theilnahme erregt — er wurde allgemein bedauert und das Urtheil als viel zu strenge angesehen. Man erblickte in dem Greise einen Verführten, der die Schmach — zu welcher er verurtheilt war — nicht verdiente.

Nun erschien das Wucher'sche Pamphlet, eine — wenn auch ungeschickte — Vertheidigung jenes Mannes, den die allgemeine Stimme ohnedem bedauerte; man kann sich also vorstellen, welch' einen günstigen Boden es fand.

Aber nicht allein der Stoff, sondern auch die Behandlung trug das Ihre dazu bei, dieses Libell zu dem berüchtigsten seiner Zeit zu gestalten; die Angriffe waren offen, und überstiegen alle Grenzen der Ehrfurcht gegen den Mon-

archen. Das Aufsehen, welches die Broschüre erregte, war
ungeheuer — Wucherer veranstaltete sechs Auflagen rasch
nach einander, Schmidt und Steinsberg druckten sie nach,
und verkauften bei 4000 Exemplare. Die kaiserliche Aen=
derung des richterlichen Spruches wurde in dem Libell als
Akt der Willkür, der Laune und der Thrannei dargestellt,
die geheimen Gesellschaften wurden darin aufgestachelt, die
Beamten gegen das Militär gehetzt.

Die Censurkommission legte die Broschüre dem Monar=
chen vor, und erlaubte den öffentlichen Verkauf, „weil
sie nur seine Person belange."

So groß wie das Aufsehen, war auch der Erfolg. Es
ist unstreitig, daß durch den Szekely'schen Fall die Agita=
tion gegen den Kaiser einen neuen verstärkten Impuls
erhielt, die Wirkung muß auch eine gewaltige gewesen sein,
denn der Kaiser — welcher der öffentlichen Meinung selten
Konzessionen machte, ordnete die Freilassung Szekely's an *).

Während das Werk so viel Aufsehen erregte, war sein
Verfasser plötzlich aus Wien verschwunden, Graf Caglio=
stro war fort, und man wußte nicht, wohin er gekom=
men sei.

Die Einen behaupteten, er sei auf Befehl des Kaisers
heimlich über die Grenze gebracht worden, die Anderen sag=
ten, er habe sich selbst aus dem Staube gemacht, und die
Dritten blieben starr und fest dabei, der Teufel habe ihn
geholt.

---

*) Die Erwähnung des letzteren Umstandes fanden wir in
dem, im Jahre 1789 ohne Angabe des Druckortes erschienenen Buche:
„Geheime Geschichten des Berliner Hofes, oder Briefe eines reisen=
den Franzosen, geschrieben in den Jahren 1786 und 1787." Dieser
reisende Franzose aber war ein Preuße, und eine sehr angesehene
und sehr eingeweihte Person. Er findet es auffallend, daß der Kaiser
das Pamphlet (über Szekely) erlaubt habe. Das, fährt er dann fort,
ist noch nichts im Vergleiche der launischen Anwandlung, durch welche
drei Tage darauf der unglückliche Szekely des Verhaftes entlassen
ward, da ihn vorher alle Vorstellungen nicht hatten retten können.

So wie Alles, sei es im Augenblicke noch so interes=
sant, im Strome des Residenzlebens in Kurzem untergeht,
um irgend einen neuen Stoff an die Oberfläche zu schwem=
men, so war es auch mit dem Abenteurer, der unter dem
Namen „Cagliostro" viel von sich reden machte. Wochen
reichten hin, ihn vergessen zu machen, noch einige Zeit, und
nur Jene dachten an ihn, die mit ihm in naher Berührung
gestanden hatten.

So kam der Hochsommer heran, mit seiner Glühhitze,
seinem Staube, und seiner Unerträglichkeit.

Wien hatte sich geleert, die vornehme und reiche Welt
befand sich außerhalb den Linien; die Geschäfts= und Ge=
werbewelt, an den Ort gebunden, war träge und matt.

Ein heißer Morgen ist herangebrochen.

Ein großer, dicker Mann geht traurig und niederge=
schlagen über den Stefansplatz.

Vor Benko's Kaffeehaus angelangt, läßt er sich auf
einen Stuhl nieder, und verlangt eine Schale „Weißen."

Nach einer Weile kommt wieder ein Mann und begehrt
ebenfalls ein Frühstück.

Die beiden Herren sahen sich an, musterten sich, und
machten Mienen dazu, als ob sie sagen wollten: „Dich soll
ich kennen!"

Plötzlich ruft der große Dicke: Wenn ich nicht irre, so
kenne ich Sie!

Auch ich glaube Sie zu kennen.

Sie sind Herr Götz.

Und Sie der Visitator, Herr Bacciochi!

Ja, versetzte der Rosenkreuzer traurig, ich bin es.

Wir haben uns lange nicht gesehen. —

Fast an vier Monate.

Wie geht es Ihnen immer?

Danke, muß schon gut sein!

Der Mann von der Hauptmauth sprach diese Worte mit einem Jammertone, der himmelweit von jener Freudigkeit abstach, mit der er einst rief: „Vivat societas Rosae crucianorum."

Wie befinden Sie sich? fragte er den ehemaligen Laboranten des Baron Liebenstein.

Dieser wurde etwas verlegen, und erwiederte: Ich befinde mich so, so —

Nicht am besten? Wie kommt das? Sie hatten damals mit dem Goldsalz ein gutes Geschäft gemacht.

Das Geschäft war nicht übel, aber —

Nun, haben Sie Unglück gehabt?

Mit meiner Frau!

Ei so? Ist sie erkrankt, oder vielleicht gar gestorben?

Wär' sie es, rief Götz, ich säße jetzt nicht im Pfeffer.

Sie lebt also —

Ja, und zwar mit einem Füselier —

Was Sie sagen!

Ja, Herr Zöllner, Sabine ist durchgegangen mit einem desertirten Soldaten.

Ei, ei, das hübsche Frauchen. Schade um sie.

Den Teufel auch! Um sie thut es mir nicht leid, aber mein Geld beklage ich.

Ihr Geld?

Ei freilich — die Hexe hat mein ganzes Geld mitgenommen —

Wie gewonnen, so zerronnen! dachte der Mauthbeamte.

Ich bitte Sie, Herr Zöllner, diese Schande! Eine Preußin geht mit einem gemeinen österreichischen Soldaten durch — eine verheiratate Frau —

Es ist gewissenlos —

Wenn sie schon meine Ehre nicht respektirt, so hätte sie wenigstens die Ehre ihres Vaterlandes respektiren sollen. —

Was werden Sie jetzt beginnen?

Ich habe schon begonnen — ich bin Komödienspieler geworden —

Nicht möglich!

Kommen Sie heute in die Bude auf dem Mehlmarkte und überzeugen Sie sich.

Was spielen Sie dort, Thrannen oder Bösewichter?

Beides zugleich. Heute das Eine, morgen das Andere; der Direktor meinte, diese Gattung sage mir am besten zu.

Gratulire —

Danke, Sie werden doch kommen?

Sobald ich nur Zeit habe und die Lust verspüre, in die Kreuzerkomödie zu gehen, so gehe ich auf den Mehlmarkt, dessen seien Sie versichert.

Herr Zöllner!

Was wünschen Sie?

Ich habe eine Bitte.

Bacciochi begann zu ahnen.

Der neue Kreuzerkomödiant fuhr fort: Sie werden meine Bitte nicht ungütig nehmen, denn im Grunde genommen, sind Sie Schuld an meinem Unglücke.

Herr Götz!

Ich philosophire so: Wären Sie und Ihre Freunde nicht gewesen, so hätte ich das Geheimniß nicht verrathen und kein Geld bekommen; hätte ich kein Geld gehabt, so wäre meine Frau nicht mit einem Soldaten desertirt;

20 *

hätte ich das Geheimniß nicht verrathen, so wäre ich noch Laborant beim Baron Liebenstein; Sie sind also Schuld, daß ich meinen Herrn verrathen und meine Gattin ver- loren habe, ich ersuche Sie daher, zahlen Sie mein Frühstück.

Der Visitator von der Hauptmauth schüttelte den Kopf, und entgegnete: Ihre Philosophie riecht zwar bedeutend preußisch, ich will es indessen mit der Logik nicht so genau nehmen und Ihren „Weißen" bezahlen.

Jetzt vernahm man von dem Graben herüber Ketten- gerassel.

Was ist das für eine Musik? fragte Götz.

Es sind die Gassenkehrer-Sträflinge, die dieses Geschäft verrichten müssen, Verbrecher, die zu öffentlichen Arbeiten verurtheilt sind. Die Gesellschaft, welche die Straßenreini- gung gepachtet hat, läßt dieses theils durch Taglöhner, theils aber durch Sträflinge verrichten, für welch' Letztere sie der Polizei ein kleines Pauschale bezahlt. Sie werden jetzt den Stefansplatz kehren; wir wollen sehen, ob sich einige vornehme Herren darunter befinden.

Wie? müssen vornehme Herren auch die Straßen säubern?

Jetzt ist es so. Unter der seligen Kaiserin hat man die Verbrecher von Stand und Namen ganz einfach in eine Festung gesperrt, dort büßten sie einsam und verborgen ihre Schuld. Kaiser Josef will bei Verbrechern keinen Un- terschied der Stände dulden — er führte das Gassenkehren ein, und wer zur öffentlichen Arbeit verurtheilt wird, muß es thun, wessen Standes er früher auch gewesen sein mag. Anfangs machte die Geschichte viel Aufsehen, das Publikum strömte herbei, um diesen oder jenen vornehmen Herrn mit dem Besen in der Hand auf öffentlichem Platze anzugaffen, gegenwärtig ist die Sache schon alt, und man läßt die armen Leute ruhig ihre Strafe leiden. Auch die Verur-

theilten sind schon viel gleichgültiger geworden; wir haben
einen Mann, der heute die Gasse kehrte, und morgen, da
seine Strafzeit abgebüßt war, ein Kaffeehaus errichtete,
welches jetzt mehr besucht wird, als alle anderen Kaffee-
häuser in Wien, der Mann hat also sein Glück dem Gassenkehren zu verdanken. In der ersten Zeit der Einführung
dieser Strafen mußten auch die liederlichen Mädchen aus
dem Zuchthause, mit dem Besen in der Hand kommen;
allein es gab dabei immer Skandal, die Dirnen trieben es
zu arg, weßhalb sie nicht mehr öffentlich erscheinen dürfen,
man verwendet sie zu anderen Arbeiten, sie waschen für
das Krankenhaus, spinnen u. s. w.

Während dieser Mittheilung des Visitators, der zwar
seine Rosenkreuzerische Glaubensseligkeit, aber nicht seine
Redseligkeit verloren hatte, waren die Sträflinge auf dem
Platze angelangt.

Es war ein Haufe von ungefähr zwanzig Männern
von einigen Polizeisoldaten überwacht.

Die Sträflinge waren in grobes, braunes Tuch gekleidet, die Köpfe geschoren, Hände und Füße mit Ketten
belastet. Jeder von ihnen trug einen Besen.

Die öffentliche Arbeit begann.

Nun, fragte der Kreuzerkomödiant nach einer Weile,
kennen Sie Niemanden unter den Sträflingen?

Bacciochi durchmusterte die Physiognomien, plötzlich
schauderte er zusammen.

Er klopfte dem Aufwärter und verlangte zu zahlen.

Sie gehen schon? fragte Götz.

Ja, antwortete der Visitator, ich muß in's Amt.

Er warf dem Aufwärter das Geld hin, und eilte, von
einem unheimlichen Gefühle durchfröstelt, fort, ohne sich
mehr nach den Sträflingen umzusehen.

Mir däucht, murmelte Götz, den überläuft eine Ganshaut, er muß einen Bekannten darunter getroffen haben, es ist eine verteufelte Geschichte um einen solchen Anblick.

Die Gassenkehrer fuhren in ihrer Arbeit fort, dabei rasselten die Ketten. Einige von ihnen unterhielten sich bunt und ungenirt miteinander, Andere hatten den Kopf zu Boden gesenkt, daß die Vorübergehenden nicht ihr Gesicht sehen konnten.

Einzelne Spaziergänger blieben neugierig stehen, Andere musterten die Gassenkehrer nur im Vorübergehen.

Ein Herr und eine Dame kamen die Kärntnerstraße herauf.

Beide waren jung und hübsch, und sehr anständig gekleidet, hinter ihnen ging ein großer Hund, dessen Name Sultan war.

Der Herr und die Dame waren Mann und Frau — Beide sprachen sehr zärtlich mit einander, ein Beweis, daß sie noch nicht lange vermält waren.

Du bist also für blaue Stoffe eingenommen? fragte die Frau eben.

Du kennst meine Lieblingsfarbe, göttliche Racine.

Nennst Du mich schon wieder Racine?

Verzeihe, denn ich bin an diesen Namen gewöhnt, und Du weißt, wenn ich einmal an etwas gewohnt bin, so — kusch, Sultan, ah so — es bleibt beim Blauen, es kleidet Dich prächtig, Du weißt gar nicht, wie liebenswürdig Du bist, wenn Du in blauer Seide steckst.

Also n u r, wenn ich in blauer Seide stecke?

Wer hat „Nur“ gesagt? Von einem „Nur“ war keine Rede, göttliche Racine, ah so — kusch — Justine wollt' ich sagen — verdammt! das wird wieder Mühe kosten, bis ich diese französische Wurzel wieder ausreiße, doch siehe da, die Gassenkehrer, wir müssen an ihnen vorüber.

Das junge Ehepaar hielt auf dem Platze ein wenig an.

Kusch, Sultan! rief Wendelin dem Bullenbeißer zu, der Miene machte, mit den Sträflingen anzubinden.

In diesem Momente gingen an unseren Bekannten zwei junge Herren vorüber, und der Blondin hörte den Einen sagen: Sieh' nur, der Rath Cetto ist auch darunter!

Seine arme Frau! erwiederte der Andere.

Hörst Du, Justine, der Rath Cetto ist auch darunter! lispelte der Gatte der ehemaligen Kammerjungfer zu.

Plötzlich verstummte er.

Was hast Du, mein Lieber?

Um Gotteswillen, da ist er.

Wer denn?

Mein ehemaliger Nachbar, Herr Urban Keil.

Ah, ah!

Der Korneli hat ihn geklagt, und jetzt — jetzt kehrt er schon.

Der Arme!

Ei was, warum arm? Er hat's verdient, hundert Mal verdient — aber am Ende thut Einem doch das Herz weh, wenn man so einen alten Mann mit dem Besen in der zitternden Hand erblickt.

Heilige Mutter! stammelte jetzt die junge Frau.

Was hast Du?

Dort der junge Mann —

Ich seh' ihn.

Erkennst Du ihn nicht — es ist der junge Graf Nowaczly.

Gott im Himmel, der junge Kavalier — mit Ketten belastet — öffentlich — komm, Sultan — Racine, Justine

wollt' ich sagen, komm, es kehrt mir das Herz im Leibe
um, ich kann den Anblick nicht ertragen.

Oh, mein Gott, welch' ein erschütternder Anblick!

Das junge Paar eilte fort — Sultan hinten drein
— Wendelin wagte es nicht mehr, zurückzuschauen, sondern
rief mehrere Male fast ängstlich: Kusch, Sultan, kusch! —

Die Sträflinge hatten indessen den Platz hinab gesäu-
bert, und befanden sich an der Ecke des erzbischöflichen
Palais. Der junge Graf Nowaczky — er war wegen Ver-
fertigung falscher Banknoten zu mehrjähriger Zuchthaus-
strafe verurtheilt — schritt stolz unter ihnen einher, und
sah die gaffenden Zuschauer mit zorniger Keckheit an.

Jetzt entsteht unter dem Publikum eine Bewegung.

Ueber den Platz vom Graben herunter rasselt ein
offener Wagen — die Menge weicht ehrerbietig zurück, die
Hüte fliegen von den Köpfen — es ist der Kaiser, der
eben in den Augarten fährt.

Das Gefährte muß kaum zwanzig Schritte entfernt an
den Sträflingen fort.

Der junge Graf sieht es — wartet den Moment ab,
in welchem der Wagen in seiner Nähe ist, tritt dann vor,
stellt sich kerzengerade in Positur, hält den Besen in der
Rechten, so wie ein Soldat das Gewehr, und im Momente,
als der offene Wagen ihm am nächsten ist, präsentirt
er mit soldatischem Anstande den Besen.

Auf den Gesichtern der Umstehenden liest man tiefe
Entrüstung über diese große Frechheit — der Wagen ist
fort — der unglückliche junge Mann sieht ihm hohnlächelnd
nach. —

Am nächsten Tage erzählte man schon in der Stadt,
der junge Graf Nowaczky sei wegen der erwähnten Handlung auf den Schiffszug gekommen — und wieder einige

Tage später vernahm man, der Kaiser habe den würdigen Grafen Nowaczky — den Vater des Sträflings — zur kaiserlichen Tafel gezogen, zum Beweise, daß er wohl die Schuldigen strafe, aber den würdigen Angehörigen derselben nicht grolle, und um der vorurtheilsvollen Welt zu zeigen, daß in seinen Augen nicht der Name, sondern die Handlung entehre.

Neununddreißigstes Kapitel.

Schluß.

Sobald die Hauptpersonen vom Schauplatze abgetreten sind, dann ist auch für die Anderen Zeit, sich zurückzuziehen. Ohne die Spannfeder, welche jene besitzen, flößen sie kein Interesse ein — sie sind nur Staffage; wenn die Hauptfiguren erlöschen, stehen sie reizlos da. Dem Autor bleibt daher in solchem Falle nichts übrig, als das Ende des Gemäldes rasch herbei zu führen, und dieß wollen auch wir thun.

Kornelius Lohberg hatte seinen Vater gefunden, um ihn wieder zu verlieren. Das Finden war für den Sohn ein trauriges — aber der Dienst, den ihm Allessandro noch vor dem Tode leistete — söhnte ihn mit dem Manne aus, der seine Mutter elend gemacht und auch sein Leben verbitterte. Die Klage gegen Urban Keil hatte, wie wir sahen, den günstigsten Erfolg — die Betrügereien des ehemaligen Kurators kamen nun an's Tageslicht, er wanderte in's Zuchthaus, aus seinem Vermögen wurden die Betroffenen in so ferne sie ihre Forderungen, so wie Lohberg erweisen konnten, entschädiget, der Rest fiel in die Armenkasse.

Das Herzensverhältniß zwischen Kornelius und Aurelie knüpfte sich immer fester, der junge Mann überließ sich ganz seiner ursprünglichen Neigung, und wendete sich nach einer kurzen Verirrung wieder der Jungfrau zu, die allein bestimmt war, mit ihm durch dieses Leben zu pilgern und Lust und Leid mit ihm zu theilen bis an's Ende der Tage.

Die Vermälung des jungen Paares fand noch im Herbste desselben Jahres statt.

Da der greise Szekely sich nach seiner Freilassung nach einem einsamen Schlosse im tiefen Ungarn zurückgezogen hatte, so wohnte die Braut, nachdem sie von Preßburg zurückgekehrt war, bei einer bekannten Bürgersfrau gegenüber der Maria=Trost=Kirche, in der Vorstadt St. Ulrich, wo sich schon damals viele recht nette Häuser, darunter auch Gartenhäuser, befanden. Eines davon hatte Kornelius gekauft, und dort sollte das Vermälungsfest in einem kleinen Kreise von Bekannten und Verwandten gefeiert werden.

Der Tag war ein heiterer Herbsttag, die Sonne brach eben durch die aufsteigenden Nebel, und vergoldete Bäume und Früchte — da versammelten sich die Hochzeitsgäste in Lohberg's Haus, die Braut mit den Ihren waren schon da, und auch die geladenen Freunde des Bräutigams fanden sich ein.

Herr Wendelin Taub mit seiner Gattin, Beide sehr stattlich herausgeputzt, langten eben an.

Kornelius empfängt ihn, den treuen Freund, sehr warm und umarmt ihn gerührt. Fräulein Aurelie umarmt Justine, die Frauen kennen sich schon, sie wurden im Laufe des Sommers mit einander bekannt.

Der Empfang war kaum vorüber, so blickte Kornelius seinen Freund lächelnd an, und sagte: Mein Lieber, daß Du und Deine Gattin meinem Hochzeitsfeste beiwohnst, ist ganz natürlich, daß Du aber auch Deinen Hund mitgebracht hast —

Was? Sultan? schrie der Blondin, machte einen

Sprung zurück, und sah wirklich den Bullenbeißer hinter sich.

Verdammte Bestie, fuhr er zornig fort, wie kommst Du daher? Ich habe den Köter im Hofe eingesperrt und er hat sicher über den Zaun gesetzt, das Vieh ist zu groß. Was hast Du da zu suchen, Bestie? Marsch nach Hause, hier ist keine Hetze, sondern eine Hochzeit —

Lieber Wendelin, Du solltest den Hund an die Kette legen.

Meinen Sultan an die Kette? Nie, nie! Nicht wahr, göttliche Racine, ah so, Justine wollte ich sagen — kusch, Sultan, mach' mir hier keinen Skandal, so wie damals — nicht wahr, es ist ein braves Thier, treu, wie sein Herr —

Die ehemalige Kammerjungfer entgegnete schelmisch: Was Deine Treue anbelangt, so wollen wir den preußischen Schleier nicht lüften, übrigens mach', daß der Hund hier irgendwo eingeschlossen wird, sonst rennt er uns in die Kirche nach —

Das soll er bleiben lassen. Bruder Korneli, komm, laß Dich noch einmal umarmen, bevor Du Gatte wirst — kusch, verteufeltes Vieh — Du wirst glücklich sein, so wie ich es bin, meine Racine, das heißt, die Justine, ist ein Engel, Deine Frau ist zwar nicht zigeunerfarbig, aber sie ist dennoch reizend, und was die Hauptsache ist, sie liebt Dich. Wenn Du meinem schönen Beispiele folgst, so wirst Du nicht nur ein glücklicher Gatte, sondern auch ein baldiger Vater sein — kusch, Sultan!

Aurelie schlug den Blick zur Erde — Kornelius lächelte — Justine legte vorne ihre Saloppe sorgfältig über einander, um zu verhüllen, was ihr Gatte verrathen hatte. Sultan aber hatte sich der Länge nach hingestreckt, sein Kopf ruhte auf den Vorderpfoten, dabei wedelte er freudig und blickte seine Bekannten so ruhig und treuherzig an,

daß man hätte schwören mögen, das verständige Thier ver=
stehe Alles, was hier gesprochen wird.

In der Kirche gegenüber harrte man der Brautleute —
die Kerzen brannten — der Altar war geschmückt — da
nahlen sie — in Thränen schwimmend — in Thränen der
Weihe und der Rührung.

Die heilige Ceremonie begann.

Die Neugierde hatte mehrere Vorübergehende herbei
gelockt; eine Trauung ist eine religiöse Ceremonie, welcher
Jeder gerne beiwohnt — dabei wirkt entweder die Erinne=
rung an den Augenblick, wo man selbst am Altare gestan=
den, oder die Erwartung, daß dieser Moment einst kom=
men werde.

Unweit von der Pforte steht eine schlicht gekleidete
Frau. Ihr Antlitz ist bleich und die Wangen eingefallen;
das blaue Auge sieht finster, fast wild auf den Altar.

Unter der Haube hervor drängt sich unordentlich blon=
des Haar, der Anzug ist vernachlässigt, das ganze Aussehen
unerquicklich.

Die Frau ist körperkrank, dies sieht man auf den ersten
Blick, vielleicht auch seelenkrank.

Unter Allen im Schiff der Kirche Versammelten nimmt
sie den größten Antheil an der Ceremonie — aber sie kniet
nicht, um andächtig für das Glück der Brautleute zu beten,
sondern sie steht aufrecht, und lehnt an einer Säule; es
scheint, als ob sie dieser Stütze bedürfe.

Jetzt schauert sie zusammen, der Augenblick, wo die
Brautleute das bindende „Ja" sprechen, ist gekommen, sie
drückt die mageren Hände auf das Antlitz, seufzt schwer auf
und schwankt aus der Kirche.

Außen angelangt, stößt sie einen Jammerschrei aus,
wendet wie eine Irre den Kopf rasch nach allen Seiten,
als suche sie die Richtung, nach welcher sie fliehen solle —
dann stürzt sie fort gegen das Platzl.

Diese unglückliche Frau war — Seraphine, eine Zeit lang die Gräfin von Santa Croce geheißen.

Noch in den neunziger Jahren konnte man in Wien in den niederen Schenken der Vorstädte eine Bänkelsängerin hören, welche da ihre trivialen Lieder sang, und ob der deutlichen Spuren ihrer ehemaligen Schönheit noch jetzt unter der ordinären Klasse viele Verehrer zählte.

Die Harfnerin war — Seraphine.

Wer aber die Frau in ihrem gesunkenen Zustande sah, ohne ihre Vergangenheit zu kennen, dem mußte freilich der herrliche Wuchs, das noch immer prächtige Haar, und das feine Benehmen auffallen, welches letztere mit ihrem ordinären Gewerbe in so grellem Widerspruche stand. Und wenn nun ein Neugieriger sich nach dieser Frau bei irgend einem Manne aus dem Volke erkundigte, so bekam er unter Hunderten von Fünfzigen gewiß die Antwort: „Kennen Sie diese Frau nicht, das ist ja die Gräfin Cagliostro!"

*   *   *

Regina von Zahlheim, durch Kornelius Lohberg aus der letzten Schlinge befreit, die ihr Allessandro gelegt hatte, wurde auf eine abschreckende Weise aus ihren mystischen Anschauungen geweckt.

Der junge Mann enthüllte der Mutter des Fräuleins die Gefahr, in welcher die Tochter geschwebt hatte, und zeigte ihr den Betrug, der gespielt worden war, um sie zu verderben.

Diese Entdeckung heilte das Fräulein von ihrem Wahne und zugleich von ihrer Neigung.

Regina schämte sich ihres Aberglaubens — sie erröthete ob der Leichtgläubigkeit und ob der Vorliebe, die sie für einen Gaukler und Betrüger hatte.

Einige Jahre später vermälte sie sich, und ward die glückliche Gattin eines Beamten, der sich über das Vorurtheil hinausſetzte, welches Unglücksfälle, wie jener, der ihre Familie traf, gewöhnlich erzeugen.

Die Familie Zahlheim änderte — in Folge des un=glücklichen Endes ihres Verwandten Franz — ihren Fami=liennamen, und wenn wir ihren neuen Namen verſchweigen, ſo geſchieht es einzig und allein deßhalb, weil Abkömmlinge aus jener Familie noch unter uns leben.

*   *   *

Bacciochi, der große, dicke Mauthbeamte, lebte noch zur Zeit der zweiten franzöſiſchen Invaſion (1809) in Wien. —

Am Hofſtaate Napoleon's befand ſich bekanntlich in Würde Fürſt Bacciochi — deſſen Sohn jetzt in der Um=gebung Louis Napoleon's fungirt. —

Der ehemalige Mauthbeamte kam auf den Gedanken, daß er ein Verwandter des Bonapartiſtiſchen Bacciochi ſein könne, und wendete ſich deßhalb ſchriftlich an den franzöſi=ſchen Großwürdenträger.

Der frühere Roſenkreuzer glaubte ſchon, Graf, Fürſt oder gar Herzog zu werden — und hätte dann wahrſchein=lich mit demſelben Eifer gerufen: „Vivat Napoleon mag-nus!" ſo wie er einſt rief: „Vivat societas Rosae cru-cianorum!" Die Sache zerſchlug ſich jedoch, es ging mit den genealogiſchen Probationen nicht recht zuſammen, und der große Dicke blieb, wer er war. Dagegen machte er ſehr gute Geſchäfte mit dem philoſophiſchen Goldſalz, denn er verkaufte ein winziges Fläſchchen um zwei Gulden.

In Bezug auf dieſes Arkanum bemerken wir, daß es aus ſtark mit Vitriol geſättigtem Weingeiſt beſteht, und daß Baron Liebenſtein noch einen Zuſatz hatte, den er bei Ver=fertigung des Salzes ſeinem Laboranten verbarg — das Geheimniß der Erzeugung, wie es Szekely von Götz er=kaufte, war alſo unvollſtändig, und das Salz wurde noch viele Jahre später so unvollständig in Ungarn erzeugt und verkauft.

* * *

Friedrich von Trenk, dessen unruhiges, abenteuerliches Leben ihn nicht lange an einem Orte duldete, eilte beim Ausbruche der französischen Revolution nach Paris. Seine freimüthigen Schriften zeugen von dem Geiste, der ihn beseelte. Der Freiheitsrausch war ihm in den Kopf gestiegen.

Aber siehe da — die blutige Revolution schonte selbst ihren Verehrer nicht!

Trenk, den das Freiheitsgefühl nach Paris trieb, wurde dort für einen geheimen Agenten auswärtiger Mächte angesehen, verhaftet, und im Juli 1794 auf Befehl Robespierre's guillotinirt.

Die Prophezeiung des falschen Cagliostro ging also ganz in Erfüllung.

Szekely stand an dem Pranger — Nowaczky kam auf den Schiffszug, und Trenk starb auf dem Schaffot.

E n d e.